Roman und Seida Scholl-Latour Kurs Fernost

ROMAN UND SEIDA SCHOLL-LATOUR

KURS FERNOST

Segelabenteuer ins Land der aufgehenden Sonne

Pietsch Verlag Stuttgart

Einbandgestaltung: Johann Walentek, unter
Verwendung eines Fotos des G + J Fotoservice.

Bildnachweis: Roman & Seida Scholl-Latour;
Chi Chiun, Hualin, Taiwan.

Die Karten erstellte Robert Fleury, »Mouton Noir«,
Montreal.

Ganz besonders danken wir unserem Freund Gustav Lessau, ohne den wir dieses Buch nicht geschrieben hätten. Er wirkte von Anfang an bei der Erstellung mit und trieb uns unermüdlich zu seiner Fertigstellung an.

Unseren herzlichen Dank auch an Gerti, die nicht nur in unserer Abwesenheit stets eine großartige Hilfe war.

ISBN 3-613-50168-6

1. Auflage 1992.

Ein Unternehmen der Paul Pietsch-Verlage
GmbH & Co.

Druck: Gulde-Druck GmbH, 7400 Tübingen
Bindung: Großbuchbinderei E. Rietmüller,
7000 Stuttgart 10
Printed in Germany.

Inhalt

Prolog		6
Kapitel 1	**Start mit Hindernissen**	7
Kapitel 2	**Einkaufsbummel im Libanon**	11
Kapitel 3	**Minensuche unter Terroristenverdacht**	15
Kapitel 4	**Stahlmonster und Wüstenschiffe**	23
Kapitel 5	**Foulbay: im Slalom durch die Riffe**	30
Kapitel 6	**47 Grad unter Deck...**	49
Kapitel 7	**Die unmögliche Passage**	66
Kapitel 8	**Touristen-Paradies und Polizei-Staat**	70
Kapitel 9	**Den Zyklonen ein Schnippchen geschlagen**	82
Kapitel 10	**Malakka-Straße: die Waffen werden geladen**	87
Kapitel 11	**Ruderverlust am Dangerous Ground**	92
Kapitel 12	**Paradies in Piratengewässern**	104
Kapitel 13	**Im Königlichen Yacht-Club**	110
Kapitel 14	**Kreuzseen, Kabelbrand und Kanonenboote**	114
Kapitel 15	**Mastbruch bei Okinawa**	125
Kapitel 16	**Japan – das künstliche Lächeln**	130
Kapitel 17	**Mit Taifunen durch die China-See**	145
Kapitel 18	**Marco Polos Route**	152
Kapitel 19	**Geteilte Eindrücke, Kulinarisches und 120 Schleusen**	172
Anhang	**KOSAMUI · Ausrüstungsgegenstände · Gesundheitsvorsorge Kurz-Infos zu den angelaufenen Ländern**	177

Prolog

Es gab kein Geräusch, nicht mal das leiseste Knacken. Nichts, was uns hätte warnen können. Lediglich ein leichtes Vibrieren in der Ruderpinne unserer KOSAMUI. Dann ging alles blitzschnell: wie von einer unsichtbaren Hand wurde unser Boot um 90 Grad gedreht. Roman glaubte, den Grund zu kennen: »Was macht denn die verdammte Aries?«

Zwar ließ sich die Windselbststeueranlage noch problemlos auskoppeln, doch etwas stimmte nicht. Der gewohnte Druck auf der Ruderanlage fehlte. Das ließ plötzlich einen fürchterlichen Verdacht aufkommen. Ein Gefühl der Panik griff nach dem Skipper, während er zum Heckkorb stürzte und auf die Badeleiter sprang.

Was bisher nur eine schreckliche Ahnung war, bestätigte sich jetzt, als er sich hinter dem Boot ins Wasser ließ. Dort, wo sonst das Ruder hing, war ... nichts mehr. Einfach nichts. Nur noch der blanke schwarze Rumpf der KOSAMUI glänzte ihm entgegen. Das brusthohe Ruderblatt, den massiven 60 mm starken Niro-Schaft, die lebenswichtigen Teile unserer Steueranlage hatte das dunkle Blau unter ihm verschlungen. Sie lagen in 2000 Meter Tiefe. Nur noch ein handtellergroßes Loch unter dem Rumpf in Höhe der Wasserlinie war übriggeblieben. Groß genug, um in wenigen Minuten unser Boot der Ruderanlage folgen zu lassen.

Wir befanden uns zudem in der abgelegenen und berüchtigten Palawan-Passage im Südchinesischen Meer etwa 150 sm nordwestlich von Borneo. Über Hunderte Seemeilen lauerten rechts und links eine Unzahl unerforschter Riffregionen, die sich im Westen bis Vietnam, im Osten bis zur noch unerschlossenen philippinischen Insel Palawan erstreckten. Bezeichnenderweise trugen viele der eingezeichneten Riffe die Namen von auf ihnen gestrandeten Schiffen.

Kapitel 1
Ein Start mit Hindernissen

Als KOSAMUI Anfang Oktober zum ersten Mal mit Meerwasser in Berührung kam, lagen eineinhalb Jahre Vorbereitungszeit hinter uns. In einer 20-Stunden-Fahrt auf dem Tieflader war unsere Yacht vom Bodensee über den Loibl-Paß in den österreichischen Alpen nach Opatija an der jugoslawischen Adria gebracht worden.

Gleich nach dem Auslaufen begleitete uns eine kräftige Bora, und es ging vorbei an kargen, felsigen Inseln Richtung Süden. Dort empfingen uns Hvar und Mljet mit wesentlich üppigerer Vegetation und Korčula mit seinen hervorragend erhaltenen Bauwerken aus venezianischer Zeit. In sicherer Entfernung ließen wir Albanien an Backbord liegen und erreichten Korfu als erste Insel Griechenlands. Die Ionischen Inseln waren nicht nur eines der schönsten griechischen Segelreviere, sondern auch die Heimat von Homers berühmtem Helden, der von Ithaka aus vor über 3000 Jahren seine Irrfahrten zu See begann. Wir segelten den Peloponnes entlang Richtung Methoni, dem Auge der Republik, von dessen Befestigungsanlagen aus Venedig zwischen dem 13. und 16. Jahrhundert die Schiffahrtswege dieser Region kontrolliert hatte. Nach Kap Matapan ließen wir Kurs Kreta anliegen. Im Anschluß an die imposante, noch recht unberührte Westküste der Insel führte unser Weg nach Osten. Vor Kasos mit seinen jäh aus dem Meer aufragenden Felswänden, die je nach Lichteinfall wie gespenstische, teils beklemmend wirkende Zyklopenfratzen anmuteten, fühlten wir uns in die Sagenwelt der Antike zurückversetzt. Mit Rhodos verabschiedeten wir uns von der griechischen Inselwelt und steuerten den türkischen Hafen Kusadasi an. Hier wollten wir KOSAMUI für die Fahrt außerhalb des Mittelmeeres vorbereiten.

Aber zuerst mußten wir zurück nach Deutschland, denn unser Jahresurlaub war mal wieder zu Ende. Dabei hatten wir eine lange Liste von Ausrüstungsgegenständen, die wir alle für die weite Reise in den Fernen Osten benötigten: Windselbststeueranlage, Satellitennavigator, Amateurfunk, Tauchausrüstung, Maststufen für die Korallengewässer, Werkzeuge und nicht zuletzt Waffen.

Zweieinhalb Jahre zuvor, ein nebeliger Novembertag am Bodensee. Selbst Orte wie Meersburg gehörten zu dieser Jahreszeit den Einwohnern und nicht den Touristenscharen. Am See herrscht dann eine Stimmung der Ruhe und der Beschaulichkeit, die gleichzeitig aber dazu anregt, von ferneren, wärmeren Gefilden zu träumen. Seit einer Saison hatten wir unsere KOSAMUI am Bodensee liegen. Die 9,30 Meter Länge sahen wir als gerade noch sinnvoll angesichts der von Jahr zu Jahr überfüllteren Yachthäfen an, gleichzeitig war es eine Größe, die es erlauben würde, uns auf die Meere hinauszuwagen – denn das war eigentlich stets unser ferneres Ziel gewesen. Vor diesem Hintergrund tauchte erstmals – anfänglich eher scherzhaft, zögernd formuliert – die Bemerkung auf »Und wenn wir nach Asien segeln würden...«. Asien kannten wir beide von früheren Reisen, es hatte uns fasziniert und geprägt. Diese Idee wurde schließlich immer konkreter, auch wenn wir von unserer Umgebung als verrückt bezeichnet wurden – wir hatten schließlich keine Hochsee-Erfahrung. Einige Monate später standen Ziel und Zeitpunkt fest. Romans Chef in der Klinik, selbst begeisterter Segler, zeigte durchaus Verständnis für den Freiraum, den jener sich für eine begrenzte Zeit schaffen wollte. Von nun an hieß es, so intensiv wie möglich unsere Segelkenntnisse zu erweitern und Erfahrungen zu sammeln. Die Bücherregale füllten sich mit Segelliteratur. Jede freie Minute verbrachten wir auf dem Boot. Sobald es Sturmwarnung auf dem Bodensee gab, und die anderen Yachten dem schützenden Hafen zustrebten, hieß es für uns: Auslaufen. Wenn wir KOSAMUI auf einem Binnengewässer nicht bei jedem Wetter beherrschten, wie sollten wir uns da auf die Hohe See wagen? Stets unser ferneres Ziel vor Augen, wählten wir auch für das Mittelmeer, eine windreiche Jahreszeit – als Vorbereitung für unsere ungewöhnliche, schwierige, dafür aber um so vieles interessantere Route ins Land der aufgehenden Sonne. Je länger wir an Bord waren, um so klarer wurde uns, daß wir nicht nur des Segeln willens diese Art zu Leben wählten. Was wir suchten war vielmehr das Neue, das noch nicht Bekannte. Aber nicht nur andere Länder und andere Kulturen wollten wir kennenlernen, obwohl Reisen seit jeher unsere Leidenschaft gewesen war, sondern auch uns selbst. Eigene Grenzen erleben, Erfahrungen sammeln, die nur unter extremen Bedingungen zu machen waren, »les émotions fortes«. Wir sollten während unserer Reise feststellen, daß gerade bei dieser Art Segeln Hochstimmung und tiefe Niedergeschlagenheit sehr nahe beieinander liegen.

Die Sicherheitsbeamtin, die am Münchener Flughafen das Handgepäck kontrollierte, fluchte ganz undamenhaft, als sie mit der Hand in ein Sägeblatt griff. »Unser Boot liegt in der Türkei...« Auf Seidas Erklärung hin, ließ sie uns mit unserem ungewöhnlichen Übergepäck schließlich doch in die Maschine einsteigen.

Als wir in Izmir die LTU-Maschine verließen, wurden wir für die Zöllner an diesem Tag zur Sensation. Erstes Aufsehen erregten wir mit den beiden deklarierten Tauchflaschen. Bei Tauchgeräten werden die türkischen Behörden hellhörig. Sie vermuten gleich Unterwasser-Souvenirjäger, die sich auf die Suche nach versunkenen, antiken Schätzen machen wollen. Als wir dann noch unser Drilling-Jagdgewehr auspackten, den Revolver dazulegten und außerdem noch unsere Signalpistole zeigten, waren wir plötzlich der Mittelpunkt des gesamten türkischen Zolls. Alle anderen Flugurlauber durften unkontrolliert passieren. Keiner der Uniformierten wollte das Schauspiel verpassen. In wenigen Minuten hatten eilfertige Zöllnerhände alle unsere Gepäckstücke bis ins Detail zerlegt und auf dem Boden ausgebreitet. Zu allem Überfluß fing ausgerechnet jetzt, in der ohnehin schon spannungsgeladenen Atmosphäre, unser mitgebrachtes Radarwarngerät an zu piepsen. Der Zöllner, der gerade das Ding in den Händen hielt, reichte es erschrocken an seinen Nachbarn weiter, der – nicht minder clever – gab es ebenfalls schnellstens dem nächsten Kollegen. Keiner wollte die vermeintliche Zeitbombe behalten. Ruhe kehrte erst wieder ein, als Roman mit einem Griff den Piepser zum Schweigen brachte. Jetzt waren die Beamten so verunsichert, daß sie selbst die harmlose Tabakdose für ein kleines Pulverfäßchen hielten. Nachdem eine Stunde lang keine Bombe hochgegangen war und auch keine bei uns gefunden wurde, beruhigten sich die erhitzten Gemüter der türkischen Zollbeamten – gerade rechtzeitig zum Feierabend. Für uns hieß das, alle Sachen dort lassen und am nächsten Morgen wieder von Kusadasi nach Izmir zurückkommen. Drei Tage lang verhandelten wir, um die mitgebrachten Sachen aus der Zollverwahrung herauszubekommen. Es gelang uns nur zum Teil – nach langwierigem, zähem Hin und Her mit der örtlichen Führungsspitze der Behörden. Lediglich das Gewehr und der Revolver mußten zurück nach Deutschland. Ein Verplomben wäre zwar bei einer von See einlaufenden Yacht kein Problem gewesen, die Verantwortung für einen Überlandtransport von Izmir nach Kusadasi wollten jedoch weder Zoll noch Polizei übernehmen.

Nach diesen Erfahrungen mit dem Lufttransport entschlossen wir uns, die letzte Fuhre an Ausrüstungsgegenständen auf dem Landwege von Deutschland in die Türkei zu bringen. Zwei Konstanzer Studenten, Niko und Norbert, waren von der Idee, in ihren Semesterferien ein Stück Türkei kennenzulernen, sofort angetan. In einer zweitägigen Nonstop-Tour quer über den Balkan erreichte der völlig überladene VW-Bus mit seinen vier übermüdeten Insassen den Zielort Kusadasi. Diesmal waren wir allen Zollproblemen aus dem Weg gegangen, indem wir in Ländern wie Jugoslawien und Bulgarien, »vergaßen«, die kritischen Gegenstände zu deklarieren: Kurzwellensender, SAT-NAV, eine halbe Apotheke, Generator, zusätzliches Ankergeschirr, Windselbststeueranlage, Proviant für Monate.

Nachdem alles an Bord verstaut war, stellten wir mit Erschrecken fest, welchen Ballast wir KOSAMUI zumuteten. Der Wasserpaß hatte sich in eine Unterwasserlinie verwandelt. Der ewige Kampf mit der überhöhten Zuladung hatte begonnen und würde während der gesamten Reise andauern.

Vollgepackt und unter voller Besegelung verließen wir am 15. April 1986 die Marina von Kusadasi.

Wir genossen die türkische Südküste mit ihrer abwechslungsreichen Landschaft: bis ans Wasser reichende Pinienwälder, einsame Buchten, wo es außer uns allenfalls ein paar halbwilde Ziegen inmitten verfallener byzantinischer Ruinen gab, die Naturschönheiten des Golfs von Fethiye oder bei Kekova. Eine wohltuende Stille begleitete uns, die durch kein Motorengeräusch gebrochen wurde. Denn bereits in der Straße von Samos hatte die Kraftübertragung zwischen Motor und Propeller ihren Dienst quittiert. Das Lager an der Welle lief ständig heiß, so daß wir den Motorantrieb nicht mehr benutzen konnten. Aber am zweiten Tag schon Kehrtmachen – das wollten wir nun auch nicht. Dies bedeutete allerdings Segeln total. Alle Ankerplätze konnten nur unter Segel angelaufen werden. Mal stundenlanges Aufkreuzen gegen Starkwind, um in eine Bucht zu gelangen, mal totale Flaute und schweißtreibendes Paddeln, um die jetzt fünf Tonnen schwere KOSAMUI zu einem Ankerplatz zu schaffen. Unsere Zwangslage brachte uns sogar unverhofften Applaus von Seglern und Zuschauern in der Marina von Kemer. Alle glaubten, wir hätten soviel Sportgeist, daß wir die Manöver unbedingt nur unter Segel fahren wollten.

Kemer war entscheidend für unsere zukünftige Kommunikation. Wir hatten Probleme mit der Antennenabstimmung unserer Amateurfunkanlage. Als rettender Engel erwies sich ein Oberbayer, Guggi vom Starnberger See, Rufzeichen DL8MCR. Mit seiner Hilfe gelang es uns schließlich unser erstes QSO (Abkürzung für Funkkontakt) zu fahren.

50 Tage lang erlebten wir Segeln in seiner reinsten Form. Erst auf Zypern hatten wir die Möglichkeit unser defektes Lager, das für das Heißlaufen der Welle verantwortlich war, reparieren zu lassen. In Larnaca bastelten wir auch eine Hilfskonstruktion, die verhindern sollte, daß über den Ruderkoker Wasser – bedingt durch die tiefere Lage – ins Schiff eindringen konnte. Ein einfaches, 20 cm hohes Polyesterrohr aus Glasfasermatten und Harz laminierten wir um die Rudereintrittsstelle. Diese simple, laienhafte Konstruktion sollte ein knappes Jahr später, 90 Längengrade weiter östlich, ihre Bewährungsprobe erhalten.

An das Leben an Bord hatten wir uns inzwischen gewöhnt, aber nicht an den Plastikgeschmack des Trinkwassers aus den flexiblen Wassertanks. So nutzten wir die letzte Möglichkeit uns einen Edelstahltank schweißen zu lassen.

Das bedeutete eine zusätzliche Woche Arbeit an Bord. Alles mußte leergeräumt werden. Das Leitungssystem wurde völlig neu verlegt. Mit einer selbst angefertigten Zeichnung, zentimetergenau auf die unregelmäßigen Maße unter der Koje zugeschnitten, machten wir uns in der Marina von Larnaca auf die Suche nach jemandem, der uns solch einen Nirotank herstellen könnte. Manolis, ein aus Kreta stammender Grieche, hatte direkt bei der Marina eine kleine Werkstatt, wo er alles, was wir brauchten, maßgerecht anfertigte.

Wir profitierten auch davon, daß Larnaca sich in den letzten Jahren zu dem Treffpunkt für Fahrtensegler entwickelt hatte. Beim abendlichen Plausch an Bord erzählten uns so Joel und Catherine von der »Absinthe« von ihren insgesamt zwölf Monaten im Roten Meer, Linda und Ken waren mit ihrer »Vegemite on Toast« von Australien herübergekommen, »Rise« mit Steve und Susanne an Bord von Kalifornien via Nordatlantik.

Die deutsch-schweizer Crew Christoph, Claudia und Wanja auf ihrer »Naga Pelang«, einer malayischen Dschunke, die sie in Eigenarbeit umgebaut hatten, gaben uns wertvolle Tips für Südthailand und verkauften uns ihr nicht mehr benötigtes Kartenmaterial über Fernost.

Ein Original war ohne Zweifel der achtzigjährige Libanese Robert Asfar, der jeden Tag damit beschäftigt war, an seinem vergammelten Motorboot im Trockendock herumzuschrauben. Er träumte davon, möglichst bald damit wieder in den Libanon fahren zu können.

Libanon – das war auch unser nächstes Ziel.

Kapitel 2

Einkaufsbummel im Libanon

Libanon: bei diesem Wort dachte sofort jeder an Bürgerkrieg. In Larnaca hatten uns die Leute davor gewarnt. Aber Libanon war auf unserer Reiseroute fest eingeplant. Noch zu Hause hatten wir uns vorsorglich Visas besorgt. Die einzigen, die uns zu einem Libanonbesuch ermutigt hatten, waren jene drei libanesischen Segler von der »Viva«, die wir vier Wochen zuvor im türkischen Alanya getroffen hatten. Sie hatten uns wortreich vorgeschwärmt und uns eine Kostprobe der kulinarischen Köstlichkeiten ihres Landes an Bord ihrer »Dufour 35« geboten.

Vor der Abreise informierten wir uns täglich über die aktuelle Lage. Die Bürgerkriegskämpfe gingen in Beirut unvermindert weiter. »Wenn sich die Moslems in West-Beirut gegenseitig die Köpfe einschlagen, lassen sie die Christen in Jounieh vielleicht für einige Zeit in Ruhe«, mutmaßte Roman. Also Leinen los!

Am 5. Juni liefen wir aus dem Hafen von Larnaca Richtung Naher Osten. 120 sm lagen vor uns. Bedeckter Himmel, 6 Bft und eine See, die uns kräftig durchschüttelte. KOSAMUI lief prächtig. Man hatte den Eindruck, sie war froh, mal wieder aus dem Hafen zu kommen. Die Windrichtung war optimal, und wir konnten Jounieh bei halbem Wind direkt anliegen lassen. In der Nacht beunruhigten uns mehrere Lichter, die wir zunächst für Positionsleuchten von Kriegsschiffen hielten. Zumal wir kurz zuvor gehört hatten, daß Schiffe der 6. amerikanischen Flotte hier patroullierten. Unsere Verunsicherung verstärkte sich erheblich, als unser Radarwarngerät plötzlich wie wild zu piepsen anfing. Wir starrten in die Dunkelheit. Es war nichts zu sehen, was den Alarm hätte auslösen können. Im Nachhinein vermuten wir, daß damals überstarke Radarsignale von Militäreinrichtungen unser Warngerät verrückt spielen ließen.

Nach knapp 19 Stunden hatten wir die libanesische Küste erreicht. Sehr hilfreich war bei der Küstenannäherung die handgezeichnete Skizze unserer Freunde von der »Viva«, die uns eindringlich gewarnt hatten, weder Beirut im Süden noch Tripolis im Norden zu nahe zu kommen.

Mit Anbruch des Tageslichts bekamen wir auch unseren Geleitschutz. Ein tarnfarbener Militärhubschrauber näherte sich von Land aus unserem Boot, kreiste einige Male über uns und verschwand wieder Richtung Hafen. Gleich darauf kam uns in rauschender Fahrt ein Marineschnellboot der christlichen Miliz entgegen. Es hielt direkt auf uns zu und stoppte unmittelbar neben KOSAMUI. Über Funk fragten uns die libanesischen Militärs, woher wir kämen und wohin wir wollten. Gleichzeitig mußten wir unsere Personalien und Nationalität angeben. Damit waren die Soldaten schon zufrieden und drehten ab. Wir konnten unbehelligt weiterfahren.

Das Einlaufen in den Hafen von Jounieh verlief völlig reibungslos. Wir steuerten KOSAMUI an zwei großen Hafenbecken voller Militärboote vorbei. Dahinter schloß sich an Steuerbord der Yachthafen an. Ein ungewohnter Anblick für eine Marina im Mittelmeer: Es gab kaum Segelyachten. Beim Festmachen kümmerte sich niemand um uns. Nach kurzem Aufklaren des Schiffes suchten wir nach dem Büro des Hafenmeisters. In gepflegtem Französisch wurden wir begrüßt. Gleich bot man uns Kaffee an und binnen zehn Minuten waren alle Formalitäten erledigt. Freundliches Libanon – ein Eindruck, der sich in den nächsten Tagen für uns immer wieder bestätigte. Eine Bitte hatte der Hafenmeister: Wir sollten uns ins Gästebuch eintragen. Dabei fiel uns auf, daß wir seit über einem Jahr erst die zweite ausländische Yacht waren, die im Libanon festgemacht hatte.

Der zum Automobil- und Touring-Club du Liban »ATCL« gehörende Yachtclub schien wie eine Oase mitten in einem vom Krieg zerstörten Land. Auf ein paar tausend Quadratmeter konzentrierte sich hier der Luxus einer westlichen Welt. Um das olympische Schwimmbecken sonnten sich reiche Libanesen. Schönheiten in knappen Bikinis »dernier cri« waren hier ebenso an der Tagesordnung wie Supersportwagen italienischer und deutscher Nobelmarken, Rolex und Cartier ein gesellschaftliches »Muß«. Wir mit unserer Yacht waren für diese Leute kein Thema. Sie faßten ihren Yachthafen als gesellschaftlichen Treffpunkt auf.

Indizien für das nahe Bürgerkriegsgeschehen fielen uns bei näherem Hinschauen in dieser scheinbar heilen Luxuswelt auf. Die Masten der wenigen Yachten waren von Geschoßeinschlägen durchlöchert. Der Hafenmeister gab uns gleich zu Anfang den Rat, bei einem etwaigen Raketenangriff keinesfalls auf dem Boot zu bleiben, sondern uns in das Untergeschoß des Clubhauses in Sicherheit zu bringen. Um seiner Warnung Nachdruck zu verleihen, zeigte er uns auf dem Betonboden einen metergroßen Einschlag, der dort nach einem Raketentreffer übriggeblieben war.

Vom Yachtclub aus war die Stadt Jounieh zu Fuß zu erreichen. Kaum hatten wir den mit Stacheldraht umschlossenen Yachtclub verlassen, wurden wir mit den Auswirkungen des seit 1975 anhaltenden Krieges konfrontiert. Der Weg führte an Lagern der christlichen Falange vorbei. Die Soldaten, die dort an ihren Jeeps und LKWs zwischen den Baracken hantierten, nahmen von uns keinerlei Notiz. Ungehindert erreichten wir das Stadtzentrum. Wir hatten uns überlegt, daß es vielleicht sicherer sei, uns ausschließlich auf Deutsch zu unterhalten, weil wenige Tage zuvor zwei Franzosen von Schiiten gekidnappt worden waren. Erstaunlicherweise waren in der Stadt nur wenige Gebäude durch Bombeneinwirkung beschädigt. Daß die Bevölkerung jedoch auch hier mit allem rechnen mußte, zeigten die weitreichenden Sicherheitsvorkehrungen. Kaum ein Schaufenster, das nicht vorsorglich durch aufgeschichtete Sandsäcke gesichert war. Wer es sich leisten konnte, hatte sogar eine zweite Sicherungswand unmittelbar vor dem Schaufenster hochmauern lassen. Alles sah so aus, als wenn auch in dieser christlichen Enklave der Krieg in wenigen Stunden Einzug halten würde. Ein mulmiges Gefühl beschlich uns bei geparkten Autos, denn in diesen Tagen war es zunehmend in Mode gekommen, ausgerechnet während der Hauptgeschäftszeit im Einkaufszentrum von Jounieh Personenwagen vollgestopft mit Dynamit hochgehen zu lassen. Doch hinter den Hausfassaden, in den Geschäften selbst, schien die Welt noch in Ordnung. Wir waren überrascht von dem reichhaltigen Warenangebot, das uns in ein Schlaraffenland versetzte. Bester Champagner, Lachs, Kaviar, französischer Cognac, Parmaschinken, frisches Baguette, schweizer und französischer Käse – alles gab es zu kaufen, und alles zu Spottpreisen. Allein das wäre Grund genug gewesen, in den Libanon zu kommen. Schließlich lagen Rotes Meer und Indischer Ozean vor uns, Regionen ohne irgend eine Versorgungsmöglichkeit.

Im Libanon wurde Gastfreundschaft seit jeher groß geschrieben. Unsere libanesischen Segelfreunde von der »Viva«, die hier lebten, luden uns zu sich nach Hause ein. Adel, Ingenieur von Beruf, bewohnte eine luxuriöse Villa auf halbem Weg zwischen Jounieh und Beirut in Rabieh. Von seiner Terrasse hatte man einen traumhaften Blick über Beirut. Besonders am Abend wirkte die libanesische Hauptstadt geradezu friedlich. Aus der Entfernung hatte man Mühe sich vorzustellen, daß gleichzeitig da unten, in fünf Kilometer Entfernung, in den engen Häuserschluchten die Kämpfe zwischen rivalisierenden islamischen Milizen weitertobten.

Wir saßen jetzt von all dem abgeschirmt, in der feudalen Umgebung einer alt-eingesessenen libanesischen Großfamilie. Untermalt von klassischer Musik genossen wir ein »Meze«, eine üppige Zusammenstellung landestypischer Spezialitäten. Als wir über unsere Herkunft sprachen und das Stichwort Saarland fiel, legte der Hausherr wortlos die Suite Nr. 2 in h-moll von J.S.Bach auf, gespielt vom Orchester des Saarländischen Rundfunks unter Leitung von Karl Ristenpart.

Klassische Musik war auch das Hobby von René, dem zweiten Crewmitglied der »Viva«. Er war von Beruf Pilot der Liban Air, begeisterter Segler und ein begnadeter Gitarrenvirtuose. Mit ihm wollten wir versuchen, später eine Funkbrücke zwischen seiner Linienmaschine auf dem Flug von Beirut nach Paris und unserer KOSAMUI herzustellen.

Mit Besorgnis hörten wir von Pierre, unserem dritten libanesischen Segelfreund, daß er mit seinem Schmuckgeschäft genau an der Grenze zwischen West- und Ost-Beirut wohnte. Ganz sorglos war selbst er mit seiner eher fatalistischen Einstellung angesichts der Kämpfe um ihn herum nicht. Anderseits war er aber auch nicht so einzuschüchtern, daß die ständigen Kampfhandlungen ihn aus seinem Haus hätten vertreiben können. Vorsorglich verzichtete er darauf, uns zu sich nach Hause einzuladen.

Für uns war interessant festzustellen, daß alle drei Wert darauf legten, daß man sie als Angehörige der abendländischen Kultur und in gewissem Maße vielleicht auch als Erben des alten Byzanz verstand. Entsprechend waren auch die Interessen und die Bildung ausgerichtet. Man trauerte dem intakten Libanon aus der Zeit vor dem Bürgerkrieg nach, der »Schweiz des Nahen Ostens«. Damals konnte man morgens in den libanesischen Bergen skilaufen und nachmittags das Strandleben an der Küste genießen. Zu jener Zeit galt das libanesische Pfund als eine der stabilsten Währungen im Mittelmeerraum. Während unseres Aufenthaltes hingegen lag die Inflationsrate bei über 200 Prozent. »Was sie mit militärischer Stärke nicht geschafft haben, werden die umliegenden arabischen Regierungen mit wirtschaftlichen Mitteln in absehbarer Zeit wohl erreichen« meinte René nachdenklich.

Die Hoffnung in die Zukunft ihres Landes hatten viele Libanesen scheinbar noch nicht ganz aufgegeben. Oberhalb von Jounieh war das riesige Projekt der Kathedrale »Notre Dame du Liban« in Angriff genommen worden. Sie sollte als neues christliches Wahrzeichen die Bucht überragen. Den Optimismus eines jungen Libanesen »ganz gleich wie lange wir für dieses Projekt auch brauchen, wir versuchen die Kathedrale auf jeden Fall fertig zu bauen«, konnten wir angesichts der Baustelle, an der niemand mehr zu arbeiten schien, nur schwer teilen. Uns beschlich eine Ahnung: Ob in naher Zukunft wohl nicht die jetzt vor uns liegende Bauruine das Symbol für die zerfallene, dem Niedergang geweihte christliche Macht sein würde?

Zurück im Yachthafen, trafen wir zufällig den betagten früheren libanesischen Präsidenten Chamoun in Begleitung seiner Leibwächter beim Nachmittagsspaziergang. Interessiert erkundigte er sich nach unseren weiteren Reiseplänen. »Im Vergleich zu den Gefahren, die da noch auf Sie zukommen, ist ein Aufenthalt im Libanon doch viel weniger riskant«, machte uns der Politiker Mut.

Im Kriegsland Libanon wollten wir noch unsere Ausrüstung komplettieren. Da wir nicht zu den Yachties gehören, die Waffen an Bord kategorisch ablehnen, stellte sich die Frage, wie unsere Bewaffnung aussehen könnte. Im ersten Anlauf hatten uns die türkischen Behörden mit dem Jagdgewehr ja Schwierigkeiten gemacht. Aber auf eine geeignete Waffe für die Fahrt durch die nicht ungefährlichen pirateriegefährdeten Gewässer, die weiter östlich auf unserer Route lagen, wollten wir nicht verzichten. Zuerst dachten wir an eine kompakte Maschinenpistole israelischer Herkunft, der in vielen Armeen verwendeten »Uzi«. Dann aber kamen uns Bedenken. Wenn bei der Fahrt durch die Vielzahl arabischer Länder in jedem angelaufenen Hafen das Risiko hinzukam, daß ausgerechnet eine israelische Waffe bei uns an Bord gefunden würde... Also entschieden wir uns für eine russische »Kalaschnikow«. Für solch eine Anschaffung war der Libanon natürlich der ideale Platz. Hier konnte man gegen harte Währung, gegen Dollars oder DM (»Sie können mit allem bezahlen, nur nicht mit libanesichen Pfund!«) vom Revolver über die Panzerfaust bis zur ferngelenkten Rakete alles kaufen. Wir hätten viel lieber die 300 US$ für etwas anderes als für solch ein Schnellfeuergewehr ausgegeben. Doch in bedrohlichen Situationen wollten wir uns die Möglichkeit einer Wahl offen lassen. Ob man dann zur Waffe greift oder sie lieber versteckt hält, hängt von den jeweiligen Umständen ab und kann sicher nicht pauschal vorab entschieden werden.

Die »AKM« verstauten wir tief unten in der Backskiste, wir waren ja schließlich noch im Mittelmeer.

Am fünften Tag unseres Aufenthaltes im Hafen von Jounieh waren die Ramadan-Festlichkeiten zu Ende. Im Hafen wurden wir derweil durch immer stärker werdenden und näher kommenden Gefechtslärm aufgeschreckt. Jetzt konnte man das dumpfe Dröhnen schwerer Waffen deutlich ausmachen. Auch in der Höhe von Rabieh, dort wo Adel und René wohnten, war in der Nacht zuvor geschossen worden.

In aller Hast verproviantierten wir uns nochmals, soviel wir auf der bereits überladenen KOSAMUI unterbringen konnten.

Trotz eines stark fallenden Barometers und einer aufziehenden Schlechtwetterfront liefen wir am 11.Juni aus dem Hafen von Jounieh. Der Geschützdonner hatte noch weiter zugenommen.

Etwas wehmütig ließen wir diese gastliche »letzte Bastion« hinter uns, wo wir mit »bienvenu« empfangen worden waren und wo, selbst wenn nicht mehr wie früher Milch und Honig in Strömen flossen, sich die Levantiner trotz des Krieges bis zu diesem Zeitpunkt ein erstaunliches »savoir-vivre« bewahrt hatten.

Kapitel 3
Minensuche unter Terroristenverdacht

Auf See blies es ordentlich. Wir mußten ständig gegen eine unangenehme kurze See aus Südwest aufkreuzen. Dabei waren wir eingekeilt zwischen dem syrischen Sektor im Norden und dem moslemisch beherrschten Gebiet um Beirut im Süden. Nach Einbruch der Nacht legte der Wind nochmals zu. Mit zweitem Reff im Großsegel und Fock schleifte unsere Scheuerleiste ständig im Wasser. An Schlaf war nicht zu denken. Spätestens wenn der Bug in eines der Wellentäler krachte und das Vordeck von dem nächsten Brecher überspült wurde, war auch die Freiwache wieder hellwach.

Am nächsten Morgen mußten wir die Sturmfock setzen. Unverändert kämpften wir gegen die schwere See an. Überladen tauchte der Rumpf unserer KOSAMUI immer wieder tief in die anrollenden Wellen.

Es herrschte trübe Sicht, Regen sowie kühle Temperaturen. Wir liefen jetzt parallel zur südlibanesichen Küste, als sich uns ein gespenstisches Bild bot. Aus dem undurchdringlichen Grau des Nebels löste sich plötzlich ein ebenso graues Militärschnellboot, das mit rasender Geschwindigkeit auf uns zuhielt. Atemberaubend, wie es von Wellenkamm zu Wellenkamm zu springen schien. Dabei schlingerte der stark gefeilte Schiffsrumpf wie wild von einer Seite zur anderen. Keine zwei Minuten später hatte uns das PS-starke Boot erreicht und umkreiste uns in 100 Meter Abstand. Entsetzt war unser erster Gedanke: »Verflucht! Jetzt haben wir uns zu sehr der südlibanesischen Küste genähert. Wenn das Freischärler sind ...« Da die Hafenstädte Tyrus und Sayda zu diesem Zeitpunkt von Palästinensern kontrolliert wurden, war dies kein abwegiger Gedanke. Eine Nationalflagge konnten wir nicht erkennen. Den einzigen Hinweis für eine mögliche Identifizierung des Bootes gaben uns die in schwarzer Farbe auf den grauen Bug aufgemalten Buchstaben und Ziffern der Registriernummer. Aber auch dies gab uns keinen Hinweis auf die Nationalität. Auf der Kommandobrücke konnten wir vier dunkelhaarige, bärtige Männer in Zivilkleidung und Ölzeug erkennen. Einer von ihnen trug eine Taucherbrille, wohl um sich gegen das Spritzwasser zu schützen. Über Kanal 16 riefen wir mehrmals die Registriernummer des 20 Meter langen Schnellbootes und unsere Position. Damit wollten wir nicht nur mit dem nicht identifizierten Militärboot neben uns Kontakt bekommen, sondern gleichzeitig sicherstellen, daß die Israelis, von denen wir wußten, daß sie den gesamten Funkverkehr abhörten, mitbekämen, was sich hier draußen vielleicht noch abspielen würde. Immer wieder umkreiste das Militärboot unsere KOSAMUI. Nicht nur wir, sondern auch die Männer auf der offenen Kommandobrücke, schienen Mühe zu haben, bei der schweren See festen Halt zu finden. Ein dutzendmal versuchten wir vergeblich, Funkkontakt mit unserem Nachbarschiff zu bekommen. Plötzlich tönte in gebrochenem Englisch eine forsche Männerstimme aus unserem Lautsprecher: »Segelyacht melden sie sich! Melden sie sich!« Unsere Gegenfrage »Wer sind Sie?« wurde übergangen. Dann kam von derselben Männerstimme die Aufforderung, die Segel zu bergen und zu stoppen.

Unsere schlimmsten Befürchtungen schienen sich zu bewahrheiten: also doch Freischärler, die die Yacht aufbringen wollen, und was haben die anschließend mit uns vor?

Bei dem herrschenden Seegang hatten wir Mühe überhaupt bis zum Mast zu gelangen.

Kaum waren die Segel unten, wurde es geradezu chaotisch an Deck. Jetzt verlangte das Militärboot über Funk: »Nennen Sie Ihren Schiffsnamen, das Herkunftsland, den zuletzt angelaufenen Hafen und Ziel! Wie viele Personen sind an Bord? Namen! Nationalität! Paßnummern!« Aber sie selbst gaben sich auch weiterhin nicht zu erkennen. Wieder warten. Plötzlich die bekannte Männerstimme: »Sie dürfen nicht weiterfahren bis Ihre Angaben von der Kontrollstation auf Mount Carmel überprüft sind!«

Uns entfuhr ein Schrei der Erleichterung. Das war der erlösende Hinweis. Mount Carmel – das konnten nur Israelis sein. Nachdem wir fast 20 Minuten gewartet hatten und nichts passiert war, setzten wir ein Stützsegel um KOSAMUI etwas zu stabilisieren. Dies rief die vier Männer auf dem Nachbarboot auf den Plan, die wohl dachten, dies sei ein kläglicher Versuch, uns aus dem Staub zu machen. Über Funk kam die erneute Anweisung, die gerade aufgenommene langsame Fahrt zu stoppen. Doch es gelang uns, die Israelis zu überreden, wenigstens das Stützsegel oben lassen zu dürfen. Während KOSAMUI ihre Fahrt Richtung Haifa mit 1–2 Kn fortsetzte, umkreiste das Militärboot uns weiterhin ohne Unterbrechung. Wieder eine Viertelstunde später kam »Sie dürfen Ihre Fahrt Richtung Israel fortsetzen« diesmal entschieden freundlicher aus dem Lautsprecher. »Bleiben Sie aber auf UKW-Empfang und melden Sie sich sobald Haifa in Sicht kommt.« Mitten aus der Umkreisung heraus drehte das Militärboot mit Vollgas über Backbord ab und verschwand ebenso blitzschnell wie es aufgetaucht war im Nebel.

Mit über 5 Kn Fahrt hielten wir auf das etwa 40 sm entfernte Haifa zu. Unbehelligt konnten wir uns der israelischen Küste nähern. Wir waren das einzige Boot weit und breit, bis wir bei anbrechender Dunkelheit die Hafeneinfahrt erreichten. Dort hielt ein Polizeiboot auf uns zu und forderte uns über UKW auf, ihm zu folgen. Gleichzeitig tauchte ein zweites Polizeischiff auf, das sich unmittelbar hinter uns setzte. Immer noch recht vorsichtig blieben sie auf sicherer Distanz. Die israelischen Behörden hatten schon mehrfach schlechte Erfahrungen mit privaten Segelyachten gemacht, die dann vollgestopft mit Sprengstoff von palästinensischen Himmelfahrtskommandos in die Luft gejagt wurden. Über Megaphon wies man uns an, am Kai längsseits zu gehen. Dort wartete ein knappes Dutzend zum Teil schwer bewaffneter Uniformierter, die uns jedoch freundlich ansprachen. Ein junger Sicherheitsoffizier sprang sofort ins Cockpit und warf schnell einen Blick unter Deck. »Haben Sie Waffen an Bord? Sie müssen alles deklarieren. Wir werden gleich Ihr Schiff durchsuchen.« Ein älterer Beamter verlangte vom Kai aus unsere Pässe. Beim Aufblättern von Seidas Schweizer Paß wurde der Mann stutzig. Der arabische weibliche Vorname Seida war für ihn ein Alarmsignal. Scharf herrschte er sie an: »Waren Sie schon mal in Jordanien? Wieso haben Sie als Schweizerin einen arabischen Vornamen?« Unsere Erklärungen schienen ihn nicht ganz zufriedenzustellen, waren aber plausibel. Jedenfalls legte sich bei dem Israeli allmählich die Aufregung. Zwischenzeitlich hatte Roman aus den tiefsten Tiefen der Backskiste auch die »Kalaschnikow« hervorgekramt, gleich mit Reservemagazin und Munition. Wir konnten uns gut vorstellen, was in diesem Moment in den Gehirnen der Beamten vorging: eine deutsche Segelyacht aus einem libanesischen Hafen bei schlechtestem Wetter kommend, an Bord eine Frau mit arabischem Vornamen; ein Mann dessen Aussehen mehr auf eine mediterrane Herkunft hinwies, als dies der deutsche Paß vorgab, und nun zu allem Überfluss noch ein russisches Schnellfeuergewehr mit Munition. Es sprengte zumindest den Rahmen des Üblichen.

Die 31-Fuß-Segelyacht KOSAMUI

Unsere Segelroute (SCHWARZ Hinreise, ROT Rückreise) ins Land der aufgehenden Sonne; einge-

zeichnet in eine Karte aus der ersten Hälfte des 17. Jahrhunderts. Zu diesem Zeitpunkt kam Japan erstmals mit der abendländischen Kultur in Kontakt.

oben: Idyllischer Ankerplatz auf den Ionischen Inseln
unten: Methoni – das Auge der Republik

Das Interesse der Israelis an unserem russischen »Leibwächter« war so brennend, daß Sie das Ding gleich behalten wollten: »Ihnen ist doch klar, daß Sie keine Kriegswaffe besitzen dürfen.« Mit aller Überzeugungskraft versuchte Roman den Israelis klarzumachen, daß er nicht bereit sei, die »AKM« beschlagnahmen zu lassen. »Lieber laufen wir sofort wieder aus und verzichten darauf, Ihr Land zu besuchen, als daß wir uns von Ihnen die Waffe wegnehmen lassen«, klärte er gleich die Fronten. »Gerade Ihnen müßte es doch klar sein, daß wir auf der geplanten Route nicht ohne Waffe sein wollen.« Dieser Einwand zeigte erste Wirkung. Die israelischen Beamten traten wenige Schritte beiseite, steckten die Köpfe zusammen und berieten sich. Dann kam der junge Sicherheitsoffizier erneut auf uns zu und machte uns klar, daß wir die Sache auf der Polizeistation weiter erörtern müßten. Roman wurde samt »Kalaschnikow« zum Hauptquartier eskortiert. »Wer hat Ihnen die Waffe verkauft? Wo ist sie Ihnen angeboten worden? Seit wann besitzen Sie sie? Was haben Sie dafür bezahlt?« Mal fragte man in militärisch forschem Ton, mal auf die sanftere Tour. Die Frage, wer uns das Gewehr verkauft hatte, ließ Roman unbeantwortet. Den Israelis standen jedoch die Haare förmlich zu Berge, als sie den Kaufpreis von nur 300 $ US hörten. Das war eine auch für fast jeden Palästinenser erschwingliche Summe.

In der Zwischenzeit hatte auch Seida, die an Bord geblieben war, wieder Militärbesuch. Ein Kampftaucher ließ sich neben KOSAMUI in der Dunkelheit der Nacht ins Wasser gleiten, um äußerst sorgfältig im Licht eines Unterwasserscheinwerfers den Rumpf abzusuchen. Fast zehn Minuten blieb er unten. Dann tauchte er auf und signalisierte seinen Kollegen an Bord des Polizeibootes, daß alles o.k. sei. Er hatte weder Minen noch Sprengstoff gefunden. Die zuvor gespannte Situation wurde zusehends lockerer. An Seida gewandt meinte der Taucher grinsend: »Ihr Unterwasserschiff ist sauber.« Er machte es sich im Cockpit der KOSAMUI bequem, schälte sich aus seiner Gummihaut und erzählte von seinen Eltern, die in einem Kibbuz in Nord-Galiläa lebten. »Wenn Sie mal dorthin kommen, müssen Sie uns unbedingt besuchen.« Die anfängliche Ablehnung der Israelis hatte sich schnell in eine freundschaftlich-gastliche Atmosphäre gewandelt.

Gegen Mitternacht kam Roman von der Polizeistation zurück und konnte zufrieden berichten, daß er erfolgreich war. Wir durften unsere »Kalasch« behalten, auch wenn sie bis zur Abfahrt aus Israel in Polizeigewahrsam blieb. Eines der Polizeiboote lotste uns zu einem Liegeplatz im Hafen von Haifa.

Am nächsten Morgen liefen wir gleich weiter. Unser Ziel war das uralte, geschichtsträchtige Akko, das nur 5 sm von Haifa entfernt liegt. Strahlender Sonnenschein, 28 Grad, 3–4 Windstärken – endlich mal wieder eine richtige Spazierfahrt. Die Marina von Akko verfügt über etwa 50 Liegeplätze, hauptsächlich für kleinere Boote. Sie liegt unmittelbar am Fuß der Karawanserei, die baulich noch ebenso vollständig intakt ist wie die mächtigen Stadtmauern. Beide bildeten die imposante Kulisse zu unserem Liegeplatz.

Drei Wochen hatten wir Zeit, uns wie ganz gewöhnliche Touristen zu fühlen. Unsere erste Überlandreise mit dem Linienbus führte uns über Galiläa zum See Genezareth. Angesichts der horrenden Preise, die die israelischen Hoteliers verlangten, hatten wir vorsorglich unser Zelt mitgenommen. An den Ufern des Sees kampierten wir in einem Kibbuz unmittelbar unterhalb der strategisch wichtigen Golanhöhen. Anschließend besuchten wir Jerusalem mit seiner brodelnden Altstadt, wo die Spannungen zwischen Juden und Arabern ebenso fühlbar waren wie in den Jordan-nahen Gebieten. Als absoluten Höhepunkt empfanden wir den Besuch des

Felsendomes. An dieser nach Mekka und Medina drittheiligsten Stätte des Islam soll Mohammed in den Himmel aufgestiegen sein. Hier schien eine ganz eigenartige andächtige Stimmung geradezu physisch von uns Besitz zu ergreifen. Welch ein Unterschied zu den meisten christlichen, aber auch jüdischen Heiligtümern dieser Stadt, die leider häufig einem touristischen Rummelplatz glichen. Auch Massada, die schroff abfallende Felsenfestung mitten in der kargen Wüstenlandschaft am Toten Meer fehlte auf unserer Rundreise nicht. Im Jahre 73 n. Chr. begingen in dieser nach der Zerstörung Jerusalems letzten jüdischen Bastion die Einwohner kollektiven Selbstmord, um nach einer jahrelangen Belagerung durch römische Legionen der Versklavung zu entgehen.

Als kleinen Vorgeschmack und Trainingseffekt für das Rote Meer sahen wir unseren Aufstieg zu Fuß statt mit der Touristenseilbahn. Um die Mittagszeit im Monat Juni in dieser Gegend eine heiße Angelegenheit.

Schließlich ließ unser Zeitplan keinen längeren Aufenthalt in Israel mehr zu, wenn wir nicht die Periode der günstigen Winde im Roten Meer verpassen wollten.

Anfang Juli klarierten wir im Hafen von Haifa aus. Zum Abschied sorgte Roman noch einmal für Verwirrung. Kurz vor der Hafenausfahrt kam uns ein Patrouillenboot entgegen. Wild gestikulierend versuchte er, die Beamten dazu zu bewegen längsseits zu kommen. Vorsichtig näherten diese sich KOSAMUI. Man merkte deutlich, daß sie nicht recht wußten, was sie von der Situation zu halten hatten. Dann kam Romans Erklärung: Er wollte einen ganzen Stapel geschriebener und frankierter Ansichtskarten den Militärs rüberreichen. Die hatten wir vergessen einzuwerfen. Dieses Patroullienboot, von dem aus man uns immer noch mißtrauisch musterte, war die letzte Gelegenheit, unsere Reisegrüße aus Israel doch noch zu einem Postamt gelangen zu lassen. Die Beamten wollten aber den für sie verdächtigen Stapel nicht nehmen. Über Funk hielten sie jetzt Rücksprache mit der Zentrale. Wir konnten uns deren Antwort lebhaft vorstellen: »Das sind doch die Verrückten von der deutschen Yacht.« Nach einigem Hin und Her nahmen die Israelis unsere Post mit. Wir waren froh, denn in unserem nächsten Hafen – in Ägypten – hätte sich der Postbeamte mit Sicherheit geweigert, israelisch frankierte Ansichtskarten vom Heiligen Land anzunehmen.

Kapitel 4
Stahlmonster und Wüstenschiffe

Die Hafeneinfahrt von Haifa hinter unserem Heck verkleinerte sich zu einem kleinen Punkt. Der Himmel war nahezu wolkenlos. Das Thermometer zeigte schon morgens 24 Grad. Ideales Wetter für die Überfahrt nach Port Said. Bei knapp 4 Bft lief KOSAMUI unter Vollzeug am Wind. Bis zum Suezkanal lagen noch 150 sm vor uns.

Für ein paar Stunden hatten wir noch Landsicht, anfänglich auf Mount Carmel, später auf die flacher werdende israelische Küste weiter im Süden. Dann verschwammen auch diese Konturen im lichten Blau des Horizonts.

Mitten aus dem gleichmäßigen Rauschen unserer Fahrt ertönte plötzlich eine quäkende Stimme aus dem Salon: »This is five bravo four mike mike, this is 5B4MM. This is the Larnaca Maritime Mobile Net.« »Das ist ja Glafkos.« rief Seida und eilte zum Funkgerät. Glafkos, das war der Manager der Marina Larnaca, der in Seglerkreisen dafür bekannt war, daß er als begeisterter Amateurfunker mit den erreichbaren Yachten bis hinunter ins Rote Meer und den Indischen Ozean regelmäßig Funkkontakt hielt. Über ihn als Net-Controller war nicht nur ein wichtiger Austausch über die gerade herrschenden Wetterbedingungen und Standorte von Yachten gegeben. Insbesondere bestand durch den Amateurfunk die Möglichkeit etwaige Hilfsaktionen zu organisieren und zu koordinieren. Die Wichtigkeit gerade dieses Aspektes sollten auch wir später erfahren. »This is Delta Juliett Zero Mike Alpha Kilo, this is KOSAMUI.« setzte Seida ihren Antwortspruch ab. Prompt kam aus Larnaca zurück: »Bist du es, Seida? Wo seit ihr?« Dann schon die nächste Frage: »Ist alles o.k. an Bord? Was habt ihr für Wetterbedingungen? Kann ich etwas für euch tun?«

Der Wind begann, langsam von Südwest auf West und später sogar Nordwest zu drehen, und wir konnten auf dem gleichen Bug bleiben. Die Selbststeueranlage reagierte und hielt KOSAMUI weiterhin auf Am-Wind-Kurs. Bei relativ glatter See waren das ideale Segelbedingungen. Vor Einbruch der Dunkelheit vereinbarten wir einen Drei-Stunden-Rhythmus für die Nachtwache, die wir uns zur eisernen Regel gemacht hatten. Der Wachsamkeit der nächtlichen Rudergänger auf den Großschiffen vertrauten wir im Gegensatz zu manchen anderen Yachties nicht. Viel später wurde uns die Richtigkeit dieser Vorsichtsmaßnahme bestätigt.

Bis wenige Seemeilen vor Port Said bekamen wir kein anderes Schiff zu Gesicht. Unser vorberechneter Kurs stimmte bis auf eine Kabellänge (etwas weniger als 200 Meter) genau. Wir ließen uns von den Markierungstonnen der Hafenansteuerung von Port Said weiterleiten. Gerade in dem Moment, als wir die Ausfahrt des Suezkanals querten, näherte sich uns mit hoher Geschwindigkeit ein Konvoi von zwölf großen Frachtschiffen. Geradezu winzig machte sich dagegen unsere 9,30 Meter lange KOSAMUI aus, als wir zwischen den dicht hintereinander fahrenden Großschiffen hindurch deren Fahrwasser kreuzten. Steil wie ein Hochhaus ragten neben uns die Bordwände hoch. Aus dieser Entfernung erschienen die Cargos wie bedrohliche Stahlmonster.

Nachdem wir die andere Fahrwasserseite erreicht hatten, war für uns der Weg nach Port Said frei. Aus der Ferne wirkte die Stadt mit ihren Kolonialbauten und Moscheen ausgesprochen gastlich. Doch je näher wir kamen, desto mehr wurde dieser Eindruck getrübt. Die architektonisch schöne Bausubstanz war über Jahrzehnte vernachlässigt und dem Verfall preisgegeben worden. Im Hafen herrschte ein geordnetes Durcheinander. Das Hafenwasser glich einer öligen Brühe, die jetzt an der Bordwand hochschwappte.

Nach den Empfangskomitees in Libanon und Israel, war es für uns ganz ungewohnt, daß uns hier kein Behördenboot Geleitschutz gab. Gerade vor Port Said hatten uns andere Fahrtensegler gewarnt. Die dort ankommenden Yachten würden von Kanalagenten und Lotsenbooten bestürmt. Nicht ganz ungefährlich, weil sie mit ihren schweren Booten die einlaufenden Yachten eng bedrängten. Das artete manchmal wohl in regelrechte Rempelei aus, wobei schon so manche Segelyacht Schäden davongetragen hat. Mit dieser aufdringlichen, drohenden Art verlangte man von den Yacht-Crews Zigaretten und Whisky. Aus irgendeinem Grund hatten uns diese »Raubritter der Neuzeit« wohl übersehen, vielleicht weil es Freitag – der islamische Feiertag – war. Die Sitten hatten ganz offensichtlich jene Yachtbesitzer verdorben, die allzu bereitwillig den schwimmenden Schnorrern gleich stangenweise Zigaretten überließen, als eine Art neumodischer Wegezoll.

KOSAMUI war die einzige Yacht und fand ihren Liegeplatz am Ponton des Yacht-Clubs.

Während wir die Leinen festmachten, wurden die ersten Ägypter auf uns aufmerksam. Mit einer zerknitterten Plastikmappe in der Hand näherte sich ein etwa 50jähriger kahlköpfiger Mann unserem Schiff. Sein Anzug sah aus, als hätte er die letzten Wochen auch darin genächtigt. Vom Kai aus sprach er uns in einem kuriosen Englisch an, wobei er mit der einen Hand verzweifelt versuchte, seine offene Hose am Rutschen zu hindern. Angesichts des schwitzenden Fettkloses murmelte Seida: »Dieser Kerl kommt mir nicht an Bord!«. Der Ägypter stellte sich uns als Vertreter der Kanalbehörde namens Shahawy vor. Bei ihm müßten wir den Preis für die Passage bezahlen. Roman war mißtrauisch. Er stellte dem angeblichen Behördenvertreter eine Menge gezielter Fragen, bis dieser schließlich mit der Wahrheit herausrückte. Da wurde auf einmal klar, daß es sich um einen gewöhnlichen Vermittler für die Kanalpassage handelte. Er handelte auf eigene Rechnung und hoffte, die frisch eintreffenden Yacht-Crews zu überrumpeln.

Wir hätten schon stutzig werden müssen, als er uns wie beiläufig fragte, ob er uns nicht auch bei der Beschaffung eines Visums für Ägypten behilflich sein sollte. Als er dann herausbekommen hatte, daß wir über kein Visum verfügten und aufgrund der teueren Visumgebühren sowie des geforderten Zwangsumtausches keins wollten, bekam er einen wichtigen Trumpf in die Hand. Mit breitem Grinsen entblößte er seine senfgelben Zahnstummel und schaute uns triumphierend, fast schon ironisch an. »Für 250 $ US vermittele ich Ihnen die Passage.« Wir wußten, durch die Erzählungen anderer Segler, daß der von ihm geforderte Preis genau das Doppelte der üblichen Passage betrug. Noch selbstsicher lachten wir ihn aus.

Ohne Visum hatten wir in Port Said so viel Bewegungsfreiheit wie ein Hofhund an der Kette. Wir durften uns zwar im Yacht-Club frei bewegen, das Terrain aber nicht verlassen. So hatten wir auch keine Gelegenheit, in Port Said mit anderen Vermittlungsagenturen für eine Suezkanal-Passage Kontakt aufzunehmen. Das schien unser glatzköpfiger Agent genau zu wissen. Am nächsten Morgen stand er schon wieder neben unserem Schiff, nicht weil er von sich aus mit dem Preis heruntergehen wollte, sondern weil er sich wohl sicher war, daß wir bei ihm die Passage buchen mußten. »Wie steht es mit den 250 $?« kam ohne Umschweife die Frage des Ägypters, als Roman sein Gegenangebot von 150 $ US machte, fluchte der Ägypter wortreich auf Arabisch, drehte sich auf dem Absatz um und verschwand.

Unsere ganze Hoffnung konzentrierte sich jetzt darauf, daß möglichst eine weitere Yacht Port Said anlaufen würde, die ebenso wie wir durch den Kanal wollte. Dann hätte man zu Zweit verhandeln und sicherlich einen besseren Preis erzielen können. Aber es kam kein anderes Schiff. Erst später wurde uns klar wieso: den ganzen Sommer über hatten nur vier Yachten die Nord-Süd-Route durch das Rote Meer wie wir genommen. Wir saßen genauso in der Zwickmühle wie seinerzeit eine südafrikanische Yacht. Sie konnte auf Grund ihrer Nationalität kein Visum bekommen. Das war sofort ausgenutzt worden, und man hatte ihr horrende 1000 $ US abgeknöpft.

Unser Agent ließ sich nicht mehr blicken. Er wußte, daß die Zeit und die anfallenden Liegeplatzgebühren für ihn arbeiteten. Am dritten Tag wurden wir langsam unruhig. Niemand erschien und keine Passage war in Sicht. Die Formalitäten selber zu erledigen war prinzipiell möglich. Aber die auszufüllenden Schriftstücke wären in arabischer Sprache gewesen. Ferner brauchte man dafür ein Visum. Schließlich riefen wir vom Yachtclub aus zähneknirschend Shahawy an, dessen Nummer im Club bestens bekannt war. Er schien erwartet zu haben, daß wir uns bei ihm nochmals melden würden. Fünf Minuten später war er wieder im Hafen. Jetzt wurde kräftig gefeilscht. Nach langem Hin und Her gab der Agent auch etwas in seinem Preis nach, aber unter 220 $ US ließ er sich nicht drücken. Widerwillig akzeptierten wir. Da fiel Roman noch etwas ein. Statt der erhofften Dollarnoten, gaben wir unserem »Geschäftspartner« den Passagepreis in Form von Traveller-Schecks. Die mußte er zwangsläufig bei einer Bank in Zahlung geben und konnte nicht noch zu dem überhöhten Passagepreis durch den Wechselkurs auf dem Schwarzmarkt einen zusätzlichen Profit machen. Der Ägypter roch den Braten sofort. Anfangs wand er sich wie ein Aal, dann war er es, der mit den Zähnen knirschte. Er wollte die Traveller-Schecks erst nicht annehmen. Aber Roman bot ihm sofort an, mit zur Bank zu gehen, um die Schecks einzulösen. So hatte er keine Begründung mehr, die Bezahlung abzulehnen.

Nachdem der 220 $-Deal perfekt war und unser Agent den notwendigen Papierkram erledigt hatte, begann die Maschinerie der Suezkanal-Bürokratie sich in Bewegung zu setzen. Auf Grund der Passage-Anträge besuchte uns nun ein Behördenvertreter nach dem anderen. Einer kam angeblich, um KOSAMUI zu vermessen, der nächste fragte nach dem Sicherheitsstandard und dem Motor. Dann kam ein Akademiker. Ein Doktor von der ägyptischen Gesundheitsbehörde fragte uns mit ernstem Blick, ob wir Ratten an Bord hätten. Nichts war leichter als ganz einfach »nein« zu sagen. Damit war sein dienstlicher Auftrag erledigt. »So sieht der Alltagstreß eines ägyptischen Mediziners mit Beamtenstatus aus«, witzelte Roman über seinen arabischen Berufskollegen. Alle drei Inspekteure waren auffallend nett und zuvorkommend. Der Technische Inspektor, etwa Ende 40, mit leicht grauem Haar, kam zweimal. Am Abend stand er erneut bei uns am Kai. Etwas verlegen machte er uns gestenreich klar, daß er etwas für uns habe. Seltsam war, daß er es nicht selbst mitgebracht hatte. Statt dessen deutete er mehrfach auf sein auf der anderen Seite des Yacht-Clubs abgestelltes Fahrrad, auf dessen Gepäckträger etwas festgeschnallt war. Er forderte Roman auf, allein hinüber zu gehen und das Paket zu holen. Schon beim Losschnallen des Kartons, stieg dem der verlockende Geruch von frischem Fladenbrot in die Nase. Die ganze Kiste war voll von dieser ägyptischen Brotart, die aus einer Art schwerem Pizzateig hergestellt wird. Als wir ganz gerührt unserem Besucher das Brot bezahlen wollten, lehnte dieser energisch ab: ein solches Ansinnen würde er als Beleidigung auffassen. Das Fladenbrot war seine Art der Sympathiebezeugung, und da wir wegen des fehlenden Visums den Bereich des Club nicht verlassen durften, bekundete der freundliche Ägypter auf diesem Weg seine Gastfreundschaft.

Kurz vor Einbruch der Dunkelheit kam ein weiterer Mann zu uns an den Kai. Er stellte sich höflich als unser Pilot vor, der am nächsten Morgen mit uns die Reise durch den Suezkanal beginnen sollte. Ali war ein großgewachsener Ägypter von hagerer Statur und etwa 50 Jahre alt. Er kündigte an, daß wir am nächsten Morgen um 5 Uhr starten würden. Zuvorkommend fragte er noch, ob er uns etwas mitbringen könne, dann verabschiedete er sich: »See you tomorrow.«

Es fing gerade an hell zu werden, als wir am 7. Juli KOSAMUI aufklarten und abreisefertig machten. Um 6 Uhr kam Ali, diesmal nicht zu Fuß, sondern er wurde von einer schwarz angestrichenen Barkasse längseits der KOSAMUI gebracht. Der Pilot kletterte schnell an Bord, aber die Besatzung des schweren Stahlschiffes neben uns hatte nicht vor, ohne weiteres abzulegen. Mit derbem Rempeln gegen den Rumpf unserer KOSAMUI verschafften sie ihren Wünschen nach Zigaretten, Cola und Whisky Nachdruck. »Wir rauchen nicht, wir haben keinen Alkohol und auch kein Cola an Bord!« blockte Roman gleich ab. Drohend und mit aufheulender Maschine ließen sie die schwarze Barkasse gegen unseren Rumpf knallen. »Give them some Dollars«, riet uns Pilot Ali. »Es gibt keine Dollars«, rief Roman energisch den Männern rüber und ergriff den zwei Meter langen Bootshaken. Sie hörten jetzt zwar mit ihrer Rempelei auf, aber abdrehen wollten sie immer noch nicht. Kurzerhand entschloß sich Seida, für jeden der Männer einen gekühlten Fruchtsaft auszuschenken, und reichte, ohne eine Antwort abzuwarten, die Becher einfach zum anderen Boot. Das Getränk entsprach mit Sicherheit nicht dem, was man dort erhofft hatte. Es war aber das, was wir auch tranken und so rauschten sie, wenn auch nicht zufrieden, mit ihrem Boot aus dem Yachthafen.

Direkt nach der Ausfahrt drehten wir KOSAMUI nach Süden. Unser Pilot würde uns jetzt sagen, wo es lang ging. Die Ruderpinne aber gab Roman nicht aus der Hand.

Auf der spiegelglatten Wasseroberfläche hielten wir uns mit KOSAMUI ganz an Steuerbord in der Fahrrinne, dicht an den Markierungspfählen. Schnell merkten wir, daß die Kanalfahrt selbst recht problemlos war. Lotse Ali hatte es allerdings eilig. Er drängte uns ständig, noch schneller zu fahren. Ihm reichten die 5 Kn nicht. Roman versuchte, ihn zu besänftigen, indem er ihm vorgaukelte, unser Log würde zu wenig anzeigen. »In Wirklichkeit machen wir im Moment 6 Knoten.« Aber Ali ließ sich nicht so schnell überlisten. Im Kopfrechnen nicht gerade auf den selbigen gefallen, hatte er im Geiste schnell die Fahrtstrecke und die Fahrtzeit verglichen und dabei herausbekommen, daß es doch keine 6 Kn Fahrt sein konnten. Er schüttelte mißmutig den Kopf, um dem Skipper damit klar zu machen, daß dieser ihn anschwindelte. Und Ali wollte mehr Tempo. Nachdem er uns nicht dazu bringen konnte, den 17-PS-Dieselmotor auf Höchstdrehzahl hochzujubeln, fragte er plötzlich, ob wir nicht ein Segel setzen wollten. Erstaunt wiesen wir ihn darauf hin, daß es doch im Suezkanal verboten sei, unter Segel zu fahren. Er wischte unsere Einwände mit der lapidaren Antwort vom Tisch, er habe es eilig, wir dagegen hätten Zeit. Also setzten wir die Genua.

Für uns Segler war es natürlich phantastisch, unter Rumpfgeschwindigkeit, bei idealem Raumwind, das glatte Kanalwasser zu durchpflügen. Doch unser Segelerlebnis blieb auch anderen nicht verborgen. Zwei Kontrollstationen weiter brüllte eine Stimme über Megaphon zu uns herüber. Wir verstanden zwar kein Wort, aber die arabischen Beschimpfungen zeigten bei Ali deutliche Wirkung. Wir müßten sofort die Genua bergen, machte der uns klar. Anschließend murmelte er wiederholt etwas von Rapport, Lizenz, Bestrafung und Ärger vor sich hin. Also fuhren wir wieder brav unter Maschinenkraft weiter nach Süden.

Bereits Ramses II. hatte vor über 3000 Jahren eine erste Verbindung zwischen Mittelmeer und Rotem Meer zu schaffen versucht, damals jedoch unter Einbeziehung des Nil. Im Laufe der Jahrtausende wurde diese Wasserstraße immer wieder vom Wüstensand verschüttet. Erneute Bemühungen durch den Perserkönig Darius I. sowie zu Anfang unserer Zeitrechnung durch den römischen Kaiser Trajan und später die Kalifen waren nie von Dauer. Erst die Venezianer und danach Napoleon I. zogen einen direkten Verbindungsweg in Betracht. 1859 begannen dann die von dem Franzosen Lesseps ausgearbeiteten Pläne während einer 10jährigen Bauzeit in die Tat umgesetzt zu werden. Der heutige Suezkanal erstreckt sich auf einer Länge von 171 km zwischen Port Said im Norden und Suez im Süden. Die Sohlenbreite beträgt jetzt nach 8maliger Verbreiterung 80 Meter und jährlich passieren den Kanal über 20.000 Schiffe mit mehr als 200 Millionen Gesamttonnage. Damit ist er eine der meistbenutzten Schiffahrtstraßen der Welt.

Der Suezkanal ist in eine beeindruckend trostlose Landschaft eingebettet. Die kaum durch Wellen gekräuselte Wasseroberfläche stellt mit ihrer grünlich-grauen Farbe einen interessanten Gegensatz zum tiefblauen Himmel dar. In dem intensiven Sonnenlicht erscheinen die unmittelbar am Kanalufer sich aufwölbenden Sanddünen goldgelb. Die Uferstreifen sind praktisch unbewohnt.

Die einzigen Gebäude, die wir auf unserer Fahrt zu Gesicht bekamen, waren die Kanalkontrollstationen und die schlichten Barakken und Zelte der Militärposten. Vereinzelt entdeckten wir noch Spuren vom 6-Tage-Krieg zwischen Israel und Ägypten, der zwischen 1967–1975 die Schiffahrt hier lahmgelegt hatte. Unsere Hoffnung, schon am ersten Tag eines der alten ägyptischen Fischerboote mit ihren Lateiner-Segeln oder doch wenigstens Kamele am Ufer zu entdecken, erfüllte sich nicht. Bei unserer Suche nach landestypischen Bildern in dem ansonsten recht abwechslungslosen Kanalverlauf wurden wir plötzlich auf ein bunt angestrichenes Hochhaus hinter den Dünen aufmerksam. Doch was wir auf den ersten Blick für ein Gebäude gehalten hatten, und was sich jetzt durch den Sand zu bewegen schien, war in Wirklichkeit ein hochbeladenes Containerschiff. Da an dieser Stelle der Suezkanal zweiarmig verlief, befuhr der Gegenverkehr hier den östlichen Kanalarm und war von uns durch eine Dünenlandschaft getrennt. So konnten wir von dem vorbeiziehenden Ungetüm aus der Froschperspektive unserer KO-SAMUI immer nur das obere Drittel der Schiffsaufbauten sehen. Ein seltsames, ungewöhnliches Bild. So wie hier in früheren Zeiten die Kamelkarawanen als Wüstenschiffe durch die Dünen zogen, so schwammen jetzt diese riesigen Stahlkolosse als »Wüsten-Schiffe der Neuzeit« auf dem Kanalwasser zwischen einer endlosen Reihe von Dünen hindurch.

Mitten in der brütenden Mittagshitze liefen wir jetzt unter elektrischem Autopilot. Wir versuchten, uns durch ein improvisiertes Sonnensegel über dem Cockpit wenigstens etwas Schutz zu verschaffen. Schließlich schrieben wir Anfang Juli, also Hochsommer mitten an der Sinai. Ali schien jedoch unter der Hitze noch mehr zu leiden als wir Europäer. Er saß mit uns im Cockpit, schwitzte apathisch vor sich hin und legte sich schließlich erschöpft auf die Seite, um seinen Mittagsschlaf zu halten.

Gegen 14 Uhr erreichten wir Lake Timsah. An dieser Stelle erweiterte sich der Suezkanal zu einer großen seeähnlichen Wasserfläche. An Steuerbord voraus tauchte leuchtendweiß die Stadtsilhouette von Ismaelia inmitten seiner grünen Palmenhaine auf. Wie erwartet waren wir das einzige Segelschiff, das dort Anker warf. Für Ali war hier Feierabend, und er hatte es wieder eilig, da er von hier aus noch mit dem Bus zurück nach Port Said mußte. Schon vor Ismaelia hatte er uns mehrfach gefragt, ob wir auch mit ihm zufrieden gewesen seien. Jetzt, wo er seine Pilotenaufgabe bei uns an Bord erledigt hatte, wurde er deutlicher: »Bakschisch!« Der übliche Preis war, wie man sich unter Seglern erzählte, 5 $ US Trinkgeld für den Piloten. Wir gaben 7 $ US. Doch Ali zeigte sich unzufrieden. Er wollte einen Gefahrenzuschlag, weil wir ja unerlaubterweise im Kanal gesegelt waren. Dabei überging er aber geflissentlich, daß dies seine eigene Idee gewesen war. Als das herankommende Pilotboot längsseits ging, stieg er hinüber.

So gerne wir zu einem Stadtbummel durch das sehr reizvolle Ismaelia von Bord gegangen wären, dies war aufgrund der fehlenden Visa nicht möglich. Wir hatten auch keine Lust, einen Versuch ohne Visum zu starten, denn vorsorglich hatte am Spätnachmittag am Heck der KOSAMUI ein altersschwaches Ruderboot mit zwei Polizisten festgemacht. Die Nacht in der Bucht von Ismaelia war kurz. Um 4 Uhr früh wurden wir durch Klopfen an die Bordwand und lautes Schreien geweckt. Auf einem längsseits liegenden Pilotboot stand der knapp 60jährige Ibrahim, unser nächster Lotse, der uns bis nach Suez geleiten würde. Ibrahim war wohl einer der dienstältesten Piloten auf dem Suezkanal. Wehmütig erzählte er uns von seiner langjährigen Lotsenkarriere, von den zurückliegenden Jahren, als er noch große Frachter und Tanker sicher durch diese künstliche Wasserstraße geführt hatte. Doch dann war ihm eines Tages ein Malheur passiert. Er hatte einen Tanker auf einer Untiefe stranden lassen. Seitdem war seine berufliche Karriere auf der Kommandobrücke der großen Schiffe zu Ende. Ibrahim wurde dazu verdammt, wie er es empfand, nur noch kleinere Yachten pilotieren zu dürfen. Kurz nach 4 Uhr lichteten wir den Anker, warfen die Maschine an und setzten den Weg Richtung Suez fort. Aus Prinzip und nicht wegen seiner Tankerstrandung, ließen wir Ibrahim ebenfalls nicht an die Pinne.

Dicht über der Wasseroberfläche des Bittersees lag eine undurchdringliche Dunstschicht. Hier dehnte sich der Suezkanal erneut zu einem großen See aus. Die geringe Sichtweite veranlaßte uns zu erhöhter Aufmerksamkeit. Horizont und Wasserfläche waren nicht mehr voneinander abzugrenzen. Da bot sich uns ein traumähnliches, gespenstisches Bild. Urplötzlich lösten sich aus dem Dunst unwirkliche, schemenhafte Formationen, die mitten im Raum zu stehen schienen. Wie urweltliche Saurier glitten diese Monster lautlos auf uns zu. Je näher die Schemen kamen, desto mehr vervollständigten sich die Umrisse, bis sie sich zu dem kompletten Bild eines riesigen Supertankers zusammensetzten. So realistisch sich jetzt das Schiff auch abzeichnete, so unwirklich blieb doch das Ganze. Der Tanker schien förmlich über dem Wasser zu schweben. Es war nicht das leiseste Geräusch zu hören, keine Bugwelle zu sehen, und die flimmernde Sonnenhitze ließ zudem auch aus der Nähe noch die Konturen ineinander zerfließen. Die Abmessungen waren enorm, als der haushohe graue Rumpf in weniger als 100 Meter Entfernung an uns vorbeizog und schier nicht enden wollte.

Auf den letzten 10 sm vor Suez bekamen wir durch den Wechsel der Gezeiten kräftige Gegenströmung. Auch unserem heutigen Lotsen reichte die Marschfahrt, die KOSAMUI unter Maschine machte, nicht mehr aus. Wir wunderten uns schon gar nicht mehr, sondern schauten uns nur noch vielsagend an, als auch er uns vorschlug, zusätzlich Segel zu Hilfe zu nehmen. Kaum hatten wir die Segel oben, schrie es am nächst gelegenen Kontrollposten wieder aus einem Megaphon rüber. Doch Lotse Ibrahim war mutiger als sein Kollege vom Vortag. Wie befohlen, nahmen wir zwar unser Vorsegel wieder runter, doch kaum waren wir außer Sichtweite der Station, meinte unser ägyptischer Kanalspezialist, wir könnten jetzt sorglos die Genua wieder setzen.

Bis jetzt hatten wir die Konvois immer nur im Begegnungsverkehr erlebt. In der letzten Stunde vor Suez wurde Ibrahim zunehmend unruhiger. Er schaute alle paar Minuten auf die Uhr und blickte sich dann vorsorglich um, als drohe von hinten eine Gefahr. 3 Meilen weiter wußten wir, worüber er sich Sorgen machte. Mit erheblich höherer Geschwindigkeit als wir näherte sich uns von achtern ein Konvoi. Als er uns fast eingeholt hatte, konnten wir feststellen, daß er von einem russischen Kriegsschiff angeführt wurde. An Deck hatte sich die gesamte Mannschaft an der Reeling versammelt und schaute beim Überholvorgang interessiert auf uns Zwerge herab. Auf die Reaktion gespannt, schlug Roman vor: »Wink doch mal«. Das Winken blieb aber ohne Echo, »Perestroika« war damals noch nicht angesagt.

Schon bevor sich der Kanal zur Bucht von Suez öffnete, mußten wir uns auf den regen Schiffsverkehr konzentrieren. In für unsere Augen völliger Systemlosigkeit fuhren Serviceboote in alle Richtungen und sorgten für einen unangenehmen Seegang. Auch der Landeplatz, wo wir Ibrahim absetzen sollten, flößte uns wenig Vertrauen ein. Auf unserer Karte waren nämlich einige Unterwasserfelsen eingezeichnet. Auch seine Zusicherung »no problem« konnte uns angesichts seiner beruflichen Vorgeschichte nur halb überzeugen. Mit für sein Alter erstaunlicher Behendigkeit sprang er an Land, und wir legten im gleichen Moment wieder ab. Da unsere Wassertanks voll waren und wir noch über ausreichend Diesel verfügten, verzichteten wir auf den gebührenpflichtigen Yacht-Club von Suez und warfen vor einem Wellenbrecher weiter draußen in der Bucht von Suez Anker. Bis spät in die Nacht hinein wurden wir noch von Suezkanal-Agenten aufgeschreckt, die uns alle eine Kanalpassage verkaufen wollten. Yachten aus der Gegenrichtung waren auch für sie noch relativ ungewöhnlich. Doch der Kanal lag hinter uns, Anlaß genug mit Mousseux, Paté und Cornichons aus dem Libanon zu feiern.

Kapitel 5

Foulbay: Im Slalom durch die Riffe

Für uns war Suez nicht nur die Auslaßpforte aus dem gleichnamigen Kanal, sondern auch das Eingangstor zum Roten Meer. Wir schrieben den 9. Juli ins Logbuch. Mit dem ersten Tageslicht gegen 5 Uhr früh gingen wir ankerauf.

Unmittelbar hinter dem Hafen von Suez weitet sich die Wasserfläche zu einem Golf aus, und kaum 5 sm weiter südlich beginnt das Rote Meer.

Ein andächtiger Moment für uns, als der Bug das blaue Wasser des Roten Meeres zum ersten Mal zerteilte. Nach der noch in der Bay von Suez vorgefundenen trüben Brühe wirkte hier das Wasser absolut klar. Von Deck aus konnten wir noch in bis zu 18 Meter Tiefe, die unser Echolot zu diesem Zeitpunkt anzeigte, einzelne Korallengebilde unterscheiden. Über unserem Schiff wölbte sich der Himmel völlig wolkenlos, und die Sonne brannte mächtig. Es wehte eine leichte nördliche Brise mit 3 Bft, sodaß wir den Spinnaker setzten. Die Wasseroberfläche war nur leicht gekräuselt.

Jetzt begegneten uns die ersten Tanker, die weit entfernt am Horizont vorbeizogen. Wir befanden uns mit KOSAMUI weitab von ihrer Fahrrinne, denn wir hatten uns vorgenommen, in den nächsten Wochen möglichst in Küstennähe zu bleiben. Die Küste war auf Steuerbord nur rund 2 sm entfernt, aber wegen der dunstigen Witterung nur undeutlich zu erkennen. Weder mit bloßen Augen noch mit Fernglas konnten wir irgendwelche Anzeichen von Besiedelung ausmachen. Noch näher an die Küste heranzufahren, dazu war uns das Risiko zu groß. Einerseits lauerten dort jede Menge Riffe, die auf keiner Karte exakt verzeichnet waren. Andererseits gab es dort noch ganze Küstenabschnitte, die systematisch vermint waren. Also hielten wir uns in sicherer Distanz. Nach unserer Vorplanung wollten wir noch am gleichen Tag die 55 sm entfernt liegende Marsa Thelemet erreichen.

Marsas sind die für das Rote Meer typischen Einbuchtungen im Küstenriff, die kleineren Booten zum Teil hervorragend geschützte Ankerplätze bieten. Doch ist die Einfahrt in solch einen Naturhafen mitten im Riff nicht ganz gefahrlos. In der Fahrrinne recken sich oftmals Korallenköpfe, Boomies oder Niggerheads genannt, bis dicht unter die Wasseroberfläche. Einige größere Marsas haben sogar einen Stock oder einen Pfahl als Einfahrtshilfe. Das Ankern ist in ihnen meistens nicht einfach. Die Korallenwände können abrupt bis zu 50 Meter Tiefe steil abfallen. Sträflicher Leichtsinn ist in diesen Riffhäfen der Einsatz von Ankertauwerk. Binnen weniger Minuten können selbst die dicksten Taue von den rasierklingenscharfen Korallen durchgescheuert werden. Das Rote Meer zählt ohne Zweifel zu den schwierigsten Ankerplätzen auf der Welt. Wer hier einen Ankerfehler begeht, landet unwiderruflich auf dem Riff, das die Marsa umschließt.

Um die Mittagszeit frischte der Wind auf. Er drehte auf Südwest und steigerte sich auf 5 Bft. Eilig bargen wir den Spinnaker. Jetzt hieß es für uns aufkreuzen, was uns wieder näher an die Tankerroute brachte. Eineinhalb Stunden später kam der Wind erneut aus Nord, aber das Aufkreuzen hatte uns über eine Stunde Verspätung eingebracht. Roman befürchtete schon, daß bei unserer Ankunft in Marsa Thelemet die Sonne zu flach stehen würde, um die Untiefen noch erkennen zu können.

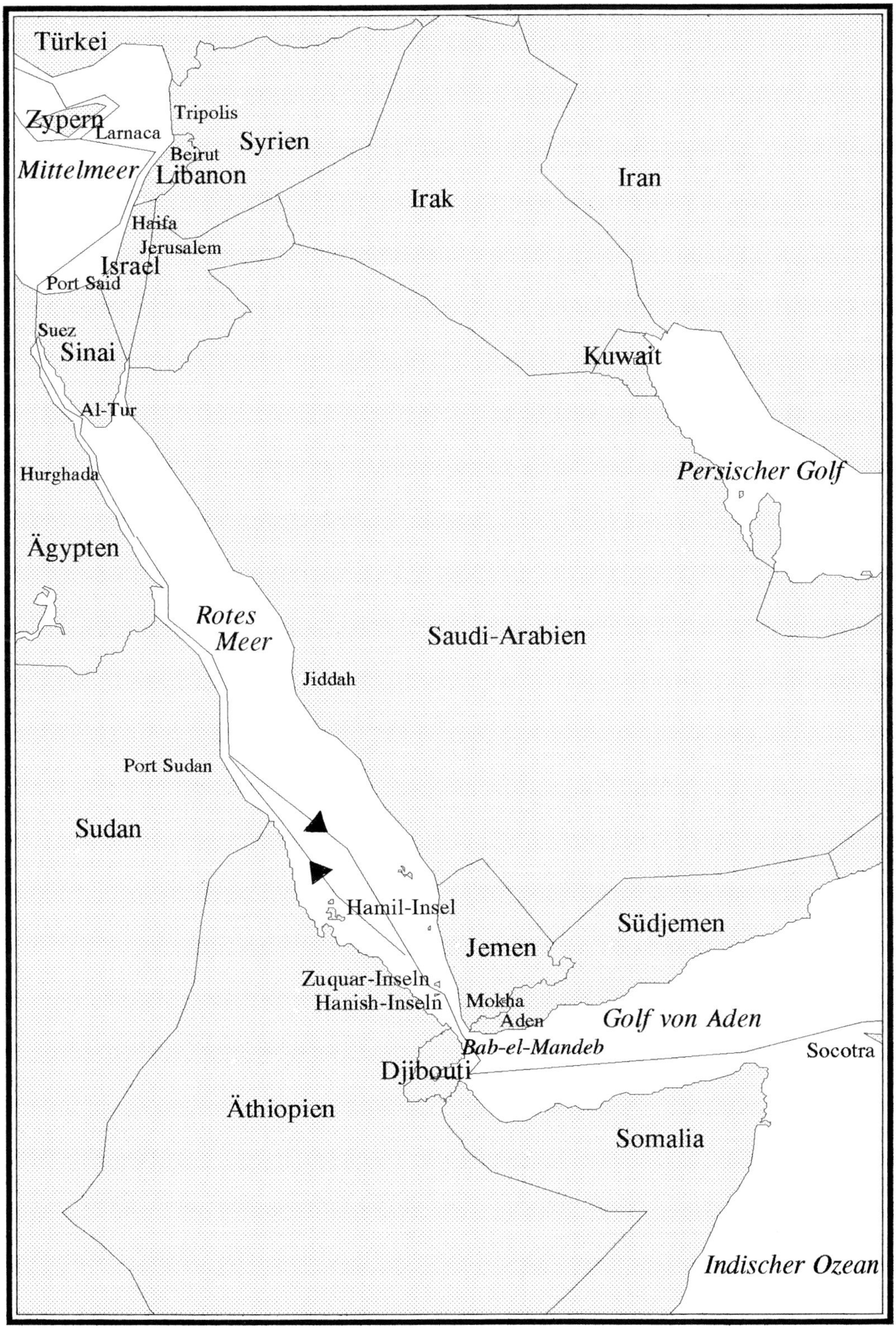
Türkei
Zypern
Larnaca
Tripolis
Syrien
Beirut
Mittelmeer
Libanon
Irak
Iran
Haifa
Jerusalem
Israel
Port Said
Suez
Sinai
Kuwait
Al-Tur
Hurghada
Persischer Golf
Ägypten
Rotes Meer
Saudi-Arabien
Jiddah
Port Sudan
Sudan
Hamil-Insel
Südjemen
Jemen
Zuquar-Inseln
Hanish-Inseln
Mokha
Aden
Golf von Aden
Bab-el-Mandeb
Socotra
Djibouti
Äthiopien
Somalia
Indischer Ozean

Erst kurz vor Sonnenuntergang schwenkte KOSAMUI auf die Einfahrt der Marsa zu. Am Ufer kein Strauch, kein Haus, kein Mensch. Den einzigen Hinweis, daß hier überhaupt einmal Menschen tätig waren, gab ein alter verlassener Kai mit den Resten eines verrosteten Krans. Wir hatten alle Segel geborgen und fuhren nun unter Maschinenkraft langsam Richtung Marsa. Da waren ja auch die beiden Ansteuerungszeichen, die im Handbuch beschrieben waren. Wir atmeten erleichtert auf. Die beiden »leading bacons« in Linie haltend tasteten wir uns Meter für Meter vor. Die Sonne stand mittlerweile schon so tief am Horizont, daß es keinerlei Unterwassersicht mehr gab. Stattdessen zauberte sie eine silbern blitzende Schicht auf die Meeresoberfläche. Erschwerend kam hinzu, daß hier das Wasser unerwartet trüb war. Mit minimaler Fahrt näherten wir uns dem Ufer, das aus einem Gürtel flacher, zerklüfteter Felsen bestand. Einen jähen Schreck jagte uns plötzlich das Echolot ein. Schlagartig zeigte es »Null«. »Keine Handbreit Wasser mehr unter dem Kiel!« Blitzschnell hauten wir den Rückwärtsgang rein und ließen die Maschine mit voller Kraft aufheulen. Die fast sechs Tonnen der KOSAMUI vibrierten. Wie es schien etwas unwillig stoppte unser Schiff die ohnehin langsame Vorwärtsfahrt, schien sich einen Moment im Stillstand zu besinnen und begann dann, für unser Gefühl viel zu spät, über Achtern den Rückzug. Bereits nach einer Schiffslänge Rückwärtsfahrt zeigte unser Tiefenmesser 10 Meter an. Wir machten uns etwas vom Ufer frei und setzten auf 15 Meter unseren Bruce-Anker mit dreifacher Kettenlänge. Um den Halt zu überprüfen, gingen wir nochmals mit der Maschine volle Kraft rückwärts und steckten dann zusätzliche 10 Meter Kette. Das sollte reichen.

Später zogen wir Bilanz. Die Euphorie von morgens war verschwunden, denn unser erster Tag im Roten Meer war nicht so gelaufen wie erwartet: zu spät angekommen; widrige Lichtverhältnisse; Leading-Bacons anders positioniert als im Handbuch beschrieben; das Schiff um Haaresbreite auf Grund gesetzt. Hinzu kamen die Übermüdung und das Schlafdefizit der letzten Tage. Mittlerweile heulte der Wind mit über 30 Kn. Unser Plan, am nächsten Morgen wieder auszulaufen, wurde förmlich weggeblasen.

Am dritten Tag hatte der Wind so viel an Stärke verloren, daß wir das Auslaufen wagen konnten. Unterstützt durch die Maschine folgten wir der Ankerkette, die sich in einer Zickzack-Linie in den Korallen verkeilt hatte. Meter um Meter nahmen wir die Kette auf. Immer wieder gab es dabei einen Ruck, wenn sie sich gerade an einem Korallenkopf verhedderte. Dann half nur, erneut ein paar Meter Kette zu stecken und viel Geduld. Naßgeschwitzt hatten wir schließlich unseren 15 kg schweren Bruce von Hand an Bord gehievt. Das Thermometer zeigte am frühen Morgen bereits 33 Grad, selbst nachts sank die Quecksilbersäule nicht unter die 30-Grad-Grenze.

Unmittelbar nach der Ausfahrt setzten wir die Segel und ließen bei raumem Wind Kurs Südost anliegen. Nach der ersten 61-sm-Etappe im nördlichen Golf von Suez lagen jetzt 45 sm vor uns bis Abu Durba. Wir hatten nach dem zeitlichen Reinfall auf dem Weg zur Marsa Thelemet unsere zweite Etappe bewußt kürzer gewählt. Aber auf Zeitpläne kann man sich im Roten Meer nicht verlassen.

KOSAMUI machte ausgezeichnete Fahrt, häufig hatten wir über 6 Kn anliegen. Fast eine Stunde früher erreichten wir unseren geplanten Zielpunkt. Aber die Enttäuschung war um so größer, als der angeblich schutzbietende Riffvorsprung deutlich kleiner als beschrieben war, und damit bei dem jetzt aus Nordwest kommenden Wind ausgesprochen gefährlich. Auf Anhieb war uns klar, daß wir hier keinen Schutz für die Nacht finden würden. Krampfhaft überlegten wir, was für eine Möglichkeit uns blieb. Es war mittlerweile früher Nachmittag, und der nächste geeignete Hafen, bei dem Städtchen Al-Tur, lag immerhin noch knapp 25 sm weiter südlich. Vor Einbruch der Dunkelheit war das kaum zu schaffen. Dann hätten wir genau den gleichen Mist wie in Marsa Thelemet. Die einzige Alternative zu Al-Tur wäre ein nächtliches Durchsegeln der Gubal-Straße gewesen. Dies war der engste Punkt im gesamten Roten Meer, gespickt mit Inseln und Riffen. Erschwerend kam dort noch der massive Großschiffahrtsverkehr hinzu, sowie nachts zum Teil nur unzureichend beleuchtete Ölriggs. Das war keine bessere Alternative.

Jetzt ging es um jede Minute. Bei gut 5 Bft achterlichem Wind trug KOSAMUI Vollzeug. Der Schwell gab ihr zusätzlichen Schub. Fast mit ständiger Rumpfgeschwindigkeit liefen wir auf unser nächstes Ziel zu. Aber die Uhr schien noch schneller zu laufen. Wir hielten uns auf Sichtweite zum Sinai-Ufer, das sich wesentlich abwechslungsreicher zeigte als das Westufer. Im Hintergrund zeichneten sich die Sinai-Berge mit ihren okkerfarbenen Konturen ab, ständig ihre Farbnuancen und Schatten in der nun schon deutlich sinkenden Sonne wechselnd. Leider waren wir nicht so richtig in Stimmung, das eindrucksvoll schöne Schauspiel auf uns wirken zu lassen, zumal der Wind zunehmend schwächer wurde. Nach kurzer Beratung warfen wir zusätzlich die Maschine an, um nicht noch unsere letzte Chance zu verspielen, vor der Dunkelheit Al-Tur mit seinen vorgelagerten Riffen zu erreichen. Die Sonne näherte sich schon bedenklich dem Horizont auf dem ägyptischen Festland, als wir die ersten Umrisse der Siedlung ausmachten. Vielleicht würde es doch noch reichen, versuchten wir uns aufzumuntern.

Je näher wir kamen, desto deutlicher hob sich vor Al-Tur das Bild eines Frachters ab. »Wo der ankert, können wir uns zur Not auch hinlegen«, freuten wir uns schon. Aber der Schein täuschte. Bald mußten wir im Fernglas feststellen, daß dieser Frachter dort für ewige Zeiten Anker geworfen hatte. Das aus der Ferne völlig intakt aussehende Schiff saß mitten auf einem Riff fest, ohne die geringste Schräglage.

Die Sonne war inzwischen am Untergehen. Nach den Informationen auf unserer Detailkarte mußte jetzt jeden Augenblick das eingezeichnete Leuchtfeuer aufflammen. Aber nichts geschah. Später sahen wir dann vor Ort, daß die Anlage außer Betrieb war, die kleine Mole, auf der der Leuchtturm hätte stehen sollen, trug nur noch rostigen Schrott. Windschief, so wie dieses verrottete Gerippe dort stand, war es allenfalls zu Peilzwecken geeignet. Mit Hilfe des Detailplans und einer Menge Peilungen von Landmarken, wozu das Restlicht gerade noch ausreichte, fanden wir in die Hafeneinfahrt. Gleich hier schmissen wir den Anker, froh, überhaupt so weit gekommen zu sein. Wie zur Begrüßung läutete aus dem Wüstenstädtchen eine Glocke zu unserem Schiff herüber. Ihr Geläut erschien hier in dieser moslemischen Gegend ebenso fremd wie wir.

Die wenigen Leute, die wir am Ufer entdeckten, nahmen genauso wenig Notiz von uns wie das nebenan stationierte Militär. Der Wind war inzwischen fast eingeschlafen. Wir verbrachten eine ruhige Nacht. Ein Landgang verbot sich, da wir weder über ein normales ägyptisches Visum und erst recht nicht über die erforderliche Spezialerlaubnis für den Sinai verfügten. Aber solange wir an Bord blieben, schien sich hier niemand dafür zu interessieren.

Von jetzt an lag eine ganze Fülle von Riffankerplätzen vor uns, sodaß wir unsere Etappen kürzer wählen konnten. 25 sm waren es bis Marsa Zeitha, auf dem Westufer des Golfs am Eingang der Gubal-Straße. Nach der nächtlichen Windstille hatten wir jetzt wieder 5 Bft aus Nordwest, die sich bei Annäherung an die Gubal-Straße auf 6 Bft steigerten. Wir bargen das Großsegel und liefen allein unter Fock weiter. Die vielen sich brechenden Wellenkämme ließen bei uns bald die bange Frage aufkommen, ob wir bei diesem Wetter die Riffe früh genug ausmachen könnten. Unsere Fahrt führte uns zum ersten Mal an den hochaufragenden stählernen Bohrinseln vorbei, die von den multinationalen Gesellschaften betrieben wurden. Nach fünf Stunden kam ein Kap in Sicht. Dahinter mußte Marsa Zeitha liegen. Ein weißer Gischtstreifen begrenzte die Küste mit ihrem vorgelagerten Riff. An Land konnten wir mehrere Helikopter entdecken, von denen einer gerade vom Boden abhob und dicht über unsere Köpfe hinwegflog. An einem abseitsstehenden Fahnenmast verriet uns die amerikanische Flagge, daß hier Versorgungseinheiten der U.S.-Ölgesellschaften stationiert waren. In ihrer unmittelbaren Nähe warfen wir Anker auf dem sanft ansteigenden Sandboden. Am Spätnachmittag frischte der Wind weiter auf und legte innerhalb kurzer Zeit auf 8 Bft zu. An ein Bad war nicht zu denken. Wie wild zerrte KOSAMUI an der Ankerkette. Vorsorglich hatten wir auf dem sandigen Untergrund die ganzen 60 Meter Kette ausgebracht. Jetzt machten sich die Stahlklauen bezahlt, die wir noch am Bodensee hatten anfertigen lassen. Durch die Klauen wurde die Zugkraft der Kette gedämpft und auf zwei elastische Taue übertragen, die wir an den Bugklampen belegt hatten. Der Wind hielt die gesamte Nacht an. Erst gegen Sonnenaufgang war er wieder unter 5 Bft abgeflaut, so daß an eine Weiterfahrt nach Quesum zu denken war.

Quesum ist eine unbewohnte Insel, etwa 3 sm lang, die sich mitten in der Gubal-Straße flach erhebt. Die Fahrt dorthin gestaltete sich nicht einfach. Zwar waren wir hinter den Riffen vor Schwell geschützt, die Durchfahrt zwischen den kleinen Inseln und Korallenwänden betrug jedoch über lange Strecken weit weniger als 100 Meter. Zum ersten Mal stieg Roman in den Mast, um aus Salinghöhe KOSAMUI nur nach Sicht zu navigieren. »Halte 10 Grad Steuerbord. Nochmal 5 Grad Steuerbord. Jetzt 10 Grad nach Backbord. In 100 Meter 90 Grad nach Steuerbord.« Seida erwies sich als ausgezeichneter Rudergänger. Mit blindem Vertrauen reagierte sie prompt auf die schnelle Folge der Kursänderungen aus 6 Meter Höhe. So kamen wir zwar langsam, aber einigermaßen sicher voran.

Am frühen Nachmittag mitten in den Riffen der Gubal-Straße wartete eine Überraschung auf uns. An diesem abgelegenen Ankerplatz erreichten uns zum ersten Mal wieder seit unserer Ankunft im Libanon die vertrauten Stimmen unserer Funkfreunde Dieter DF8VF und Dieter DF8VD aus dem heimatlichen Saarbrücken. Der von nun an regelmäßige Funkkontakt mit den beiden Radioamateuren würde gerade in der Abgeschiedenheit der weiteren Route eine willkommene Brücke zu Freunden und Familie ermöglichen.

Unser nächstes Ziel sollte das 20 sm entfernte Hurghada sein. Bei optimalem Nordwest-Wind machten wir ausgezeichnete Fahrt und erreichten um die Mittagszeit die Durchfahrt von Hurghada. Auf einen Zwischenstop im dortigen Hafen, der einen ausgesprochen schlechten Ruf wegen korrupter Beamter hatte, wollten wir verzichten. Auch das 1 sm südlicher liegende Sheraton Luxushotel konnte uns nicht locken. Stattdessen verzogen wir uns in einen abgelegenen Riffeinschnitt weiter östlich. Hier fanden wir außer weißem, feinkörnigem Sandstrand türkisblaues Wasser, das zu einem erfrischenden Bad im Roten Meer einlud. Erfrischend hieß hier 30 Grad Wassertemperatur. Zum ersten Mal seit Port Said hatten wir Gelegenheit wieder festen Boden unter die Füße zu kriegen.

Außer uns gab es keine Menschenseele auf dieser Insel. Die einzigen Lebewesen waren die 10 Zentimeter großen transparent-gelben Sandkrabben, bei deren Anblick Roman's Jagdinstinkte erwachten. Sie könnten eine willkommene Abwechslung in unser sonst recht bescheidenes Reis- bzw. Nudelmenü bringen. Roman versuchte gleich einige zu fangen. Aber vergebens. Bevor er nahe genug herankam, verschwanden sie entweder in einem ihrer Sandlöcher oder im Wasser. Aber der Skipper gab sich nicht so schnell geschlagen. Noch am selben Abend bastelte er aus einem Ersatzkeilriemen und Takelgarn ein Wurfnetz.

Am nächsten Nachmittag wurde am Strand zur Jagd geblasen. Was jetzt folgte, ließ Seida vor Lachen die Tränen in die Augen schießen.

Wie schon am Vortag ließ sich wieder eine ganze Kolonie Krabben die Nachmittagsonne auf den Panzer scheinen. Aber sie sahen uns schon von weitem kommen. Bevor wir weniger als zehn Schritt heran waren, hatten sich die Tierchen längst verzogen. Jetzt wählte der Skipper eine andere Taktik. Er sprintete plötzlich auf die mittlerweile wieder aus ihren Löchern aufgetauchten Krabben zu. Auf den letzten Metern warf er sein Fangnetz und jubelte. Dann drehte er sich um und rief Seida zu, schnell den Eimer zu bringen. Aber noch schneller war die eingefangene Krabbe. Entweder waren die Netzmaschen zu groß oder die Krabbe zu klein. Ehe Roman es verhindern konnte, war das Schalentier durch das Netz gekrochen und hatte sich davon gemacht. Beim nächsten Mal waren wir schneller. Bevor die gefangene Krabbe wußte wie ihr geschah, hatte er sie bereits mit seiner behandschuhten Faust in den Eimer gelegt. Zehn Krabben hatten wir innerhalb weniger Minuten zusammen. Sie landeten noch am selben Abend auf unserem Tisch.

Am kommenden Morgen setzten wir unsere Fahrt in Richtung Safaga fort, fast 30 sm südlich. Gemütliches Segelwetter, beständiger Wind mit 3 Bft und kaum Wellen. Bei unserem Funkverkehr mit Lanarca schaltete sich unerwartet eine fremde Stimme dazwischen. »Contact, Contact. This ist W6QOB! This is W6QOB!« Uns beiden sagte das Rufzeichen überhaupt nichts. Vom Prefix her mußte es sich um einen Amerikaner handeln. Dann kam erneut die Stimme aus dem Äther :«This is W6QOB from Jolly II Roger!« Er hatte durch unser Gespräch mit Glafkos aufgrund der Positionsangaben mitbekommen, wo wir uns befanden. Jetzt nannte uns der Amerikaner seinen Standort. Er mußte nur 7 Meilen von uns entfernt sein. Anderthalb Stunden später sahen wir eine Mastspitze hinter den Dünen der Halbinsel von Abu Soma.

Phil und Doris, die Eigner der 46-Fuß-GFK-Yacht »Jolly II Roger« empfingen uns gleich herzlich. Bei heißem Tee erzählten sie uns, daß sie schon seit über zehn Jahren mit ihrem Boot unterwegs seien. Phil hatte in den USA eine Firma für Schwimmbäder besessen, die er dann verkaufte, um mit seiner Frau Doris auf Weltreise zu gehen. Die beiden erwiesen sich als Goldgrube an Informationen nicht nur über das Rote Meer. Einen Teil der Route, die wir planten, kannten sie bereits, denn sie waren mit ihrer Yacht von Singapur gekommen, wo sie zwei Jahre an Bord gelebt hatten. Am folgenden Tag leisteten wir den beiden amerikanischen Yachties Gesellschaft beim Muscheltauchen. Unter dem Gesichtspunkt des Naturschutzes ist es dabei sehr wichtig, daß man nach dem Umdrehen der Steine oder Korallenbrocken, unter denen sich die Muscheln meist verbergen, diese anschließend wieder genauso zurückdreht. Sonst würden die dort lebenden Mikroorganismen durch eine veränderte Lage und plötzlichen UV-Einfluß absterben.

Beim Schnorcheln in Begleitung der beiden Amerikaner waren wir begeistert von der Farbenpracht und der Formenvielfalt der

Korallenwelt um uns herum. In dem über 30 Grad warmen Wasser konnte man sich stundenlang aufhalten, ohne auszukühlen. Dennoch trugen wir meist einen Taucheranzug. Nicht als Wärmeschutz, sondern als Schutz vor den Korallen, deren Berührung leicht zu infizierten schlecht heilenden Schnittwunden führt.

Unser Bordkalender zeigte den 18. Juli. Der Skipper hatte Geburtstag. Die Geburtstagsüberraschung kam aber erst am nächsten Morgen. Der Wind hatte gedreht, und nun konnte sich Schwell innerhalb der Bucht aufbauen. Unsere Ankerkette hatte sich wohl durch die Schiffsdrehung um einen Korallenblock gewickelt. Plötzlich hörten wir am Bugbeschlag ein wiederholtes hartes Einrucken der Kette. Mit jeder Welle wurde das Vorschiff angehoben gleichzeitig aber durch die jetzt senkrecht nach unten führende Kette wieder herabgerissen. Roman befand sich bereits auf dem Vorschiff, als von einer Sekunde zur nächsten die 8-Millimeter-Ankerkette brach. Rasch trieb uns der Wind auf das gegenüberliegende Riff zu. Als erster Gedanke schoß Roman durch den Kopf den Motor zu starten, als er schreckensbleich nach achtern rannte. Doch falls dieser Startschwierigkeiten hätte, wäre es zu spät, noch einen letzten Versuch mit dem Zweitanker zu unternehmen. Also warf er den Bass-Anker über Bord, den wir stets an Heck führten. Nach einigem Rucken und Zerren an der Ankerleine kam das driftende Boot zum Stillstand. Das hätte bereits das vorschnelle Ende unserer Reise sein können!

Tags darauf machten wir uns wieder zeitig auf den Weg. Unsere amerikanischen Freunde ließen sich mehr Zeit als wir und wollten noch in Abu Soma bleiben, bevor sie ihre Route nach Norden fortsetzten.

Zwischen den Riffen vor Safaga hindurch ging es entlang der ägyptischen Küste nach Hamrawein. Als wir die Einfahrt ansteuerten, stand der Schwell vor uns voll in den Paß. Hinzu kam noch, daß die Wassertiefe infolge der Abwässer der Phosphatmine und der damit verbundenen gelbgrünlichen Verfärbung nicht einzuschätzen war. Aber die Wassertiefe mußte ausreichend sein, da von hier aus Lastkähne Phosphat abtransportierten. Orientieren konnten wir uns an zwei Schwimmbojen. Dennoch schossen wir mit sehr gemischten Gefühlen, sozusagen im Blindflug in die Einfahrt hinein. Hinter einem Betonkai fanden wir Schutz. Es lag eine brütende Hitze über der Mine, und wir befanden uns auch noch im absoluten Windschatten. Heerscharen von Fliegen stürzten sich auf uns, möglicherweise von den verwesenden, inzwischen entsetzlich stinkenden Muscheln hinter unserem Heck angelockt. »Wie zwei Idioten saßen wir da und töteten Fliegen«, schrieb Seida angewidert in ihr Tagebuch. Die nächste Überraschung ließ nicht lange auf sich warten. Der örtliche Polizist machte uns klar, daß wir, falls wir die Nacht über zu bleiben beabsichtigten, in diesem gottverlassenen Dorf den gleichen Formalitätenzirkus abwickeln müßten wie in der nächstgelegenen, 12 sm entfernten Hafenstadt Quesir. Dies war aber mit der Hauptgrund, weshalb wir Quesir nicht angelaufen hatten.

»Zusätzlich«, grinste uns der Ägypter an, »kommen unter Umständen noch die Fahrtspesen für die Beamten aus Quesir bis Hamrawein und zurück hinzu.« Was in Ägypten »unter Umständen« heißen konnte, wußten wir inzwischen. Als der Beamte schließlich noch unsere Pässe für die Liegedauer in Hamrawein – vor allem wohl als Faustpfand – einbehalten wollte, reichte es uns.

Um 17 Uhr liefen wir zu unserer ersten Nachtfahrt im Roten Meer aus. Draußen warteten gut 6 Windstärken auf uns, und der achterliche Wind schob KOSAMUI südwärts. Trotz sternenklarer Nacht war kein orientierendes Licht an Land, kein Leucht-

oben: Bucht von Kekova
unten: »Segeln total« entlang der türkischen Küste

Notre Dame du Liban – Symbol für den bevorstehenden Niedergang?

oben: Brodelnde Altstadt in Jerusalem
unten: Akko – Marina inmitten geschichtsträchtiger Kulisse

oben: Pilotschiff; im Hintergrund ein Wüstenschiff der Neuzeit
unten: Navigation im Riffgebiet

turm und auch keine Großschiffahrtslinie auszumachen.

Alle paar Stunden warteten wir mit Ungeduld auf das nächste »Fix«, das unser Satelliten-Navigator ausspucken würde.

Morgens befanden wir uns in der Höhe der kleinen südägyptischen Stadt Marsa Alam, von der wir gehört hatten, daß es dort Wasser und Eßwaren zu kaufen gäbe. Die Einfahrt in die Lagune, in der wir nur kleinere Fischerboote liegen sahen, erschien uns für unseren Tiefgang von 1,80 Meter ausgesprochen bedenklich. Da der Paß zudem noch in Legewall lag, verzichteten wir auf einen Versuch, der uns das Schiff hätte kosten können.

Verbissen, ohne die Nacht zuvor geschlafen zu haben, machten wir weiter – größtenteils unter Sichtnavigation, d. h. Roman stand mehrere Stunden in der Saling, um KOSAMUI zu dirigieren. Am Nachmittag ließ der Wind weiter nach, als wir endlich unser Ausweichziel Wadi Gimal erreichten. Die letzten paar hundert Meter hatten wir uns den Weg förmlich wie durch einen Irrgarten erkämpfen müssen. Immer enger rückten die Korallenköpfe, die das Fahrwasser begrenzten, an den Rumpf der KOSAMUI heran. Immer häufiger schienen uns zusätzliche Boomies den Weg endgültig versperren zu wollen. Ein erster Ankerversuch schlug fehl, als selbst der Bruce auf dem nur von wenigen Zentimeter feinem Sand bedeckten Felsboden keinerlei Halt fand. Also wieder Anker auf. Erneut schlängelten wir uns zwischen den Korallenblöcken hindurch zurück nach Norden, um dort eine flache Lagune zu suchen. Die Einfahrtstiefe erschien uns zwar nicht ganz geheuer, aber unsere Übermüdung und der Wunsch, endlich wieder ausruhen zu können, waren eine enorme Triebfeder. Als das Echolot nur noch 10 Zentimeter Wasser unter dem Kiel zeigte, sprang Roman mit der Tauchmaske über Bord. Die letzten 300 Meter lotste er, immer in einigen Metern Abstand vor dem Bug herschwimmend, KOSAMUI an ihren Ankerplatz mitten in der Lagune.

Hier lagen wir nun absolut geschützt über weißem Sand im klaren Wasser in ruhiger, ungestörter Natur. Die nächsten drei Tage verbrachten wir nur mit Schwimmen, Schlafen, Krabbenjagd und Schnorcheln im herrlichen vorgelagerten Riff, wo der Skipper nach einer Anzahl von Fehlschüssen schließlich auch seinen ersten Fisch harpunierte.

Ganz wohl war uns bei dem anschließenden Festmahl allerdings nicht angesichts des bunten Korallenbarsches – aber soweit wir wußten, gab es im Roten Meer keine Ciguatera. Jeder Fahrtensegler fürchtet diese gefährliche Toxinwirkung, die von Korallen auf die sie verzehrenden Fische übergeht und insbesondere im Pazifik, aber auch zunehmend in der Karibik eine ernstzunehmende Gefahr darstellt.

Am zweiten Tag bekamen wir Funkkontakt mit Arno, dem Geschäftsführer des deutschen Maritimen Amateurfunknetzes vom Steinhuder Meer. Einen Teil seiner Zeit verbrachte dieser auf den verschiedenen Weltmeeren an Bord von Tankern und Frachtern als Berufsfunker. Jetzt lag er gerade in Hodeida im Nordjemen auf Reede. Wir baten ihn gleich, sich zu erkundigen, welche Möglichkeit für eine Yacht bestände, den Jemen anzulaufen. Arno (Rufzeichen DKØMC) versprach, Nachforschungen für uns anzustellen. Bei einem persönlichen Treffen in zwei Wochen in Port Sudan wollte er uns dann die Antwort geben.

Derweilen hatten wir alles Interesse uns beim Fischen, Krabbenfangen und Muschelsuchen anzustrengen. Zwar hatten wir in Deutschland für Versorgungsengpässe Hunderte von Dosen an Frühstücksfleisch, Rindfleisch, Schinkenwurst und Thunfisch gekauft, das war aber die eiserne Notration, die uns auch noch über den Indischen Ozean reichen mußte. Seida hatte es inzwischen zwangsläufig zu Meisterehren beim Brotbacken an Bord gebracht. Alle zwei Tage machte sie aus Mehl, Salz, Wasser und Trockenhefe in schweißtreibender Knetarbeit Brotteig, der anschließend in dem simplen, für 2 DM im Libanon gekauften palästinensischen Topf gebacken wurde. Über einen Ofen verfügten wir nicht an Bord.

Wir fischten nicht nur an den Ankerplätzen, sondern vor allem schleppten wir auf den Tagesetappen eine 30 Meter lange Leine am Heck hinterher. Die ersten Versuche mit einer einfachen 1,5 mm-Nylonschnur endeten kläglich. Fast täglich wurde sie zerrissen. Unser Köder, ein rotes Stück Stoff, schien von den Fischen angenommen zu werden. Also beschlossen wir, aus der dünnen Schnur einen Zopf von dreifacher Stärke zu flechten. Stundenlang flochten wir stumpfsinnig vor uns hin. Dann brachten wir unsere Super-Schlepp-Angelleine erneut aus. Siehe da, sie hielt – aber leider auch die Fische fern. Es war zum Verrücktwerden. Es wollte einfach kein Fisch mehr anbeißen. Dabei hatten wir mittlerweile ein schon nahezu perfektes System. Unseren »Angelzopf« hatten wir nämlich an Bord um eine unbenutzte Winsch gelegt, und zwar verkehrtherum. So wurden wir beim Anbeißen eines Fisches und dem nachfolgenden Ausrauschen der Leine durch das Winschengeräusch alarmiert.

Am 27. Juli liefen wir White Rock an. Das nördliche Drittel des Roten Meeres lag hinter uns, ebenso die südlichste Stadt an der ägyptischen Küste, Port Berenice. Dort waren Yachten allerdings wegen des amerikanischen Stützpunktes unerwünscht. White Rock liegt gut 5 sm außerhalb des Küstenriffs. Die ovale, wenig mehr als 100 Meter breite Lagune wächst aus dem umliegenden, unergründlich tiefen Meer hoch wie ein überdimensionaler runder Tisch. Bis auf eine schmale Zufahrt im Süden ist sie komplett umschlossen von einem 10 bis 20 Meter breiten Korallengürtel, dessen Spitze je nach Gezeitenstand leicht über oder unter der Wasseroberfläche endet. Ihren Namen hat die Lagune von dem weißen Felsen der unmittelbar hinter der Einfahrt aus dem Wasser ragt. Der Begriff »white« wird aber auch durch den schneeweißen Sand in ihrem Inneren unterstrichen. Das Wasser war so klar, daß man in allen Einzelheiten die Fischschwärme am Boden in ihren Schwimmbewegungen verfolgen konnte. Ein unbeschreibliches Gefühl ergab sich bei Flut, wenn die Spitze des Korallenringes völlig mit Wasser bedeckt war. Dann hatten wir an Bord unserer KOSAMUI das Gefühl, mitten im Meer auf Reede zu liegen. Soweit das Auge reichte war rundherum kein Land, keine Insel und kein Korallenriff zu sehen. Nur die endlose Weite des Wassers bis zum Horizont. Diese Lagune war ein Unterwasserparadies. Mit den bunten Korallen, den bizarren Riff-Formen und den artenreichen Fischschwärmen, mit Gattungen, wie wir sie noch nie gesehen hatten, erschien uns White Rock bei unseren mehrstündigen Schnorchelausflügen wie ein riesiges natürliches Aquarium. Vorsichtshalber zogen wir immer unser Dinghi an der Wasseroberfläche hinter uns her. Vor allem, wenn wir einen Fisch harpuniert hatten, konnten wir so schnell sowohl unsere Beute und notfalls auch uns selbst in Sicherheit bringen, falls das Blut einen Hai auf die Bildfläche rufen sollte.

White Rock – das ist auch der nördlichste Punkt der Foul Bay und damit eine Art Eingangstor zu dem etwa 120 sm langen Riffgebiet, das sich vom ägyptischen Kap Ras Banas bis zum sudanesischen Ort Marsa Halaib erstreckt. Dieses von keiner Karte auch nur annähernd korrekt erfaßte und in der allgemeinen Schiffahrt als unpassierbar geltende Riffgebiet ist stellenweise bis zu 20 sm breit. Wir hatten zwar eine Karte mit Daten aus dem Jahr 1833, die auch die Foul Bay miteinschloß, aber schnell bestätigte sich, daß die eingezeichneten Riffgebiete an anderer Stelle lagen bzw. der größte Teil überhaupt nicht auf der Karte verzeichnet war. Selbst der Küstenverlauf war in dieser verlassenen Region nicht exakt kartographiert. Wir stellten bis zu fünf Meilen Abweichung mit unserem Satelliten-Navigator fest.

Wir hatten nur von einer Yacht gehört, die diese Riffregion durchquert hatte. Die englische Ketsch »Quo Vadis« passierte gezwungenermaßen die Foul Bay, nachdem sie im südlichen Roten Meer nach Riffkontakt schwer beschädigt worden war. Sie zog es vor, sich durch diese unerforschten Riffe, dafür aber in erreichbarer Nähe der Küste voranzuarbeiten.

Noch im Mittelmeer hatten uns viele Leute vor dem Roten Meer gewarnt. »Wenn man schon dort durch muß, dann allenfalls mittendrin in der Nähe der Großschiffahrtsstraße und dann so schnell wie möglich.« Dieses Schreckensbild relativierte sich um so mehr, je mehr Informationen wir über das Rote Meer erhielten. Insbesondere als wir persönlich mit ein paar Yachties sprachen, die gerade von dort kamen. Aber keiner hatte die Foul Bay durchquert. Alle waren froh, die 1200 schwierigen Seemeilen hinter sich gebracht zu haben – auch ohne Foul Bay. Die Gelegenheit aber, in noch unberührte und unerforschte Gewässer vorzustoßen, reizte uns enorm. Die »Quo Vadis« hatte bewiesen, daß es machbar war. Wir hatten uns fest entschlossen, es zu versuchen.

Nach drei Tagen verließen wir unser paradiesisches Aquarium White Rock. Im Vergleich zum nördlichen Roten Meer hatte sich hier an der Grenze zum Sudan die Hitze fast ins Unerträgliche gesteigert. Der Fahrtwind verschaffte uns keinerlei Kühlung mehr, er trocknete nur aus, und auch ein Bad im Meerwasser machte nur noch naß, brachte aber keine Erfrischung mehr. Um die Verdunstungskälte zu nutzen, war bei uns in den nächsten Tagen ständig Kostümball angesagt. Roman, der sich bisher mit Shorts begnügt hatte, stülpte sich eine Mütze über den Kopf, zog ein chinesisches langärmeliges Baumwollhemd und lange weite Hosen an. Auch Seida vermummte sich mit zwei Sarongs, einer Mütze sowie einem Tuch, mit dem sie Kopf, Gesicht und Hals bedeckte; nur die Augenpartie mit der dunklen Sonnenbrille blieb frei. In diesem Aufzug machte sie ihrem arabischen Vornamen alle Ehre. Jede Viertelstunde gossen wir uns gegenseitig ein paar Eimer Seewasser über Kopf und Kleidung. Dann verschwand Roman wieder triefend naß auf dem Mast. Dort oben hatte er die einzige Chance, den gefährlichen Weg durch die Riffe auszukundschaften. Auf der Saling stehend, die er in wenigen Sekunden über die Maststufen erreichte, starrte er angestrengt auf die gleißende Wasserfläche vor uns. Eine Hilfe dabei war die Polaroidbrille, die die Reflektion verringerte. An den Farbschattierungen des Wassers vor dem Bug konnte man die jeweilige Wassertiefe einigermaßen abschätzen. Ein tiefes Blau deutete auf große Wassertiefen hin. Je heller das Blau wurde, desto flacher war an dieser Stelle das Wasser. Sobald die Farbe in ein dunkles Grün überging, hieß es erhöhte Vorsicht, denn es handelte sich um Tiefen von sechs Metern und weniger. Bei hellem Grün konnte es schon mit der Wassertiefe für unsere KOSAMUI, die mehr als 1,80 Meter brauchte, knapp werden. Sobald der Farbton in ein helles Braun wechselte, konnte man davon ausgehen, daß die Riffe unmittelbar unter der Wasseroberfläche lauerten.

In regelrechtem Zickzack-Kurs suchten wir unsere Fahrrinne durch die Foul Bay. Wir nahmen uns als Tagesetappen jeweils weniger als 30 sm vor, denn es war nicht möglich, früh zu starten. Bis etwa 9 Uhr vormittags stand die aufgehende Sonne am östlichen Horizont so flach, daß sie die Meeresoberfläche wie mit einem silbernen Tuch, alles unter Wasser liegende verbergend, zudeckte. Die gleiche Schwierigkeit ergab sich ab 15 Uhr nachmittags, wenn sich die Sonne im Westen dem

Meer näherte. Wir mußten also in der Zeit von 9 bis 15 Uhr unseren alten Ankerplatz verlassen und das neue Tagesziel erreicht haben. Einen Fehler in der Zeitplanung, wie er im Golf von Suez vorgekommen war, würden die Riffe hier nicht verzeihen. Auch die Möglichkeit, wie im übrigen Roten Meer notfalls Richtung offene See zu laufen, war uns hier durch den vorgelagerten Riffgürtel versperrt. Eine Nachtfahrt stand gar nicht erst zur Diskussion.

In dieser menschenfeindlichen Umgebung legte uns die Natur all ihre Pracht unter der Meeresoberfläche dar. In dem kristallklaren Wasser offenbarte sich sogar schon von Deck der unermeßliche Formen- und Farbenreichtum dieser unterseeischen Gärten, die noch keine Menschenhand berührt hatte.

Seit wir das Mittelmeer verlassen hatten, führten wir genau Buch über unseren Trinkwasserverbrauch. Wir wußten, daß Trinkwasser im Roten Meer eine Kostbarkeit ist. Im Hochsommer hatten in diesem heißen Landstrich die Einheimischen häufig kaum genug Wasser zum Trinken. So war unser Entsetzen groß, als wir am dritten Abend an unserem Ankerplatz mitten in der Foul Bay beim Nachrechnen der Wassermenge einen erheblichen Schwund feststellen mußten. Unser in Lanarca angefertigter Nirostatank, der 120 Liter faßte, war nahezu leer. Nach unserem im Logbuch festgehaltenen Verbrauch hätte er noch über halb voll sein müssen. In einer bösen Ahnung bauten wir den Tank aus und fanden ein winziges Leck an einer Schweißnaht. Jetzt verfügten wir nur noch über die sechs 30-Liter-Kanister mit Süßwasser, die noch unangebrochen und festgezurrt unter dem Tisch im Salon standen. Ab nun hatten wir das Wasser extrem zu rationieren. Unser Vorrat aus den Plastikkanistern mußte unter Umständen noch für Wochen reichen. Seit unserer Einfahrt ins Rote Meer hatten wir Süßwasser ausschließlich zum Trinken und kochen benutzt, wobei wir bei letzterem noch ein Drittel Salzwasser zumischten. Daß zum Duschen nur Meerwasser verwandt wurde, verstand sich von selbst. Den einzigen Luxus, den wir uns leisteten, war, uns abends von Kopf bis Fuß mit einem süßwasserbefeuchteten Waschlappen das Salz vom Körper zu reiben. Denn das ständige Übergießen mit Meerwasser zur Erzeugung der Verdunstungskälte ließ auf der Haut eine dicke Salzkruste zurück.

In den ersten Augusttagen führte unser Weg aus nordwestlicher Richtung zu den Siyal Inseln. »Quo Vadis« hatte das nun vor uns liegende Riffgebiet unseren Informationen zufolge irgendwo südlich umfahren. Wir wollten die direkte Route versuchen. Der Kurs der KOSAMUI entwickelte sich zu einem anstrengenden Slalom zwischen den Riffen und ungezählten Korallenköpfen hindurch. Die Grundvoraussetzung war eine absolut glatte See und kaum Wind. Unter Maschine schlängelten wir uns im Schneckentempo durch die immer enger werdenden Wassergassen zwischen den Riffbänken. Sie zwangen uns, oftmals schon nach einer Bootslänge den Kurs um über 90 Grad zu ändern. Über Stunden stand Seida an der Ruderpinne und Roman in der Saling, um eine Durchfahrt durch dieses Wirrwarr zu finden. Zeitweise alle paar Sekunden kam aus der Höhe ein neues Ruderkommando. Seida steuerte blind, denn vom Platz des Rudergängers aus waren die Unterschiede zwischen Wasserrinne und Korallenköpfen direkt unter der Wasseroberfläche nicht auszumachen. Die so umschifften Korallen »schwammen« häufig in greifbarer Nähe vorbei. Erst nachdem KOSAMUI sich hindurchgezwängt hatte, merkte Seida jeweils, wie eng die Passage zwischen den Korallen-»Gestecken« mit ihrer gefährlichen Schönheit wirklich gewesen war.

Ohne irgendwo anzuecken, setzten wir unseren Slalom-Kurs fort. Wenn es eine »Hohe Schule« der Korallennavigation gab, waren wir hier dabei, sie zu erlernen. Diese Sisyphusarbeit setzte sich bis in unmittelbare Nähe der flachen, nur aus Sand bestehenden, kaum 1 Meile langen Siyal Inseln fort. In gleichem Maße wie sich der Abstand zu den Inseln Meter um Meter verringerte, verringerte sich auch die in uns angestaute Anspannung. Erleichtert atmeten wir auf, als wir eine weite blaue Wasserfläche in zunehmend erreichbarer Entfernung erkennen konnten. Uns hatte der Korallen-Irrgarten doch noch gnädig entlassen. Der schlimmste Teil der Foul Bay lag hinter uns.

Bei plötzlich zunehmender Luftfeuchtigkeit wurde es im Bootsinneren ungemütlich. Alles war klamm. Das Hygrometer zeigte inzwischen über 90 Prozent. Die Sicht wurde miserabel. Die Luft war so voller Sand, daß wir die Sonne stundenlang nicht mehr sehen konnten. Trotz der nur 3 bis 4 Bft mußte im Landesinneren ein Sandsturm in vollem Gange sein.

Als wir versuchten, unser Ziel Marsa Girid anzulaufen, konnten wir es an der Küste nirgends ausmachen. Wir liefen noch 2 sm weiter Richtung Osten, parallel zu dem sich auf dem Küstenriff brechenden, jetzt deutlich stärker gewordenen Seegang. Gut 5 Bft schoben KOSAMUI vor sich her. Aber unsere Zweifel wurden stärker. Zunehmend wurde uns klar, daß wir an Girid schon vorbei sein mußten. Verbissen drehten wir KOSAMUI in die Gegenrichtung. Jetzt mußten wir gegen den Wind, über dessen Kraft wir uns gerade noch gefreut hatten, anknüppeln.

Durch die kurzen Wellen vollführte KOSAMUI wahre Bocksprünge. Für Roman wurde es verdammt ungemütlich, wieder seinen Ausguck im Mast einzunehmen. Nicht genug, daß er mehr einem Klammeraffen glich, der verzweifelt versuchte, an den Maststufen Halt zu finden. Je höher er kam, desto stärker wurde der Pendelausschlag des Mastes in dem kräftigen kurzen Seegang. »So muß sich ein Rodeo-Reiter vorkommen!« rief der Skipper Seida zu und wollte sich wohl selbst Mut machen. Die echten Rodeoreiter brauchen sich auf einem »Buckler« nur zwölf Sekunden zu halten. Roman schaffte es länger, aber dann kam für ihn beinahe das »Aus«. Saling und Maststufen waren durch Salz, Sand und Luftfeuchtigkeit so rutschig und schmierig geworden, daß er plötzlich mit den Füßen abrutschte und sich nur noch mit den Händen festkrallen konnte. Daß er dabei den Radarreflektor abriß, schmerzte ihn, seinem obszönen Fluch nach zu urteilen, weniger als seine »Bijoux de famille«...

Nach 5 Meilen erreichten wir doch noch Marsa Girid mit seiner geschützten Lagune. Wir befanden uns im Sudan. Bei der Kontrolle unserer Position über Sat-Nav stellten wir ein paar Stunden später fest, daß sich diese sudanesische Siedlung ganze drei Meilen weiter nordwestlich als auf der Karte eingezeichnet befand. Von der Ortschaft erkannten wir im Zwielicht des abflauenden Sandsturms nur einige triste Baracken und eine größere Lagerhalle. In einiger Entfernung standen dort eine Handvoll aus Lehm erbauter Wohnhütten. Die Einwohner von Marsa Girid hatten uns natürlich gleich bemerkt. In die typische weiße Jellabiya gekleidet, winkten uns die Männer und einige Kinder begeistert zu. Wir waren aber völlig übermüdet, hatten keine Papiere für den Sudan und keine große Lust, mit den Behörden vor Ort noch wegen einer Landgangerlaubnis zu verhandeln. Es machte auch niemand Anstalten, uns mit einem der Fischerboote, die am Ufer festgemacht waren, hier draußen einen Besuch abzustatten. Uns war es recht so.

Am nächsten Morgen machten wir uns auf den Weg zum nur 23 Meilen entfernten Marsa Halaib. Jetzt hatten wir blauen Himmel und strahlenden Sonnenschein mit guter Fernsicht. Die Luftfeuchtigkeit war schlagartig auf 28 Prozent zurückgegangen.

Schon bei der Annäherung an Marsa Halaib fielen uns von weitem die beiden Masten einer Yacht auf. In der weitläufigen, durch das Riff abgeschirmten Bucht lag die amerikanische »Saudade« vor Anker. Wir passierten mit KOSAMUI in 20 Meter Abstand die weiße 50-Fuß-Yacht und riefen der Besatzung das übliche »Hello« zu. Dabei fragten wir eigentlich mehr beiläufig, in welche Richtung sie weitersegeln würden. Ungläubig vernahmen wir die Antwort. Die Amerikaner wollten ebenfalls nach Süden, fügten aber hinzu, sie würden in wenigen Augenblicken den Anker lichten, weil sie noch im September über den nördlichen Indischen Ozean möchten. Das war auch unsere Route, aber eine ganz neue Zeitplanung!

»Die müssen verrückt sein. Im September kann man doch nicht über den Indischen Ozean«, murmelte Roman halblaut vor sich hin. Kaum war der Anker in den Fluten verschwunden und hatte im Korallensand gegriffen, hallten die Worte »im September über den Indischen Ozean« in Romans Kopf nach.

»Die müssen doch spinnen. Oder etwa nicht?«

Voller Zweifel griff er nach den Windkarten und schlug das Blatt für September auf.

Bei unserer zeitlichen Vorausplanung waren wir davon ausgegangen, bis zum Winter im Bereich südliches Rotes Meer, Golf von Aden oder südliche Arabische Halbinsel zu bleiben, um dann mit Einsetzen des Nordost-Monsun die Arabische See Richtung Ceylon zu überqueren. Dies war auch die Planung, die zu Anfang unseres Jahrtausends schon arabische Handels-Dhaus bis nach Asien gebracht hatte. Die Überlegung, diese Überquerung bereits im September anzugehen, war natürlich reizvoll. Für die weitere Reiseplanung in Südost-Asien und in Fernost würde das ganz andere Möglichkeiten eröffnen.

Unsere Bedenken galten der Jahreszeit. Im September weht noch ein kräftiger Südwest-Monsun, der häufig gerade im Bereich des Horn von Afrika Sturmstärke erreicht. Außerdem besteht im Sommerhalbjahr im nördlichen Indischen Ozean, wenn auch vom Risiko her von Monat zu Monat variierend, die Gefahr tropischer Wirbelstürme. Laut Windkarte hätten wir um Socotra, am Ausgang des Golfs von Aden, mit etwa 5 Prozent Sturmhäufigkeit zu rechnen. Die Zyklonhäufigkeit wäre gering: nur alle paar Jahre gibt es dort im Monat September einen Wirbelsturm.

So verrückt erschien uns die Idee der Amerikaner auf einmal nicht mehr. »Wieso haben wir da eigentlich nicht selber dran gedacht?« Aber in Deutschland war uns ja alleine schon bei der Bemerkung, wir wollten den Indischen Ozean in West-Ost-Richtung überqueren, von »erfahrener« Stelle geantwortet worden, das sei unmöglich. Wir beschlossen also, unsere Zeit im Roten Meer abzukürzen.

In Marsa Halaib machten wir unseren ersten Landgang seit langer Zeit. Es war der erste größere Ort im Roten Meer, den wir betraten. Wir verlegten KOSAMUI näher ans Ufer, unmittelbar vor die niedrigen Lehmhütten. Mit dem Beiboot setzten wir über. Der örtliche Polizeiposten winkte uns gleich zu sich, kaum daß wir den Fuß an Land gesetzt hatten. Er fragte uns nach den Pässen und nach dem Visum. Wir versuchten ihm klarzumachen, daß wir ein Visum selbstverständlich nicht hätten, da wir ja von Norden kämen und das weiter im Süden liegende Port Sudan der einzige sudanesiche Einklarierungshafen sei. So ganz zufrieden war der pechschwarze Sudanese mit unserer Antwort nicht. »Sie können doch nicht einfach hier ohne Visum an Land gehen«, machte er uns mit viel Zeichensprache und dürftigem Englisch klar. Wir hätten uns ein Visum für den Sudan vor unserer Abfahrt besorgen sollen, fügte er unnachgiebig hinzu. Unser Gegenargument, daß wir dafür schon zu lange unterwegs seien, und selbst wenn wir es in

Deutschland beantragt hätten, es längst abgelaufen sei, schien er sprachlich nicht zu verstehen.

Nach einigem Hin und Her, und nachdem sich ein junger sudanesischer Offizier aus der am Ortsrand gelegenen Garnison eingeschaltet hatte, erhielten wir unsere Pässe zurück und durften uns ungehindert im Ort bewegen. Was wir dort sahen, entsprach nicht dem, was wir uns unter dem als wichtig auf der Karte eingezeichneten sudanesischen Ort vorgestellt hatten. Die Behausungen bestanden fast ausschließlich aus primitivsten Lehmhütten, ohne jegliches Mobiliar. Als Ruhestätte diente eine einfache geflochtene Matte. Wir liefen zwischen Bretterhütten, Sand und Staub hindurch, um irgendwo ein Geschäft zu finden. Aber unser ursprünglicher Gedanke, hier Nahrungsmittel zu bekommen, erschien uns jetzt in dieser ärmlichen Umgebung geradezu absurd. An einer der Bretterbuden war der obere Teil der Tür weggeklappt. Im Inneren der Hütte sahen wir im Halbdunkel einige Säcke gestapelt. Dies war wohl der »Supermarkt« des Ortes. Der Händler bat uns überaus freundlich herein. Das Warenangebot bestand nur aus mehreren Säcken voll getrockneter Bohnen. Dagegen war die Vorratskammer unserer KO-SAMUI auch nach der Zeit im Roten Meer noch geradezu ein Feinkostladen.

Gerade hier im Sudan wurde uns vor Augen geführt, unter welch bescheidenen, dürftigen Lebensbedingungen der Mensch zu leben vermag. Umso erstaunter waren wir, daß die meisten Sudanesen dort an der Küste nicht das essen, was ihnen die Natur im Überfluß liefert, nämlich Fisch.

Auch die Wasserversorgung war hier überaus problematisch. Auf unsere Frage nach Wasser hatte der Polizist geantwortet, es gäbe kein Wasser mehr in den Tanks. Tatsächlich mußte hier jeder Tropfen Süßwasser über zig Kilometer Piste mit einem altersschwachen, völlig verrosteten Tanklastwagen hergebracht werden. Der blieb dann auf dem Dorfplatz einige Wochen lang stehen, wobei das Wasser in dem dunkelbraunen Tank in der Hitze schier zu kochen anfing. Der Tankwagen, der vor uns stand, war nahezu leer. So war es durchaus verständlich, daß der Dorfbeamte nicht zulassen wollte, daß Fremde von dem ohnehin schon knapp bemessenen kostbaren Naß auch noch etwas wegnahmen. Auch wir selber wurden später immer wieder von den wenigen Leuten, die wir auf unserem weiteren Weg entlang der sudanesischen Küste trafen, gefragt, ob wir ihnen nicht etwas von unseren Wasservorräten abgeben könnten. Je näher wir Port Sudan kamen, desto leichter fiel es uns, diesem Wunsch nachzukommen.

Wir waren in einer anderen Welt. Während man noch ein paar hundert Meilen nördlich von wohlgenährten, schnorrenden ägyptischen Beamten auf unangenehme Weise wegen Alkohol und ganzen Stangen Zigaretten angegangen wurde, waren die Leute hier schon überglücklich, ein paar Liter Trinkwasser bekommen zu können. Überhaupt wurden wir von der Bevölkerung im Sudan nie unangenehm bedrängt oder belästigt. Die Sudanesen hatten ihren Stolz bewahrt, insbesondere die Nomaden, die zum Teil vom Landesinneren und den Bergregionen mit ihren Kamel- und Ziegenherden bis in die Küstenebene zogen. Fremden gegenüber verhielten sie sich zwar freundlich und korrekt, aber distanziert.

Zwei Stunden lang hatten wir den Ort durchstreift und dabei gar nicht auf den auffrischenden Wind geachtet. Als wir unser Beiboot vom sandigen Ufer ins Wasser trugen, umringt von einer vielköpfigen Schar johlender, schwarzhäutiger Dorfkinder, ahnten wir schon Schlimmes. Zunächst fühlte sich Roman noch stark genug, alleine das Bananaboot zu rudern. Zwar kamen wir gut vom Strand weg, dann aber sprangen immer häufiger die Ruder aus den Dollen. So war das unmöglich zu schaffen. Kurzentschlossen nahm jeder ein Ruder in die Hand und wir benutzten sie als Stechpaddel. »Eigentlich hätte ich dich ja schon früher mitarbeiten lassen sollen«, sprach Roman streitsüchtig seine Gedanken aus. »Erinnerst du dich noch an den Türken, der mir in Kemer seine Weltanschauung zum Thema Ehefrau mit auf den Weg gegeben hat?« Seida fand das überhaupt nicht komisch und paddelte verbissen weiter. Der Türke hatte nämlich gesagt: »Du mußt deine Frau viel arbeiten lassen. Das ist gut für ihre Muskeln und macht sie stark und gesund...«

Es verging kein Tag mehr, an dem wir nicht über die Möglichkeit einer früheren Passage über den nördlichen Indischen Ozean nachdachten. Stundenlang brüteten wir gemeinsam über den Windkarten und Seehandbüchern und spielten in Gedanken einen völlig neuen Zeitplan durch. Mehr und mehr steigerten wir uns in eine Euphorie hinein.

Eine Passage des nördlichen Indischen Ozeans, südlich des fünften Breitengrades, der ja die Grenzlinie der tropischen Wirbelstürme bildet, mußte durchaus möglich sein. Bei einem Start von Djibouti gegen Ende September könnten wir selbst im Golf von Aden noch Glück mit günstigen Winden haben. Auch Socotra müßte Anfang Oktober ohne allzu großes Risiko zu passieren sein. Damit könnten wir noch im Oktober Sri Lanka erreichen und nach einigen Tagen Rast und Sight-Seeing den November zur Überfahrt nach Süd-Thailand nutzen. In ganz weiter Ferne zeichnete sich gedanklich am Horizont ein globales Reisebild ab: In den zweieinhalb Jahren, die uns seit der Abfahrt aus der Türkei aus beruflichen Gründen zur Verfügung standen, eine komplette Weltumsegelung zu versuchen – aber ausschließlich in der nördlichen Hemisphäre und in West-Ost-Richtung! Dies hatte unseres Wissens nach noch niemand gemacht. Rundum in zweieinhalb Jahren, via Thailand, Singapur, Borneo, Philippinen, Hongkong, Japan, wenn möglich weiter über den Nord-Pazifik, entlang der amerikanischen Westküste, Panama, Nord-Atlantik, westliches Mittelmeer und dann über die französischen Kanäle bis ins Saarland. Eine verlockende, aber zugleich kühne Idee – vor allem mit einem 9,30-Meter-Schiff. Aber es sollte einiges anders kommen, als wir es uns jetzt so schön am Kartentisch ausmalten...

Kapitel 6
47 Grad unter Deck

Unbewußt beflügelte uns die neue Reise-Idee. Fast stellten wir so etwas wie Aufatmen bei uns fest. Der geänderte Zeitplan würde bedeuten, daß wir nicht mehr sechs Monate Aufenthalt in Wüstengegenden vor uns hatten, sondern nur noch zwei Monate bis zum »Tapetenwechsel«. Diese Erleichterung und Vorfreude zeigte uns aber auch, daß uns die Zeit im Roten Meer mehr zugesetzt hatte, als wir uns eingestehen wollten.

Wir hatten noch acht gemütliche Etappen bis Port Sudan vor uns. Unser nächstes Tagesziel hieß Marsa Umbeila. Nicht anders als erwartet, waren wir in der 200 Meter durchmessenden Bucht alleine. Den sehr guten Ankergrund lernten wir später zu schätzen, als der Wind auf 35 Kn auffrischte. Bei der extrem niedrigen Luftfeuchtigkeit hatten wir das Gefühl, als würde uns jemand einen heißen Föhn ins Gesicht halten.

Abends gab es einen Grund zum Feiern: wir hatten Hochzeitstag. »Charles« vom Stamm der Frigoboats gab sich alle Mühe und servierte uns trotz der Hitze herrlich gekühlt unsere letzte Flasche Elsässer Riesling.

Gemütlich ging es am nächsten Tag weiter. Wir hatten uns nur eine Strecke von 9 sm vorgenommen. In diesem Bereich der sudanesischen Küste reiht sich eine Marsa an die nächste, und durch einen äußeren Riffgürtel wird dieses Revier vor jeglichem Wellengang geschützt.

Kurz bevor wir unser Ziel Marsa Mar'Ab ansteuerten, rauschte mit einem singenden Ton unsere Schleppleine aus. In 30 Meter Entfernung sprang ein großer Barracuda wie wild hin und her. Der Angelhaken schien aber fest in seinem zahnbewehrten Maul verkeilt zu sein. Roman zog sich schnell seinen dicken Arbeitshandschuh über und versuchte die Leine Hand über Hand einzuholen. Der Barracuda wehrte sich weiterhin, als wisse er, daß es hier um den Kochtopf ging. Man stellt sich nicht vor, was für eine Kraft solch ein eineinhalb Meter langer Raubfisch entwikkeln kann. Schließlich nahmen wir die Leine Zentimeter um Zentimeter über eine Winsch dicht. Die letzten 10 Meter schien er aufzugeben und ließ sich jetzt ohne Gegenwehr Richtung Heck der KOSAMUI einholen. In Wirklichkeit hatte der Bursche aber die Verschnaufpause zum Kräftesammeln genutzt. Gerade als wir ihn schon so nahe hatten, daß wir die enormen Ausmaße seines silbrigen Fischleibes im Wasser in allen Einzelheiten sehen konnten, seine ausdruckslosen Augen und seine furchterregenden Zahnreihen, bäumte sich der Fisch noch einmal mit aller Kraft auf. Vielleicht hatte ihn der »Fischleib« der KOSAMUI so erschreckt. Mit seiner Schwanzflosse peitschte er das Wasser meterweit, überschlug sich regelrecht dabei in der Luft und – war verschwunden. Wir schauten uns verblüfft an. Im Geiste hatte Seida ihn schon sorgfältig portioniert, abgekocht und in Essig eingelegt. Jetzt war ihr die Enttäuschung ins Gesicht geschrieben.

Das Ankern in Marsa Mar'Ab gestaltete sich problematisch. Die einzige Möglichkeit bot eine kleine Sandspitze, auf der wir den Anker mit dem Beiboot ausbrachten, um KOSAMUI über das Riff hinaushängen zu lassen, das in 10 Meter Tiefe einen Absatz bildete. Unter KOSAMUI's Rumpf fiel die Riffwand dann senkrecht in eine unergründliche Bläue ab. Die Korallenlandschaft unter uns war geradezu traumhaft. Hier im Sudan gab es wieder eine völlig andere, vielfältigere Korallenwelt als weiter nördlich in den ägyptischen Gewässern. Neben Schwärmen von leuchtend gelben Falterfischen knabberten regenbogenfarbige Papageienfische mit ihren gut erkennbaren Zahnreihen an den Korallenästen. Myriaden winziger bunter Fische bildeten einen reizvollen Kontrast zu den in allen Schattierungen leuchtenden weißen, blauen oder roten Korallengebilden, die sie umschwammen. Zwischen den Korallenblöcken war der Boden von weißem Sand bedeckt, so daß es in wenigen Metern Tiefe fast so hell war wie über Wasser. Hier sahen wir beim Schnorcheln auch die ersten Schildkröten. Wir wußten zwar von früheren Asienaufenthalten, daß Schildkröten sehr gut schmecken, aber für diese Panzertiere war unser Kochtopf tabu.

Am Abend ließ der Wind plötzlich nach. In den letzten Wochen hatten wir ausschließlich nördliche Winde angetroffen, wie dies auch für das nördliche Rote Meer typisch ist. Jetzt näherten wir uns der Region von Port Sudan, wo eher variable Windrichtungen vorherrschen. An unserem Ankerplatz in der etwa 400 Meter weiten Marsa war uns nicht ganz wohl. Wir hingen jetzt frei schwojend außerhalb des Randriffs. Bei einer Änderung der Windrichtung um mehr als 90 Grad aber wären wir unvermeidlich auf dem Saum aus Korallenblöcken gelandet, der sich zwischen dem Unterwasserabsatz und dem nur 20 Meter davon entfernten Sandstrand erstreckte. Es war schon in der Dämmerung, als wir vorsorglich unseren Baas-Anker über das Heck in 12 Meter Tiefe absenkten. Etwas beruhigter krochen wir in die Kojen.

Am nächsten Morgen befand sich KOSAMUI ein gutes Stück näher am Ufer, aber immer noch in genügendem Abstand von den dort auf sie lauernden Korallen. Ein sanfter Wind hatte sich nachts aus Süden aufgebaut. Tatsächlich hatte sich der Heckanker aber bei der Winddrehung gleich in Höhe des Riffabsatzes in dem zerklüfteten Untergrund festgehakt. Wir hatten von dem unfreiwilligen Manöver absolut nichts bemerkt. Ohne unseren Zweitanker hätten wir uns mit Sicherheit ebenso unbemerkt plötzlich auf dem Riff wiedergefunden.

Sieben Meilen waren es nur bis Marsa Wasi. Schon in der Einfahrt wurden wir von Hornhechten begrüßt. Die 30 bis 50 Zentimeter langen Fische springen einem sofort ins Auge. Sie scheinen förmlich über das Wasser zu laufen. Ihr pfeilförmiger silbriger Körper schießt mit hoher Geschwindigkeit aus dem Meer. Unterstützt durch rasend schnelle Bewegungen der Schwanzflosse, jagen sie dann fast senkrechtstehend über zig Meter an der Wasseroberfläche dahin. Kaum war dieses Schauspiel zu Ende, weil die Hornhechte wieder in ihr Element eintauchten, schwebten unserem Schiff vier hellgefärbte Rochen entgegen. Das größte Exemplar hatte eine Spannweite von über 3 Metern. Einen der Rochen konnten wir beim Näherkommen als See-Engel identifizieren.

In dieser Marsa wimmelte es förmlich von Fischen. Auch der Küstenstreifen bot ein ungewohnt abwechslungsreiches Bild. Statt trostloser Wüste und Felsenlandschaft tat sich hier eine weite Ebene auf, die savannenähnlich mit Büschen durchsetzt war. In weiter Ferne erhoben sich imposante ockerfarbene Gebirgsketten. Am Ufer tummelten sich rosa Flamingos, sogar eine Gazelle war zu sehen. Das Wasser selbst war recht trüb. So ganz geheuer war uns deshalb bei unserem mittäglichen Schnorchelausflug nicht. Auf der anderen Seite waren wir ausgesprochen neugierig, wie sich das bereits vom Boot aus verheißungsvolle Bild unter Wasser vervollständigen würde. Wegen der fehlenden Sicht hielten wir uns sicherheitshalber nahe am Ufer. Ganze Schwärme kleiner Fische kamen uns mit so hoher Geschwindigkeit entgegen, daß sie beinahe mit uns kollidiert wären. Das Bild paßte so gar nicht zu der sonst unter Wasser herrschenden Ruhe und Beschaulichkeit.

Doch plötzlich schwebte der Grund für die

veränderte Unterwasserstimmung direkt neben uns. Als Roman nach rechts blickte, bekam er einen Riesenschreck. Neben ihm stand bewegungslos in greifbarer Nähe ein fast zwei Meter langer Barracuda, der seinen Jagdkonkurrenten anstarrte. Die für diese Fischart so typischen kalten, ausdruckslosen, geradezu bösen Augen ließen uns erschauern. Schnell, aber nicht überhastet traten wir den Rückzug an und überließen dem Raubfisch sein Revier.

Khor Shinab, keine eigentliche Marsa, sondern ein 5 sm ins Innere reichender sich verzweigender Fjord, begrüßte uns ebenfalls mit seinen landschaftlichen Reizen. Auch hier wieder schroff aus der Ebene aufragende Berge, die mit dem Lauf der Sonne ein abwechslungsreiches, sich nie wiederholendes Schatten- und Formenspiel darboten. Das Wasser war hier wieder ausgesprochen klar, und wir brauchten uns nicht erst innerlich zu überwinden, um etwa den Anker zu kontrollieren oder auf Fischsuche zu gehen. Die in Europa verbreitete »Haiphobie« hatten wir inzwischen abgelegt. Aber nicht zuletzt nach dem Schrecken, den uns der alte Barracuda eingeflößt hatte, beschlich uns jetzt wieder vermehrt ein eher mulmiges Gefühl, wenn wir in eine »Brühe« hinabtauchen mußten, in der man kaum 2 bis 3 Meter weit sah. In Khor Shinab war dies kein Thema. So nutzten wir die Zeit unser Unterwasserschiff zu säubern. Die sich darunter versammelnden Fische freuten sich über den unverhofften Festschmaus an kleinen Krustentieren und Muscheln, die wir von der Bordwand abkratzten. Auch unsere Freude war groß, als wir nebenbei bemerkten, daß sich ein Kalamar dazugesellt hatte. Er wurde unser abendlicher Festschmaus.

An Land auch hier Gazellen. Eine Gruppe von Adlern interessierte sich brennend für unseren Masttop. Abwechselnd starteten sie ihre Landeversuche. Was uns zuerst begeisterte und belustigte, ließ uns schließlich um unseren Windanzeiger bangen. Der war nämlich der bevorzugte Landeplatz. Auf ihm krallten sich die Vögel wild mit den Flügeln schlagend, nach Halt suchend fest, während dieser sich bedenklich durchbog. Wir versuchten nun, die verrückten Vögel wieder loszuwerden, und führten an Deck einen wahren Veitstanz auf. Wir schrien, bliesen ins Nebelhorn, wackelten an der Baumdirk – nichts konnte sie abhalten. Erst nachdem sie ihres neuen Spielzeugs müde waren, bequemten sie sich, wieder davonzufliegen.

Als letzten Zwischenhalt vor Port Sudan wollten wir Marsa Arus besuchen. Hier sollte es angeblich eine deutsche Tauchbasis mit Hotel und allen Annehmlichkeiten geben. Wir träumten schon, wenn auch nicht gerade von Schwarzwälder Kirschtorte, so doch von einem guten Essen.

Um so herber war unsere Enttäuschung, als wir das Ressort völlig verlassen vorfanden. Die eine Hälfte der Anlage schien noch gar nicht fertiggestellt zu sein, die andere war schon wieder am Verfallen. Als Zeugen vergangener touristischer Aktivitäten sahen wir noch ein halbes Dutzend Whaler-Motorboote. Kein einziger der Polyesterrümpfe hatte die Riffe dieser Gegend aber ohne größeres Loch überstanden. Sie wirkten genauso schrottreif wie die übrige gesamte Ferienanlage.

Morgens ließen wir die enge Ausfahrt von Arus so früh wie möglich hinter uns. Zum ersten Mal im Roten Meer trafen wir auf südliche Gegenwinde, so daß wir die letzten 32 sm zwischen der Küste und dem davorliegenden Barrierriff aufkreuzen mußten.

Es wurde höchste Zeit, die Riffgebiete zu verlassen: wir wurden ihrer überdrüssig, die Konzentration ließ nach, wir waren einfach zu müde ständig in die Saling zu klettern, um von dort aus Ausguck zu halten. Auch die hochsommerliche Hitze mit über 40 Grad im Schatten machte uns zu schaffen. Etwa 10 sm vor Port Sudan sahen wir plötzlich von Deck aus die grünliche Verfärbung einer Untiefe, die wir laut Karte hätten landwärts liegen lassen müssen – an Backbord. Ehe wir uns versahen, befanden wir uns zwischen diesem Riff und dem gleich daneben beginnenden Küstenriff. Nur eine Nothalse konnte uns gerade noch aus der gefährlichen Sackgasse retten.

Auch die Hafeneinfahrt des einzigen sudanesischen Hafens ist nicht riffrei. Doch hier sind sie besser gekennzeichnet. Ob das ausreicht, ist eine andere Frage. Fast jedes Riff hat entweder über oder aber unter Wasser sein eigenes Schiffswrack.

Unter Segel schwenkten wir in den Hafen von Port Sudan ein. Es lagen bereits einige große Motoryachten dort. Auch die uns wohlbekannten beiden Masten der »Saudade« reckten sich dort gen Himmel. Dicht dabei eine weitere Segelyacht, die die australische Flagge im Wind flattern ließ. Wir wählten den freien Raum zwischen den beiden anderen Yachten und zwei völlig verrosteten sudanesischen Frachtern, die scheinbar schon seit ewiger Zeit dort vor Anker lagen. Allerdings flößten diese verrotteten Ungetüme uns wenig Vertrauen ein. Nicht zu Unrecht, wie wir im Nachhinein hörten, denn einige Wochen später riß sich einer der Rosthaufen in einem »Haboob« – einem der lokalen Sandstürme – los und richtete beträchtlichen Schaden an.

Der Ankerplatz grenzte unmittelbar an das Wohngebiet von Port Sudan, die sogenannte West-Town. Die Häuser in unmittelbarer Nähe des Hafens hatten schon bessere Zeiten erlebt. Die bis zu zweigeschossigen Gebäude waren aus Stein und zeigten mit ihren Arkaden die typische Architektur der Kolonialzeit. In dem Moment, als wir in eine Seitenstraße einbogen, prallten wir zurück. Eine ungestüme Kamelherde hastete durch die Gasse und verschaffte sich gewaltsam Vorfahrt. In Port Sudan von einem Kamel »überfahren« zu werden, hätte zu Hause mit Sicherheit für viel Gelächter gesorgt. In der ganzen Stadt streunten die Kamele herum wie bei uns wilde Hunde und Katzen.

Auf einer Skizze hatten wir uns den Weg zum Markt eingeprägt, der nur ein paar hundert Meter vom Ufer entfernt war. Auf dem Marktplatz hatten ambulante Händler ihr ganzes Warenangebot an Ständen oder auch nur auf Tüchern oder Holzkisten am Boden ausgebreitet. Uns gingen förmlich die Augen über. Nach eineinhalb Monaten Sand und Salzwasser wurde hier alles angeboten, was unser Herz begehrte: Bananen, Papayas, Limonen, Pampelmusen, Zwiebeln, Kartoffeln. Als es um den Preis ging, merkten wir, daß die Sudanesen uns lieber mit Dollars bezahlen lassen wollten. Aber Roman begriff schnell, daß der Dollar-Preis für die Waren mehr als doppelt so hoch lag wie der offizielle Preis in Pfund. Jetzt zahlte sich aus, daß wir schon in Larnaca einer anderen Yacht ihre übriggebliebenen und im Sudan nicht mehr in harte Währung rückwechselbaren Sudanesischen Pfund abgekauft hatten.

Um unsere Etappe bis Port Sudan gebührend zu feiern, hatten wir beschlossen, abends auswärts zu essen. Die einzige Kneipe, in der man etwas bekam, lag direkt am Hafenbecken, mit Blick auf KOSAMUI. Wir saßen im Freien an dem Foodstall und bestellten das, was es als Einziges gab: Kebab, Zwiebeln, Brot und Alcola – die sudanesische Version von Coca-Cola. Wir waren die einzigen Europäer hier, die Nachbartische waren alle mit Sudanesen belegt. Uns schmeckte das Essen hervorragend. Die Fleischspießchen wurden vor unseren Augen an einer offenen Feuerstelle zubereitet. Unser Sauberkeitsgefühl wurde allenfalls dadurch gestört, daß die Mahlzeit vom Staub der Straße leicht gepudert war. Doch bei solchen Dingen waren wir inzwischen nicht mehr pingelig.

Nicht gerade appetitanregend war am nächsten Morgen das Bild, das sich bei den

Fleischhändlern auf dem Markt bot. Ganze Trauben von dicken, schwarzen Fliegen saßen auf den angebotenen Fleischstücken. Weder die Händler noch die Käufer schien das zu stören. Allenfalls eine flüchtige Handbewegung diente von Zeit zu Zeit als Alibi für den aussichtslosen Versuch, die Fliegenschar zu vertreiben. Um so erstaunter waren wir, als wir bei einem der Händler Fleisch absolut ohne Fliegen hängen sahen. Aus der Entfernung begannen wir uns zunehmend für ihn und sein Geheimnis zu interessieren. Entsetzt wurde uns schlagartig das Geheimnis klar. Alle paar Minuten nahm er unter dem Ladentisch kurz eine Dose hervor und besprühte damit seine Auslagen. Auf der Dose stand – DDT ...

Überzeugt verzichteten wir auf den Einkauf von Fleischwaren. Die paar Fische, die hier ausgelegt waren, sahen auch nicht besser aus. Die meisten hatten schon weit hervorquellende, milchig trübe Augen. Auch sie waren eine Beute der Fliegen.

Wir fanden sogar ein paar Geschäfte mit importierten Waren, wie Corned-Beef, Trokkenmilch, sogar Coca-Cola. Bei einem Preis von umgerechnet 4 DM pro Büchse verzichteten wir auch hier.

Ein zum Himmel stinkendes Problem ergab sich in Port Sudan durch den Umstand, daß es keine Müllabfuhr gab. Alles, was an Verpackungsmaterial, leeren Dosen und Abfällen anfiel, wurde einfach links oder rechts in den Straßengraben geworfen. Bei den hohen Temperaturen war es erstaunlich, daß keine Seuchen entstanden. Die Abfallberge waren Tummelplätze für Fliegen und Ratten.

Beim Spaziergang durch den Stadtpark fiel uns auf, daß es am Rand des Gehwegs ähnlich schlimm aussah wie in manchen unserer Großstädte, wo Hunde ausgeführt werden. Uns machte nur stutzig, daß wir bis jetzt nicht einen einzigen Hund gesehen hatten. An der nächsten Ecke, wunderten wir uns über einen älteren Sudanesen, der in wenigen Metern Entfernung am Rande des Gehwegs stand, dann – ohne sich um die Passanten zu kümmern – seelenruhig mit beiden Händen seine weite Jellabiya hochkrempelte und in die Hocke ging.

Wochenlang hatten wir gehofft, in Port Sudan endlich duschen zu können. Doch die einzige Möglichkeit die sich bot, war mit der kostspieligen Anmietung eines Hotelzimmers verbunden. Das war uns die Sache doch nicht wert. Nach dem Motto »was uns nicht umbringt...« machten wir es den Einheimischen nach. Die gingen nämlich ganz einfach ins Hafenwasser baden. Bei der bräunlichen Brühe war uns nach der Bade-Tour allerdings nicht ganz klar, ob wir vorher oder nachher sauberer waren. Jedenfalls war diese Art des öffentlichen Bades auch für die Einheimischen nicht ganz ungefährlich. Nicht etwa wegen der Bakterien im Wasser, sondern weil es in der Vergangenheit wohl mehrmals vorgekommen war, daß in dem trüben Hafenwasser ein Badender von einem Hai angeknabbert wurde. Die waren vermutlich im Gefolge der Frachtschiffe bis ins Hafenbekken vorgedrungen.

Noch triefendnaß vom Baden meinte Seida, ein zweites Mal kriege sie da niemand mehr rein.

Aber am nächsten Tag hatten wir immer noch 47 Grad unter Deck. Nachdem wir den ganzen Tag geschwitzt hatten, war der Ekel vor dem Wasser bis zum Nachmittag überwunden. Die hohe Tagestemperatur ließ es auch nachts unter Deck unerträglich heiß bleiben. Mit 35 Grad war in den Kojen an geruhsamen Schlaf nicht mehr zu denken. Obwohl alle Luken aufgestellt waren, gab es keine Erfrischung, denn draußen war es windstill. Auch der Versuch, im Cockpit zu schlafen, brachte keine wirkliche Erleichterung.

Um frisches Wasser im Hafen bunkern zu können, mußte man zuvor alle Einklarierungsformalitäten erledigt haben. Das bedeutete für uns Gesundheits- und Einwanderungsbehörde, Hafenpolizei, Zoll und den Weg zur Post, um dort eine Steuermarke zu kaufen. Damit mußten wir dann zurück zur Einwanderungsbehörde. An unserem letzten Tag in Port Sudan stellten wir uns dann am Wasserkai der Hafenbehörde an, um alle erreichbaren Gefäße an Bord mit Süßwasser zu füllen. Gleich im Anschluß machte sich Roman auf den Weg, die Ausklarierung zu erledigen.

Es war Mittagszeit. Wieder mußte er von einer Behörde zur anderen rennen. Diesmal waren jedoch die entsprechenden Ämter in einem anderen Stadtteil zuständig. Welch ein Problem, diese Ämter überhaupt zu finden! Kreuz und quer wurde er durch die östliche Stadt geschickt. Niemand hielt sich für zuständig, jeder verwies ihn weiter. Wenn man nicht unsere Schiffspapiere einbehalten hätte, wären wir spätestens jetzt auf der Stelle losgesegelt. Endlich fand er die Zahlstelle, wo man ihm die notwendige Bescheinigung über die Hafengebühren ausstellen mußte. Nach einer halben Stunde kam auch er an die Reihe, nur um zu hören, daß jetzt erstmal Mittagspause sei. Sein Kopf schien in der Sonne zu kochen. Die weißen Häuserwände verschwammen in der flimmernden Hitze. Das Stück Asphalt neben ihm war dabei, sich zu verflüssigen. Nur ein Gedanke hielt ihn vom Kollabieren ab: »Wenn ich an Bord komme, kann ich meinen Kopf in eine Wanne voll mit Süßwasser stecken.« Dies wurde zu einer fixen Idee. Nach weiteren zwei Stunden war es ihm endlich gelungen, den Papierkram zum Auslaufen doch noch hinter sich zu bringen. Seida schaute den Zurückkommenden entgeistert an. Wie ein Traumwandler wankte er an Bord, beantwortete keine Frage, sondern begab sich wortlos ins Cockpit, um seinen Kopf in die blaue Plastikwanne voll mit dem eben gebunkerten Trinkwasser zu versenken. Seida erschien es wie ein halbe Ewigkeit, und sie begann sich ernstlich Sorgen über den Geisteszustand des zurückgekehrten Skippers zu machen, bis dieser nach weit über einer Minute wieder seinen Kopf aus dem Wasser zog. Jetzt schien er wieder einen halbwegs kühlen Kopf zu haben.

Abends gingen wir noch einmal einkaufen, um unsere leeren Stauräume im Boot mit Pampelmusen, Papayas und Gemüse aufzufüllen. Unser Beiboot war bis zur Traggrenze voll beladen, als wir vorsichtig Richtung KOSAMUI zurückpaddelten, vorbei an den großen weißen Motoryachten, die alle unbewohnt schienen. Vom letzten Schiff herab hörten wir plötzlich ein »Bonjour«. Oben beugte sich ein junger, etwa 20jähriger Belgier über die Reeling. Claudy war als »Allround-man« von dem italienischen Yachtvercharterer engagiert worden, außerhalb der Touristensaison auf die Ausflugsboote für Tauchurlauber aufzupassen. Während der Saison im Winterhalbjahr war sein Job abwechslungsreicher. Dann fuhr er mit den Tauchern raus zu den umliegenden Riffen und begleitete dort die Europäer bei ihren Tauchgängen. Es gehörte schon eine Portion Masochismus dazu, in diesem Loch im Hochsommer monatelang untätig auszuharren. Um seine reichlich bemessene Freizeit totzuschlagen, hatte er begonnen, hübsche Schnitzereien aus kleinen Stücken schwarzer Korallenäste anzufertigen. Zwar jammerte er darüber, hier zu sitzen. »Eigentlich würde ich lieber nach Lanarca zurück, wo auch noch mein Motorrad steht.« Aber gleichzeitig hatte Claudy gerade für zwölf weitere Monate seinen Vertrag verlängert. Als er uns an Bord der 20-Meter-Motoryacht bat, erwies er uns eine besondere Art von Gastfreundschaft. Er bot uns die Benutzung der Süßwasserdusche an Deck an.

Am späten Vormittag des 14. August war KOSAMUI fertig zum Auslaufen. Am Vorabend hatten wir von dem Skipper der benachbarten australischen »Rubicon« erfahren, daß auch sie am nächsten Morgen auslaufen wollte. »Saudade« hatte schon am Vortage ihren Weg nach Süden fortgesetzt. Die Australier waren zwar schon länger als wir in Port Sudan, hatten aber auf sämtliche Einklarierungsformalitäten verzichtet, ohne daß dies nachteilige Folgen gehabt hätte. Nur Wasser konnten sie nicht bunkern. Als die beiden Yachten aus dem Hafenbecken glitten, blieb nur ein uns traurig nachwinkender und sich jetzt wohl noch einsamer fühlender Belgier zurück.

Bei südöstlichen Winden kreuzten wir bis Höhe Sanganeb Riff auf, etwa 20 sm Richtung offenes Rotes Meer. »Rubicon« folgte in Sichtweite. Nach einem kurzen Zwischenstop im Riff trennten sich unsere Wege. Die Australier hatten geplant, an der sudanesischen und ägyptischen Küste Richtung Suez zu fahren. Wir gaben ihnen noch den Rat mit, unter allen Umständen das Ostufer des Roten Meeres zu meiden, also die saudische Küstenregion. Um so erstaunter waren wir, als wir einige Monate später hörten, daß sich der Skipper in Jeddah im Knast befände. Wir konnten uns nur vorstellen, daß er beim Aufkreuzen an der West-Küste zwischen den Riffen so frustiert war, daß er Saudi-Arabien anlief. Die Saudies sind aber bekanntermaßen unerbittlich, was wild ankernde Yachten angeht. Falls sie zusätzlich noch Alkohol an Bord fanden, über den die »Rubicon« reichlich verfügte, war dies Grund genug, »Rubicon« in Jeddah an der Kette und den Skipper hinter Gittern festzumachen.

Schon in Port Sudan hatten wir beschlossen, die nächsten Etappen nicht mehr innerhalb der Küstenriffe bis auf Höhe der äthiopischen Grenze hinunter zu absolvieren, sondern entlang der leichter zu befahrenden Großschiffahrtsroute zu segeln.

Bei leichter Brise wurden wir noch am gleichen Tag plötzlich von etwa 40 Delphinen umringt, die sich vor dem Bug der KOSAMUI in oft nur wenigen Zentimetern Abstand tummelten. Dort schossen sie immer wieder aus dem Wasser, vollführten dabei ihre zirkusreifen Kunststücke in der Luft und tauchten dann dicht vor unserem Bug in die Fluten ein. Dabei schauten sie uns mit ihren dunklen, menschlich wirkenden Augen an und hatten anscheinend sehr viel Spaß beim Wettschwimmen mit KOSAMUI. Wie dies auch später stets der Fall war, ließen diese unerwarteten Begleiter bei uns eine Art Hochstimmung aufkommen. Der Skipper sah hier endlich die langersehnte Möglichkeit, sich dieses phantastische Schauspiel mal von Unterwasser anzuschauen. Nur mit einer Taucherbrille ließ er sich an einem Tau hinter dem Boot im Wasser herziehen. Vor Haien brauchte er, umgeben von einer ganzen Delphin-Schule, auch hier mitten im Roten Meer keine Angst zu haben. Unter Wasser bot sich ihm ein einmaliger Anblick. Die eleganten Bewegungen der Delphine, von denen bereits von Bord gesehen eine eigenartige Ausstrahlung ausging, wurden durch die dreidimensionale Betrachtung unter Wasser noch faszinierender. Mehr als 2 Meter ließen sie Roman aber nicht herankommen. Mit einer schnellen Schwanzbewegung schossen sie dann ein paar Meter weiter, um anschließend erneut wie schwerelos im tiefen Blau dahinzuschweben.

Unser Kurs führte zwischen den vorgelagerten äthiopischen Inseln und der Hauptschiffahrtslinie entlang, als uns nachts ein lautes Donnern aufschreckte. Dem Gewitter folgte dann etwas, was wir hier kaum fassen konnten: Regen – zumindest einige Tropfen. Gleichzeitig schossen Gewitterböen heran, in denen der Wind schlagartig von Nordwest auf Ost und später dann auf Süd drehte. Dabei erreichte er kurzzeitig Windstärken von 7 bis 8 Bft. Hierdurch wurden wir gezwungen, mehrfach das Gebiet der Großschiffahrt zu überqueren. Probleme ergaben sich hieraus nicht, sämtliche Schiffe schienen in dieser dichtbefahrenen Zone ihr Radar eingeschaltet zu haben und aufmerksam Wache zu gehen.

Wir freuten uns schon auf ein gemütliches Essen und etwas Ausruhen, als wir die mitten aus dem Roten Meer hochaufragende vulkanische Insel Jabal Atair anliefen. Die Enttäuschung war groß, als bei den inzwischen aus Süd wehenden Winden kein auch nur halbwegs brauchbarer Platz in Lee der Insel auszumachen war. Die steil abfallenden Ufer der runden, etwa 2 Meilen durchmessenden kahlen Lavainsel wurden von scharfen Klippen gebildet, an denen sich die See tosend brach. Keine Spur eines Lebewesens. Das Ufer war von Wrackteilen hölzerner Fischerboote übersät.

Mühselig setzten wir unseren Kreuzkurs zwischen den vorgelagerten Bänken auf der äthiopischen und der arabischen Seite des Roten Meeres fort, weiterhin ständig den Weg der Frachtschiffe querend. Eine zusätzliche Orientierungshilfe boten uns nachts die schroffen Schatten der Zubair-Inseln, die wir an Backbord ließen. Mit Tagesanbruch briste der Wind weiter auf. Auch jetzt noch stand er genau gegenan.

Einer der Gründe, warum wir in dieser heißen Jahreszeit das Rote Meer durchfuhren, waren die Windverhältnisse gewesen. Im nördlichen Roten Meer herrschen praktisch das ganze Jahr über nördliche Winde vor. Im südlichen Teil dagegen überwiegt den größten Teil des Jahres Südwind. Nur im Hochsommer sollte auch hier der Wind aus nördlicher Richtung kommen. Jetzt mußten wir aber die Ausnahme von dieser Regel feststellen.

Unser folgendes Tagesziel Zuquar begannen wir ebenfalls mit einem großen Fragezeichen zu versehen. Unter zusätzlicher Zuhilfenahme der Maschine arbeiteten wir uns mühsam gegen die See voran, die uns aus dem Abu-Ali-Kanal entgegenstand. Als wir endlich Zuquar erreichten, waren die Lichtverhältnisse bereits miserabel, und wir hatten alle Mühe, die Einfahrt zur Lagune selbst aus dem Mast auszumachen. Nur dank des hier im Schutz der Insel absolut ruhigen Wassers wagten wir eine Annäherung. Mehrfach alarmierte uns das Echolot mit nur 2 Meter Tiefe über den Korallenköpfen. Im Paß selber konnten wir uns nur noch mit Tiefenmesser und den seitlichen, bis fast an die Wasseroberfläche reichenden Riffwänden orientieren.

Erholungstag in einer der schönsten Ecken des Roten Meeres. Als Kulisse dienten die sich vor uns aufreckenden schwarzen Lavaberge, an deren Fuß sich eine grüne Ebene mit Palmen erstreckte. Zwar ließ sich von den hier lebenden Antilopen leider keine in Nähe des Ufers blicken, dafür konnten wir aber stundenlang den Pelikanen beim Fischen zusehen.

Abends machte sich etwas Besorgnis bei uns breit. Ein großes Kanu mit sechs oder sieben Gestalten legte sich vor die Lagune. Was uns daran störte und für Fischer, wie wir sie sonst getroffen hatten, ungewöhnlich war, war die Tatsache, daß sie nachts die Lampen löschten. Wiederholt warf Roman besorgte Blicke durch das Nachtfernglas, in dem er aber die Umrisse des Kanus weiterhin bis spät in die Nacht an der gleichen Stelle finden konnte. Am nächsten Morgen war das Kanu samt Besatzung verschwunden. Diese Gegend einschließlich der unmittelbar südlich gelegenen Hanish-Inseln war uns nicht ganz geheuer. Dem Bericht einer deutschen Segelzeitschrift zufolge, den wir kurz vor unserer Abfahrt in die Hände bekommen hatten, war hier eine Überführungscrew, die ihr Boot von Taiwan ins Mittelmeer brachte, von äthiopischen Militär-Piraten gestoppt worden. Damals sei die Sache wohl deswegen für die Crew glimpflich abgelaufen, weil sich auf ihren Hilferuf per Funk hin ein englisches Militärschiff genähert habe.

Kaum setzten wir am nächsten Morgen unsere Fahrt fort, näherte sich ein etwas über

oben: Das Abendmenü ist gesichert
unten links: Wettschwimmen mit KOSAMUI, unten rechts: Kostümball im Roten Meer

Landschaft an der sudanesischen Küste

Zeit zum »Sundowner«

10 Meter langes von einem starken Außenborder angetriebenes Kanu mit einem halben Dutzend Männern an Bord. Das Boot hatte sich plötzlich aus dem Schatten der Insel gelöst, als wir die Südspitze von Zuquar hinter uns ließen. Es hielt in unsere Richtung, woraufhin wir unseren Kurs änderten. Erneut hielt das Kanu auf uns zu. So wie es aussah, war es das gleiche Kanu wie am Vorabend. Wir schwenkten erneut nach Backbord, diesmal so weit, daß wir auf die Großschiffahrtslinie zuhielten. Gleichzeitig kam am Horizont ein Tanker in Sicht, der nach Norden lief. KOSAMUI trug Vollzeug. Der Tanker kam schnell näher – das Kanu allerdings auch. Unverändert steuerte es in unsere Richtung. Nach knapp zehn Minuten waren wir in Höhe des Tankers, den wir gleichzeitig über Kanal 16 anriefen und ihm mitteilten, daß ein verdächtiges Boot auf uns zuhalte. Wenige Augenblicke später drehte unser Verfolger unvermittelt ab und verschwand in Richtung jemenitischer Küste. Zwar waren wir nicht sicher, ob der Funker auf dem japanischen Tanker überhaupt verstanden hatte, um was es sich hier drehte, aber das war uns jetzt egal. Hauptsache, das andere Schiff bedrängte uns nicht mehr. In den nächsten Stunden begegneten uns noch zwei andere, ähnliche Kanus, die sich aber völlig neutral verhielten und unbeirrt ihren Kurs beibehielten.

Für die kommende Nacht suchten wir uns keinen Ankerplatz. Wir hatten beschlossen, das Rote Meer hinter uns zu lassen und in einer Nachtfahrt bis Bab El Mandeb durchzusegeln. Dieses »Tor der Tränen«, wie es von den Arabern getauft wurde, hatte sich über Jahrhunderte seinen Namen durch die hier abgewickelte Verschiffung von Negersklaven erworben, die als menschliche Handelsware für die arabischen Länder auf der Ostseite des Roten Meeres bestimmt waren.

Aus 24 sm Entfernung erkannten wir bereits das Leuchtfeuer der mitten im Bab El Mandeb liegenden Insel Perim. Weit über 20mal, bis zur Erschöpfung, mußten wir in dieser Nacht durch die umlaufenden Winde die Segel wechseln. Nach kurzzeitig flauen Winden, überwiegend von der äthiopischen Seite, traf uns gegen Mitternacht urplötzlich und ohne die geringste Vorwarnung eine aus der entgegengesetzten jemenitischen Seite, also aus Richtung Mokha heranjagende Böe. KOSAMUI wurde von der Böe voll erwischt, legte sich quer und im gleichen Augenblick knallte der Großbaum nach Steuerbord, der Bullenstander wurde mit einem Schlag zerfetzt, die Großschot-Beschläge rissen aus der Halterung. Glücklicherweise für Segel und Rigg blieb es bei der einen Böe. Betreten schauten wir uns an. Es war klar, daß der in der Böe blitzschnell überkommende Großbaum einem an dieser Stelle stehenden Menschen den Schädel zertrümmert hätte. Wir waren so betroffen, weil wir besonders häufig im Bereich des Großbaumes standen, um einen guten Ausguck nach vorne zu haben.

Mit Leinen und Stricken versuchten wir notdürftig die Schäden zu beheben. Es erschien uns eine Ewigkeit, bis wir spät in der Nacht Perim querab hatten. Seit drei Stunden bewegten wir uns nun schon im Fahrwasser der Großschiffahrt. Ohne Probleme, da sich die Frachter ausgesprochen diszipliniert verhielten und in ihrer Richtungsfahrrinne blieben. Der Schiffsverkehr war so stark, daß die Tanker und Frachter mit ihren Lichtern in dichter Folge an eine leuchtende Perlenkette erinnerten. Hinter Perim suchte sich KOSAMUI ihren Weg zwischen den als hohe schwarze Schatten in der mondklaren Nacht erkennbaren Jezirat-Saba-Inseln hindurch, Richtung Golf von Tajoura. Hier begannen die zu Djibouti gehörenden Gewässer.

Bei der morgendlichen Meerwasserdusche auf der Heckbadeleiter erfaßte uns ein Kälteschauer. An unserem vorausgegangenen Ankerplatz bei Zuquar hatten wir noch Wassertemperaturen von über 34 Grad gemessen.

An diesem Morgen fröstelten wir bei »nur« noch 28 Grad Wassertemperatur. Die 1200 Meilen lange »Badewanne« Rotes Meer hatten wir endgültig verlassen. Der Golf von Aden, in dem wir uns jetzt befanden, kündigte sich schon als Ausbuchtung des Indischen Ozeans an.

Gegen 10 Uhr ärgerten wir uns über die Umweltverschmutzung, die sich scheinbar auch hier in dem ehemaligen französischen Protektorat der Afar und Issa breitzumachen schien. Eine Möwe trieb auf einer großen Blechdose sitzend vorbei. In einiger Entfernung folgten noch vier weitere schwimmende Dosen mit Aufschrift »Nestle-Trockenmilch«. Eine von ihnen trieb unmittelbar an unserem Schiffsrumpf vorbei, und bei näherem Hinschauen machte sie einen unversehrten Eindruck. Eine diesbezügliche Bemerkung des Skippers wurde durch »Du spinnst ja!« von Seida kommentiert. Trotz heftiger Proteste der Bordfrau, machten wir kehrt und hievten das Ding bei langsamer Vorbeifahrt an Bord. Die 2,5-Kilo-Dose war noch völlig unversehrt. Eilends waren alle im näheren Umkreis schwimmenden Dosen an Bord genommen – insgesamt 12,5 Kilo Trokkenmilch. Daß sich kurz vor dem eingestanzten Herstellungsdatum eine Reaktorkatastrophe in Tschernobyl ereignet hatte, wußten wir zu diesem Zeitpunkt noch nicht...

Djibouti mit seiner strategisch wichtigen Lage zum Ausgang des Roten Meeres grenzt im Norden und Westens an Äthiopien, im Süden an Somalia und ist eine der Haupthafenstädte Ostafrikas. Das ehemalige Französisch-Somaliland wurde zwar 1977 unabhängig, es bestehen aber weiterhin starke wirtschaftliche Bindungen an Paris. Außerdem leben immer noch etwa 10000 Franzosen in Djibouti, viele von ihnen als Angehörige der hier stationierten französischen Streitkräfte.

Zusammen mit einem französischen Zerstörer, der sich von achtern schnell genähert hatte, liefen wir ein. Im vorderen Teil des Hafens sahen wir jede Menge französischer Kriegsschiffe liegen. Kaum 500 Meter von ihnen ankerten wir vor dem örtlichen Yacht-Club in unmittelbarer Nähe der am Vortage eingelaufenen »Saudade«. Wir brachten unser Beiboot aus und steuerten das weiße Gebäude des Yacht-Clubs an, der hier am Ende eines Damms von den Franzosen errichtet worden war. Die Leute waren ausgesprochen nett. Die Sekretärin des Clubs, Madame Pigneul teilte uns gleich mit, daß es zwar, wie gerade im Moment auch, meistens kein Wasser und damit auch keine funktionierenden Duschen gäbe. Außerdem schmecke Djibouti-Trinkwasser ohnehin salzig. Im übrigen aber lernten wir, die Vorteile des Clubs rasch zu schätzen. Man nannte uns gleich eine Adresse, wo wir unseren Nirowassertank schweißen lassen konnten.

Für die Einklarierungsformalitäten führte uns der Weg über den Damm Richtung Stadt und dann an riesigen Lagerhallen vorbei. Hier sahen wir ganze Schiffsladungen mit Mehl- und Reissäcken, die von der Welthungerhilfe stammten und für Äthiopien bestimmt waren. Diese gespendeten Lebensmittel lagen vermutlich schon seit Monaten am staubigen Straßenrand aufgetürmt, wo sie bis zur Ungenießbarkeit verrotteten.

Bei der Hafenbehörde warteten wir vor verschlossener Tür, bis der zuständige Beamte der Immigration, ein noch recht junger Einheimischer in lässiger Uniform, über eine Stunde später an seinem Arbeitsplatz auftauchte. Wir hatten erwartet, daß angesichts der französischen Militäranwesenheit die Formalitäten strenger gehandhabt würden. Der Beamte jedoch fragte uns nur überrascht: »Was wollen Sie denn überhaupt?« Er beschänkte seine Diensttätigkeit darauf, kopfschüttelnd unsere Namen auf einen Fetzen Papier zu schreiben, der dann in einer Schublade – wohl auf Nimmerwiedersehen – landete.

Nicht unzufrieden über diese flotte und lasche Bürokratie, begaben wir uns auf Stadtbummel. Bis jetzt hatten wir geglaubt, daß es nach der Hitze im Roten Meer im August temperaturmäßig wohl keine Steigerung mehr geben würde. Aber wir hatten Djibouti noch nicht erlebt. Die reinen Tagestemperaturen lagen zwar nicht höher als im Roten Meer, aber die hohe Luftfeuchtigkeit machte das Klima fast unerträglich. Bei unserem Stadtrundgang am frühen Nachmittag nutzten wir dankbar jeden Schatten, den die noch zur Protektoratszeit gepflanzten Bäume und Alleen spendeten. Die einfache Tatsache, wieder Vegetation zu sehen, war nach dem Roten Meer geradezu ein Erlebnis. Aber auch das Warenangebot wirkte auf uns traumhaft. Nicht nur, daß es einen Markt gab mit einer Vielzahl verschiedener Gemüse und Früchte, die jeden Donnerstag per Güterzug aus Äthiopien gebracht wurden. Daneben fanden wir auch – jeweils von Franzosen geführte und auf französische Ansprüche zugeschnittene – Läden, in denen man vom Filetsteak über Champagner bis hin zu feiner französischer Patisserie und Baguette alles kaufen konnte. Im Vergleich zu den astronomischen Preisen, die man selbst in einem schäbigen Restaurant für ein mickriges Essen hinlegen mußte, waren die Preise sogar akzeptabel.

Auch das Äthiopienproblem wurde uns hier bewußter vor Augen geführt. Dort gab es einerseits zwar Landstriche in denen die Leute verhungerten – und das war das Äthiopien-Bild, das man sich bei uns in Europa machte – auf der anderen Seite gab es aber auch überraschend fruchtbare Gebiete, von denen aus man sicher nicht nur nach Djibouti hätte Nahrungsmittel transportieren können. Aber gerade dieser Transport und die dunklen Profitkanäle ließen wohl eine effiziente Versorgung sowohl mit eigenen Nahrungsgütern wie auch mit Hilfsgütern der Weltorganisationen scheitern.

Bepackt wie die Esel erreichten wir mit unseren Einkäufen den Yacht-Club, wo unser Dinghi lag. In einer herumstehenden Gruppe von Kindern fiel uns zum ersten Mal ein etwa 9jähriger, muskulös untersetzter, schwarzer Junge in Shorts auf, der sehr hilfsbereit beim Beladen des Dinghis half. Er sprach weder französisch noch englisch, aber ein anderer Einheimischer erzählte die Geschichte dieses Jungen, der sich alleine von Adis Abeba durch das von Unruhen geschüttelte Äthiopien in das relativ geordnete Djibouti durchgeschlagen hatte. Der Junge träumte nun davon, daß ihn irgendein Schiff mit ins ferne Europa nehmen würde. So waren auch wir für ihn ein Hoffnungsschimmer. Aber ohne Papiere war sein Unterfangen schier aussichtslos.

Für Yachties war der Hafen von Djibouti die einzige Möglichkeit, zwischen Mittelmeer und Singapur größere Reparaturen ausführen zu lassen und Ersatzteile zu bekommen. Dies galt für die »Saudade« mit ihrem Motorschaden, die im Bab El Mandeb stundenlang bei Flaute mitten in der Schiffahrtslinie gedümpelt war, ohne irgend eine Ausweichmöglichkeit vor den vielen Frachtern zu haben. Aber auch für uns war Djibouti Reparaturhafen, um den lecken Nirowassertank endlich und noch vor Überquerung des Indischen Ozeans schutzgasschweißen zu lassen. Nicht zuletzt hierbei zeigten sich die französischen Militärs, die natürlich über alle technischen Möglichkeiten verfügten, ausgesprochen hilfsbereit. Über einen Vermittler konnten wir unseren ausgebauten Tank fachgerecht in einer Militärwerkstatt mit Argon schweißen lassen. Die Franzosen hatten ein ganzes Reparaturschiff für ihre von Djibouti aus operierende Flotte hier liegen.

Aber so problemlos war es gar nicht, einen 120-Liter-Tank aus nichtrostendem Stahl dorthin zu bringen. Erst mußte er mühsam ausgebaut, in unser Dinghi gehoben und dann bei schwankender Fahrt gegen Wind und Schwell mit Muskelkraft an Land gebracht werden. Und das bei über 40 Grad Mittagstemperatur und einer Luftfeuchtigkeit wie in einer Waschküche. Glücklich hatten wir den Tank dann in der Reparaturwerkstatt neu schweißen lassen, hatten ihn bei erneutem Gegenwind, diesmal aus der anderen Richtung, mühsam in schoppiger See bis zu unserer KOSAMUI gepaddelt, ihn an Bord gehievt, immer in der Angst, daß er doch noch in dem braunen Wasser der Reede auf Nimmerwiedersehen versinken würde, hatten ihn durch den engen Niedergang unter Deck bugsiert, ihn wieder installiert, hatten anschließend in mehreren Fährfahrten kanisterweise frisches Wasser an Bord geschafft und ihn gefüllt – um dann schließlich am nächsten Tag feststellen zu müssen, daß sich wieder Süßwasser in der Bilge befand. Also war das Leck doch nicht behoben. Trotz aller Frustrationen und kerniger Flüche, es blieb uns keine andere Wahl, als den Tank wieder leerzupumpen, auszubauen und von Bord zu schaffen. In der Werkstatt wurde er auf eine noch mögliche undichte Stelle hin nochmals kontrolliert. Beim Abdrücken zeigte sich aber kein Leck in der Schweißnaht mehr. Also erneut mit dem Dinghi und dem Ungetüm zurück zur KOSAMUI. Beim Einbauen hatten wir jetzt schon Übung. Das erneute Befüllen mit Trinkwasser zeigte, daß nicht nur die Schweißnaht, sondern zusätzlich auch noch die Pumpe undicht gewesen war. Eine Ersatzpumpe hatten wir noch an Bord, und damit war das Problem gelöst.

Wie wir bald feststellten, war das Trinkwasser aus Djibouti aufgrund des deutlich zu schmeckenden Salzgehaltes kein reiner Genuß. Das war auch der Grund, weshalb die Versorgungsschiffe regelmäßig bis in das für sie eine Tagesfahrt entfernt liegende Aden fuhren, um dort echtes Süßwasser zu bunkern.

Im Hafen von Djibouti herrschte ein reger Container-Verkehr. Als ein in Hamburg registriertes großes deutsches Containerschiff für ein paar Stunden festmachte, kam uns die Idee, es um ein paar Kanister gutes Trinkwasser zu bitten, über das diese Frachter ja in Hülle und Fülle verfügen. Wir paddelten mit unserem Dinghi in das Hafenbecken und machten am Kai neben dem großen Bruder fest. Bei der herumstehenden philippinischen Crew baten wir um Erlaubnis, an Bord kommen zu dürfen. Man führte uns zum diensthabenden Offizier, einem 30jährigen Deutschen. Interessiert fragte er uns nach unserer bisherigen Reise und den weiteren Plänen. Wir spitzten die Ohren, als der deutsche Seemann uns erzählte, daß sein Schiff gerade um das Horn von Afrika herum aus Sri Lanka gekommen sei – von dort, wo wir hin wollten. Als er das hörte, runzelte er nur die Stirn und meinte, sie hätten bei Socotra relativ schweres Wetter gehabt, so daß das Vorschiff immer wieder von Brechern überspült worden sei.

Beim Bierumtrunk, bei dem auch der Kapitän dabei war, ermutigten uns die Schilderungen der Profi-Seefahrer nicht gerade, was die Wettersituation auf der geplanten Route anging. Aber wir hegten immer noch die Hoffnung, daß sich der schwere Südwest-Monsun in zwei Wochen beruhigt haben würde. Anschließend wurden wir freundlicherweise noch zu einem Essen in die Messe eingeladen. So etwas hätten wir uns nicht träumen lassen: Sauerbraten, Knödel und Rotkohl – und das in Djibouti.

Unsere Gastgeber versorgten uns nicht nur mit dem erhofften Trinkwasser, sondern wir konnten ihnen auch noch zwei Stiegen Bier abkaufen. Das Problem war nur, die Sachen zur KOSAMUI zu schaffen. Draußen auf dem Kai waren nämlich die Entladearbeiten voll im Gange und es standen mehrere Zollbeamte herum, die darauf achteten, daß nichts unkontrolliert an Land gelangte. Einer der Bordoffiziere schlug schließlich vor, unser Dinghi am Heck des Frachters festzumachen. Mit einem Brot unter dem Arm passierten wir am Kai die Zollbeamten, die uns mißtrauisch musterten. Mittlerweile war es dunkel geworden, und lediglich der Kai war von starken Scheinwerfern in Licht getaucht. Sobald wir die rutschige Eisenleiter an der Kaimauer hinuntergeklettert waren, befanden wir uns in völliger Dunkelheit. Wir bestiegen unser Dinghi. Vorsichtig paddelten wir zur landabgewandten Heckseite des Frachters. Wie ein Hochhaus ragte die steile Bordwand neben uns auf. Ganz oben standen zwei deutsche Offiziere, die an langen Seilen die wertvolle Bierladung zu uns herunterließen. Im Schutz der Nacht, wie Schmuggler, paddelten wir heimwärts zur KOSAMUI.

Seit unserer Ankunft in Djibouti ankerte 100 Meter neben uns die in den Virgin Islands registrierte 50-Fuß-Yacht »Saudade« mit Bob und Jane. Sie waren es ja gewesen, die uns beim ersten kurzen Kontakt in Marsa Halaib mit der »verrückten Idee« infiziert hatten, schon während des Südwest-Monsuns unsere Fahrt »Richtung aufgehender Sonne« fortzusetzen. Sie selber hatten vor, zum America's-Cup in Perth in Australien zu sein, würden aber über die Malediven bis Sri Lanka die gleiche Route nehmen wie wir.

Wir hatten geplant, Anfang September Djibouti zu verlassen. Vorsorglich gingen Roman und Bob zu einem der französischen Schlachtschiffe, um sich dort von dem Navigator die neuesten Wetterkarten und -berichte geben zu lassen. Zwar würde es rund eine Woche dauern, bis wir an das Horn von Afrika gelangten, aber zur Zeit herrschte dort noch starker Monsun, was in diesem Gebiet häufig Sturm bedeutete.

Bob war es inzwischen gelungen, mit den notwendigen Ersatzteilen den Motor der »Saudade« zu reparieren. Er lichtete zwei Tage vor uns den Anker, und wir verabredeten, während der geplanten Überfahrt regelmäßigen Funkkontakt zu halten.

Nach zehn Tagen Aufenthalt in Djibouti gingen auch wir Anker auf. Unser nächstes Ziel waren die Malediven, 2000 sm entfernt.

Kapitel 7
Die unmögliche Passage

Wir schrieben den 2. September. Eigentlich hätten wir nach 10 Tagen besser ausgeruht sein sollen. Aber so erholsam war Djibouti nicht gewesen. Das lag einerseits an dem unruhigen Liegeplatz, der an manchen Tagen nicht einmal erlaubte, irgendwelche Arbeiten an Bord zu verrichten, andererseits blieb es auch nach Sonnenuntergang brütend heiß und schwül, so daß wir trotz unserer Akklimatisierung im Roten Meer nachts meist naßgeschwitzt das Ende der windstillen Dunkelheit herbeisehnten. In Erwartung von Schwerwetterperioden hatten wir vor dem Auslaufen in Djibouti alle Türen und Schapps mit Sicherheitsriegeln versehen, um ein Aufspringen und Herausfallen des Inhalts zu verhindern. Außerdem hatten wir unsere serienmäßige Holztür am Niedergang gegen ein 10-mm-Plexiglas-Schott ausgetauscht, das es erlaubte, bei geschlossener Tür die See hinter uns im Auge zu behalten, und das gleichzeitig überkommenden Brechern mehr Widerstand entgegensetzte.

Für alle Fälle hatten wir aus den Tiefen der Backskiste unsere Sturmbesegelung hervorgeholt, ein Trysegel und eine extreme Sturmfock von 3 qm.

Mit etwas gemischten Gefühlen verließen wir mit dem ersten Licht des Morgens den Ankerplatz von Djibouti.

Bereits vor unserer Abfahrt in Deutschland war uns aus »berufenem« Munde prophezeit worden, daß die jetzt vor uns liegende Passage nicht zu schaffen sei. Helmut Bellmer, der Leiter der deutschen Trans-Ocean-Vereinigung in Hamburg, von dem wir eigentlich ein paar nützliche Informationen erhofft hatten, meinte nur: »Das haben schon mehr Leute versucht und mußten dann doch wieder abdrehen. Wenn Sie nicht durch die Karibik wollen, um nach Asien zu gelangen, warum fahren Sie dann nicht ums Kap Horn?« Vermutlich spukte in seinem Kopf noch der abenteuerliche Bericht von Rollo Gebhard herum, der Jahre zuvor mit einem völlig ungeeigneten Boot versucht hatte, über den Indischen Ozean im Nordost-Monsun zu segeln, dies aber schon in der Startphase hatte abbrechen müssen. Dem standen die geschichtlichen Überlieferungen der alten arabischen Dhaus entgegen, die schon zu Zeiten Sindbads diese »unmögliche Route« gemeistert hatten. Die alten Seefahrer waren allerdings vom Golf von Oman losgesegelt, während wir den direkten Weg um das Horn von Afrika nehmen wollten. Diese Route stellte eine dritte Alternative dar, zu der wir durch die Bemerkung der »Saudade« inspiriert worden waren. Intensiv hatten wir diesen Gedanken mit Karten über Windrichtungen, Strömungsverlauf und Sturmhäufigkeit durchgespielt und waren zu der Auffassung gekommen, daß dieser unübliche Seeweg zu schaffen sein müßte.

Im Indischen Ozean trifft der Fahrtensegler auf zwei verschiedene Windsysteme, ausgelöst durch jahreszeitliche Einflüsse der großen Landmassen des Asiatischen Kontinents und der Wassermassen des Indischen Ozeans. Im Winter herrscht der Nordost-Monsun mit mäßigen Windstärken vor, der auch in früheren Zeiten von den arabischen Handelsleuten für die Überfahrt genutzt wurde. Im Sommer hingegen bläst der Südwest-Monsun heftig, großenteils mit Sturmstärke. Außerdem ist dies die Zeit, in der es über dem Arabischen Meer zu tropischen Wirbelstürmen kommen kann. Zwar gelten die Monate Juli und August als zyklonfrei, dafür gibt es statistisch gesehen in dieser Zeit östlich des

Horn von Afrika genauso viele Stürme wie vor Kap Horn im Sommer.

Unser Plan war, nach Verlassen des Golfs von Aden einen möglichst südöstlichen Kurs Richtung Malediven zu suchen. Die Hauptschwierigkeiten würden hier in der Region der dem Horn Afrikas vorgelagerten Insel Socotra zu erwarten sein. Hier liegt außer einer Region höherer Sturmhäufigkeit auch ein Gebiet starker, unberechenbarer Strömungen, die südlich von Socotra 6 Kn erreichen können. Gefährlich konnten auch die sich entlang der ostafrikanischen Küste im Südwest-Monsun aufbauenden gewaltigen Seen werden. Die Route nördlich von Socotra hätte den Nachteil, daß wir anschließend Mühe haben könnten, Weg nach Süden gutzumachen. Im Fall eines im September wieder möglichen Zyklon würden wir diesem ausgeliefert sein.

Bei Schwierigkeiten in diesem Gebiet konnten wir nicht darauf vertrauen, auf Socotra Schutz oder Hilfe zu erhalten. Zwar lauerten dort nicht wie in früheren Zeiten Strandpiraten, aber dafür war das Gebiet als sowjetische Militärbasis »off limit«.

Schon der erste Tag auf See bescherte uns für diese Jahreszeit ungewöhnliche Gegenwinde. Stunde um Stunde mußten wir gegenankreuzen. Das Leben an Bord wurde zur Qual. Nachts fanden wir kaum Schlaf, weil das Schiff wie wild hin und her schlug. An Essen und Kochen war nicht zu denken. Der vorsichtige Versuch Seidas, einen Eintopf zuzubereiten, schlug völlig fehl: der Inhalt des Suppentopfs landete beim Servieren im Cockpit. Aber wenigstens mit Seekrankeit hatten wir nicht zu kämpfen. Frustrierend war, daß wir zwei Nächte lang den Lichterschein von Aden am Horizont vor Augen hatten, ohne spürbar weiterzukommen. Dort waren bei einem Putschversuch vor nicht zu langer Zeit einige Yachten zwischen die Fronten der sich gegenseitig beschießenden Soldaten geraten. Die Besatzungen hatten tagelang Schutz vor den herumfliegenden Kugeln gesucht, indem sie sich flach auf den Fußboden ihrer Yacht legten. Eine der Crews hatte dabei wohl die Nerven verloren und wollte sich aus dem Staub machen. Die Reaktion der Militärs war prompt – sie versenkten das Boot. Wir verzichteten auf ein Zwischenstop in Aden.

Das Etmal blieb enttäuschend: nur 72 sm. Am dritten Tag, unmittelbar nach dem morgendlichen Funkkontakt mit der »Saudade«, schlief der Wind völlig ein. Wir entschlossen uns, unter Maschinenkraft Richtung Osten zu laufen. Auf dem jetzt glatten Meer sahen wir zum ersten Mal einen 8–10 Meter langen Wal blasen.

Die nächsten zwei Tage liefen wir weiterhin viel unter Maschine. Überwiegend Windstillen oder schwache Winde ließen kaum Segeln zu. Aber diese Windstillen hatten auch ihre schönen Seiten. Zum ersten Mal seit Israel genossen wir die Ruhe auf dem Meer: die glatte See, den Sonnenuntergang, das Spiel der Delphine, das überwiegende Nichtstun, das Lesen und Essen. Die Nächte empfanden wir jetzt als angenehm kühl – knapp 30 Grad unter Deck -, eine Wohltat gegenüber Djibouti. Wegen des vielen Motorens waren wir nicht ganz ohne Bedenken, was die Treibstoffkapazität betraf.

Nach fünf Tagen auf See gab »James«, unser elektrischer Autopilot, seinen Geist auf. Bei wenig Wind, unter Motor oder auf Spinnakerkurs, also jedes Mal wenn wir die mechanische Windsteueranlage nicht benutzen konnten, hieß es von nun an »selber steuern«, und das rund um die Uhr. Ein Ersatz wäre frühestens in Singapur zu beschaffen – aber bis dorthin waren es noch über 3500 sm.

Der nächste Funkkontakt mit Bob brachte uns aber die Information, daß wir schon bald mit kräftigem Wind zu rechnen hätten. »Saudade« segelte heute unter starkem Monsun und flog mittlerweile mit durchschnittlich 8–9 Kn Richtung Osten.

Am Tag darauf konnten wir uns freuen – »endlich Wind«.

Als wir allerdings aus der Abdeckung von Ras Asir herauskamen, kündigte die in gewaltiger Höhe heranrollende Ozeandünung nichts Gutes an.

Solche Wellenberge hatten wir bis jetzt auf unserer Reise noch nicht zu Gesicht bekommen. Wir hatten den Entschluß gefaßt, nördlich von Socotra zu bleiben, um nicht bei Starkwind und den zum Teil extremen Strömungen in Legerwall der Insel zu geraten. Der Wind nahm beständig zu und steigerte sich auf 8 Bft. Sobald wir uns östlich von Socotra befanden, traf uns der Monsun mit Sturmstärke: 9 Bft. Schwere, zum Teil konfus durcheinanderlaufende See. Besegelung Try und Sturmfock. »Um Himmelswillen was wollen wir eigentlich hier!« murmelte Roman beeindruckt und besorgt zugleich. Und dieses Wetter war keine Erscheinung von wenigen Stunden, es sollte zwei Tage unverändert anhalten.

Wir hatten ausgerechnet die 5–10 Prozent Sturm erwischt, die auf den Windkarten für diese Jahreszeit und diese Region ausgewiesen waren. Unverändert bis zu acht Meter hohe Wellen, Kreuzseen aus Süd-Süd-Ost und West-Süd-West. Bei 9 Bft erreichten die Spitzenböen Geschwindigkeiten von über 50 Kn. Obwohl wir nur Trysegel und Sturmfock gesetzt hatten, brachte KOSAMUI soviel Krängung, daß die Scheuerleiste im Wasser schleifte. Mit äußerster Konzentration beobachteten wir ohne Unterlaß die heranrollenden Wellenberge.

Wir hielten Kurs 60 Grad zum scheinbaren Wind und versuchten, die Wellenkämme möglichst rechtwinklig mit dem Bug zu durchbrechen, indem wir im letzten Moment jeweils nochmals kurz anluvten. Das ging ganz gut, solange wir mit über 5 1/2 Kn liefen. Probleme zeigten sich sobald die Schiffsgeschwindigkeit auf 4 Kn und weniger sank. Diese Art Manöver ließ sich allerdings nur unter Sicht fahren. In der Dunkelheit sahen wir die Wellen nicht kommen und konnten sie dementsprechend nicht optimal aussteuern. Das war bei diesen Seeverhältnissen aber absolute Voraussetzung. Wir fielen also auf raumen Kurs ab, die Wellen nahmen wir mit etwa 30 Grad von achtern. Jetzt aber machte uns in den hinter uns sich brechenden Wellenkämmen wiederholt der Wechsel zwischen Nachlassen des Ruderdrucks und plötzlich ausgeprägter Anluvtendenz zu schaffen. Mehrfach bestand die Gefahr des Querschlagens. Wir saßen in einer Zwickmühle: einerseits würde sich bei einem Ablaufen vor den Wellen der Winddruck weniger bemerkbar machen, auf der anderen Seite mußten wir versuchen, möglichst weit nach Südosten statt nach Nordosten zu gelangen, um uns aus dem Gebiet der tropischen Wirbelstürme rauszuhalten. Bei einem Orkan hätten wir mit unserer 31-Fuß-Yacht mit Sicherheit nicht die geringste Chance gehabt. Auch sollte der Wind nachlassen, je weiter wir nach Süden kämen. Am 12. September nahm der Wind endlich auf 6 Bft ab und mit ihm auch die Wellen. Unsere Etmale lagen bei 155 sm. Wir atmeten auf, daß wir den Sturm unbeschadet, bis auf den Verlust unserer Positionslampen, überstanden hatten. Nicht zuletzt die Tatsache, daß wir jetzt unter 10 Grad Nord laufen konnten und damit das Wirbelsturmgebiet bald verlassen würden, erleichterte uns.

Die Nacht bescherte uns eine fürstliche Portion Fliegender Fische, die sich auf dem Deck angesammelt hatten. Sie waren zwar keine kulinarische Köstlichkeit, für uns aber waren sie eine willkommene Bereicherung nach den letzten Tagen Dosenmenü.

Unter Deck war alles klamm, nachdem wir tagelang keine Luke hatten öffnen können. Drei Tage waren wir auch nicht aus unserer Schwerwetter-Kleidung herausgekommen.

Um so größer war jetzt die Wohltat, als sich schwarze Wolken über uns zusammenballten und sich der erste Regen seit dem Mittelmeer über uns ergoß. Doch der tropische Platzregen dauerte nur gerade so lange, bis wir uns von Kopf bis Fuß eingeseift hatten. Zum Klarspülen reichte es nicht mehr. Da standen wir nun im Cockpit, über und über mit Schaum bedeckt, schauten uns verblüfft mit offenem Mund an und begannen schallend zu lachen. Also wurde es doch wieder wie gewöhnlich eine Salzwasserdusche.

Nach unseren Vorausberechnungen sollten wir in zwei bis drei Tagen das erste Atoll der Malediven erreichen. Der Wind war weiter abgeflaut. In der nächsten Nacht, bei nur noch 1 – 2 Bft und altem Restschwell, begannen die Segel zu schlagen. Ein nervtötendes Geräusch. Da wir uns bereits in der Abdekkung der Malediven befanden und keine Großschiffahrtsroute in weniger als 100 sm Entfernung vorbeiführte, beschlossen wir zum ersten Mal auf unserer Fahrt, das Risiko einzugehen, eine Nacht lang beide gleichzeitig zu schlafen. Nach gut 14 Tagen Nonstop-Fahrt und dem durchgemachten schweren Wetter brauchten wir einfach ununterbrochenen Schlaf. Im Nachhinein wissen wir, daß dies auf der gesamten zweieinhalbjährigen Reise die einzige Nacht auf See war, in der nicht einer von uns Wache ging.

36 Stunden später, fast genau um die Mittagszeit, lag das Toddu-Atoll vor dem Bug der KOSAMUI am Horizont in Sicht.

Kapitel 8
Touristen-Paradies und Polizei-Staat

Es wirkte wie eine Fata Morgana: 17 Tage hatten wir bis hin zum Horizont nur Wasser gesehen. Nun formte sich aus einem dunklen Punkt weit vor dem Bug der KOSAMUI eine Gruppe von Palmen. Sie schienen mitten im Wasser zu stehen. Das mußte Toddu-Atoll sein. Wir waren auf den Malediven. Jetzt begann sich auch ein weißer Streifen zwischen dem Grün der Palmen und der tiefblauen Wasseroberfläche abzuzeichnen. Eine Insel wie aus dem Ferienprospekt. Nur durften wir, so gern wir dies auch nach der 2000 Meilen langen Nonstop-Überfahrt mochten, hier weder haltmachen noch für kurze Zeit ankern. So weit hatten sich die Neuigkeiten unter den Yachties schon herumgesprochen: Yachten waren auf den Malediven inzwischen zwar noch geduldet, aber nicht mehr erwünscht. So drohte jedem, der vor dem Einklarieren in der Hauptstadt Male »wild« irgendwo seinen Anker warf, die Beschlagnahmung des Bootes. Für die Leute aus Male ein willkommener Anlaß, ein Schiff mehr für ihre im Aufbau begriffene Charterflotte kostenlos »an Land zu ziehen«. Wir hatten vor, am Toddu-Atoll vorbei Richtung Süden die breite Wasserstraße bis zum Wadu-Kanal zwischen Nord- und Süd-Male-Atoll zu nehmen. Dadurch würden wir uns in geschützten Gewässern befinden. Die Navigation bei Dunkelheit wäre zwar innerhalb eines Atolls Wahnsinn gewesen, zwischen den Atollen jedoch vertrauten wir auf unseren Sat-Nav, die Befeuerung um Male herum und nicht zuletzt auf die klare Vollmondnacht, wie wir sie bereits am Vortag kennengelernt hatten.

Die Ansteuerung des Wadu-Kanal stellte keinerlei Probleme dar. Wir sahen bereits die Leuchtfeuer um Male, deren Kennung sogar mit dem Leuchtfeuerverzeichnis übereinstimmte. Es war 2 Uhr morgens als plötzlich hinter uns die ersten Wolkenbänke auftauchten, die den äquatorialen Sternenhimmel und die strahlendhelle Scheibe des Mondes rasch abdeckten. Ernsthafte Besorgnis machte sich breit, als uns jetzt schwarze Wolkentürme zu umringen begannen. Für eine Diskussion, was wir jetzt tun sollten, war es bereits zu spät, als sich wenige Minuten danach ein tropischer Gewitterregen über uns entlud. Schlagartig reduzierte sich die Sicht auf Null. Mit Mühe konnten wir gerade noch die Bugspitze unserer KOSAMUI ausmachen. Unser erstes Manöver hieß Segel runter. Mit dem Gewitter hatte gleichzeitig aber auch der Wind aufgefrischt. So liefen wir selbst unter Top und Takel noch nahezu 4 Kn, immer in Richtung des sich verengenden Wadu-Kanal, der in der Höhe von Male nur eine Breite von 2 sm hat. Zuerst hofften wir noch, daß der Spuk nur einige Minuten anhalten würde. Als sich nach 20 Minuten an der Situation immer noch nichts geändert hatte, stieg langsam Panik in uns auf. Nicht alleine die Passage als solche, sondern vor allem die nicht voraussehbaren starken Querströmungen machten uns Angst. Sie konnten uns mit Geschwindigkeiten von 3 Kn und mehr auf die Riffe des Nord- oder des Süd-Male-Atolls zutreiben, ohne daß sich unser Kompaß-Kurs auch nur um ein Grad zu ändern brauchte. Die einzige Chance, die wir hatten, war um 180 Grad zu drehen und unter voller Maschinenkraft gegen das aus Westen kommende Gewitter anzubolzen, um nicht weiter in den Kanal hineinzugeraten.

Eine ganze Stunde schon »motorten« wir blind gegen Wind und Wellen an. Noch gute 2 Stunden waren es bis zum Tagesanbruch. Ungeduldig begab sich Roman an den Navigationsplatz, um auf den angekündigten nächsten Satellitendurchgang zu warten. Die Minuten, bis der Sat-Nav die Rechnung ausgeführt hatte, erschienen wie eine Ewigkeit. Seida hörte zuerst einen derben Fluch, bevor der Skipper aus dem Niedergang stürzte und ihr zurief: »No Fix. Dieses verdammte Ding hat den Satelliten nicht angenommen!«

Ob der Grund hierfür in den elektrischen Entladungen des Gewitters oder aber in den heftigen Rollbewegungen des Schiffes lag, war für uns in diesem Moment gleichgültig. Jedenfalls wußten wir weiterhin nicht, wie nahe uns der Strom in dieser Schreckensnacht bereits blind auf die tödlichen Riffe zugetrieben hatte. Wir standen weiterhin total durchnäßt an der Pinne, starrten auf den Kompaß und hofften...

Als der Regen nachließ, zeigten sich gleichzeitig die Pastellfarben des anbrechenden Morgens in einer Intensität, wie dies nur für das einzigartige Licht im Indischen Ozean so charakteristisch ist. Sie verhießen nicht nur die Erlösung aus unserem nächtlichen Alptraum, sondern zeichneten auch das Spiegelbild eines Überwechsels unserer Stimmung von dem düsteren Druck der Nacht in eine grenzenlose Erleichterung.

An Backbord war in knapp einer halben Meile Entfernung die Gischt der über den Riffen des Süd-Male-Atolls brechenden Brandung zu sehen. Wir machten kehrt Kurs Hauptstadt Male. Vorbei an kleinen Inseln, dichtbewachsen mit Palmen und umsäumt von weißem Sandstrand, der hier in den letzten Jahren zu einem Magnet für Touristenströme aus aller Welt geworden ist.

Morgendlicher Funkkontakt mit »Saudade«. Bob und Jane waren am Nachmittag des Vortages angekommen. Auf unsere Frage nach irgendwelchen Besonderheiten im Umgang mit den hiesigen Behörden folgte eine kurze nachdenkliche Stille. Dann meinte Bob: »Falls du irgendwelche Waffen an Bord hast, würde ich sie an deiner Stelle deklarieren. Bei mir hat die Sicherheitspolizei gründlich das Schiff durchsucht, und falls sie was finden, was du vorher nicht angegeben hast, läufst du Gefahr, daß sie dir das Schiff wegnehmen.« Das waren keine guten Nachrichten. Die Vergrößerung der maledivischen Charterflotte auf unsere Kosten – mit diesem Gedanken konnten wir uns nicht anfreunden.

Auf der anderen Seite lagen die unsichersten Gebiete unserer Fahrt erst vor uns. So entschlossen wir uns, die gleiche Taktik, die wir erfolgreich in Israel praktiziert hatten, auch hier zu versuchen.

Doch erstmal mußten wir vor Male ankern. Kein selbstverständliches Unterfangen. In den Hafen durfte eine ausländische Yacht nicht einlaufen. Stattdessen war sie gezwungen, vor der Stadt, Schwell und Strom ausgesetzt, in 45–50 Metern Wassertiefe zu ankern. Für KOSAMUI, die über keine Ankerwinsch verfügte, keine einfache Sache. Der Anker einschließlich 60 Meter Kette rauschte unter dem schweren Eigengewicht wie ein Geschoß in die Tiefe, die restlichen 50 Meter Leine hinterher. Den anfänglichen Versuch, das Ganze abzubremsen, mußte Roman in dem Moment abbrechen, als sich seine Arbeitshandschuhe in Fetzen auflösten. Erst durch die solide Befestigung am Ende der Leine mit dem Rumpf wurde das in die Tiefe rauschende Ankergeschirr gestoppt.

Hier warteten wir nun Stunde um Stunde vom frühen Morgen bis in den Nachmittag. Ständig hatten wir Male über UKW angerufen und gebeten, die Einklarierungsformalitäten erledigen zu können. Schließlich kam ein offenes Motorboot längsseits. Drei uniformierte etwa 20jährige Sicherheitsbeamte stiegen an Bord und stellten uns freundlich die gewohnten Fragen, insbesondere auch nach Waffen. Auf unsere Gegenfrage, ob es irgendwelche Schwierigkeiten mit den zu unserem Schutz mitgeführten Feuerwaffen geben würde, meinte der junge Offizier, hier auf den Malediven brauchten wir die sicher nicht, man würde uns eine Quittung ausstellen und sie uns selbstverständlich bei der Abreise zurückgeben. Vertrauensselig überließen wir ihnen die Waffen, die uns in der Vergangenheit schon soviel Umstände verursacht hatten. Die anschließende Durchsuchung des Schiffes brachte keinerlei Beanstandung und war eher oberflächlich. Man teilte uns mit, wir müßten jetzt noch auf den Zoll warten, bevor wir an einen sicheren Ankerplatz verholen dürften. Also wieder warten. Langsam wurden wir ungeduldig. Wir machten uns Sorgen, wie wir wieder unser Ankergeschirr hochkriegen sollten. Außerdem würde sich bald der Tag dem Ende zuneigen, und wie sollten wir dann die 5 sm bis in die Lagune von Furano zwischen den Riffen hindurch bewerkstelligen?

Tatsächlich war es kurz vor Einbruch der Dämmerung, als sich der Rest der Behörden zu uns an Bord bequemte. Die Formalitäten selbst dauerten nicht lange. Aufgeregt erklärte man uns dann, wir könnten hier für die Nacht nicht ankern, es sei schlechtes Wetter gemeldet. Und das, nachdem wir fast neun Stunden gewartet hatten.

Auf unsere Bemerkung hin, wir bekämen das Ankergeschirr bei dieser Wassertiefe nicht alleine an Bord, stieg nach kurzer Beratung einer der in bunte Sarong gekleideten Bootsführer an Bord. KOSAMUIs Bug stampfte inzwischen schon unangenehm in der zunehmenden Dünung. Roman und der Malediver nahmen an der Bugspitze die ersten Meter Leine auf. Das Kettengewicht hatte sich noch nicht zu der Zugkraft des Bootes addiert. Dann ging plötzlich nichts mehr. Schweißgebadet versuchten die beiden, die Stampfbewegungen des Bugs auszunutzen, um das Geschirr ein wenig weiter an Bord zu bringen. Seida legte zusätzlich eine Leine von dem Geschirr zu einer der Schotwinschen und steuerte auf diese Weise noch einen gehörigen Kraftanteil bei. Zentimeter um Zentimeter kam das Ungetüm so dichter. Immer wieder waren wir kurz davor aufzugeben, aber schließlich zwang uns der Gedanke weiter: »Wir müssen einfach! Was sollen wir ohne Ankergeschirr, d. h. ohne Kette ausrichten?«

Als wir die Kette und den Bruce-Anker endlich den sie festhaltenden Korallenblökken entrissen und die über 100 Kilo Eisen an Bord hatten, ließen wir uns alle drei restlos ausgepumpt an Deck fallen. Unser maledivischer Helfer versteckte das großzügige Trinkgeld mit einem schnellen mißtrauischen Seitenblick auf die Beamten in den Tiefen seines Sarongs, bedankte sich bei uns und sprang über Bord, um zu dem Zollschiff hinüberzuschwimmmen. Den Beamten war die heimliche Bewegung wohl nicht ganz entgangen, denn sie winkten unseren Helfer gleich zu sich.

Wenn wir nun dachten, in letzter Minute vielleicht doch noch Furano erreichen zu können, hatten wir uns getäuscht. Von dem Zollboot aus rief man uns zu, wir hätten doch Tauchflaschen an Bord, und die müßten wir, ebenso wie unsere Harpunen, in Zollgewahrsam geben. Als Grund wurde die Überprüfung des technischen Zustands der Tauchflaschen vorgegeben. Wie wir später erfuhren, wollte man jedoch sichergehen, daß wir keinen Sprengstoff oder keine Drogen darin versteckt hatten, wie dies wohl bei Yachten in der Vergangenheit vorgekommen war. Dies würde auch erklären, warum sich die Beamten unbeugsam gegenüber unseren Beteuerungen zeigten, wir würden sie am nächsten Tag vorbeibringen, weil wir jetzt verdammt nochmal endlich zu unserem Ankerplatz für die Nacht müßten, bevor es endgültig dunkel sei. An eine Übergabe von Schiff zu Schiff war in dem jetzigen Schwell und der damit verbundenen Schaukelei nicht mehr zu denken. Schließlich einigten wir uns darauf, das Manöver hinter einem als Wellenschutz dienenden, auf Reede liegenden ceylonesischen Frachter zu fahren. Wie durch ein Wunder kamen unsere Tauchflaschen tatsächlich auf dem Zollboot an, ohne für immer in der Tiefe zu verschwinden.

Die Sonne war bereits untergegangen. Statt dessen begannen wieder die von letzter Nacht in noch schlechter Erinnerung gebliebenen Gewitterwolken am Horizont aufzuziehen. Unter Vollzeug, mit zusätzlicher Motorkraft, schossen wir mit Überrumpfgeschwindigkeit nach Norden, in Richtung des rettenden Ankerplatzes. An eine Sichtnavigation, wie sie in diesen Gewässern sonst oberstes Gebot ist, war nicht zu denken. Um uns herum nur graue undurchsichtige Wasserfläche. Den beiden Riffen, die in unserer Karte verzeichnet waren und die wir auf unserem Weg nach Furano passieren mußten, konnten wir wenigsten dadurch ausweichen, daß im sich aufbauenden Seegang die Wellen über ihnen brachen. Von Ferne schon sahen wir in der Lagune von Furano die beiden Masten der »Saudade« hoch aufragen. Für kurze Zeit waren wir erleichtert. Wie aber sollten wir bei der schon anbrechenden Dunkelheit die schmale gewundene Passage durch das Riff finden?

Den ungefähren Platz konnten wir zwar aus der Seekarte entnehmen, aber die dunkle, graue Wasseroberfläche schien die unter ihr verborgenen Geheimnisse nicht preisgeben zu wollen. Zu erkennen war absolut nichts. Roman trug sich schon mit dem Gedanken, ins Wasser zu springen und mit Tauchbrille und Schnorchel nach dem Paß zu suchen, wurde aber durch den entfernten Lärm eines Außenborders gebremst. Ein verspätet heimkehrendes Taucherboot des Touristenressorts suchte sich zielsicher seinen Weg. Wir brauchten unsere Schwierigkeiten nicht erst zu erklären, unsere Lage war eindeutig. So bot sich das Motorboot sofort an, vor uns herzufahren und uns durch die Riffpassage zu lotsen. Im Inneren der Lagune konnten wir aufatmen, als wir das erlösende Rasseln der Ankerkette hörten. Wenige Minuten später begann es zu regnen, und wir konnten die neben uns ankernde »Saudade« allenfalls noch schemenhaft ausmachen.

Der nächste Morgen fing so an, wie man sich die Malediven vorstellt. Blauer Himmel, nur durchsetzt von einigen Cumulus-Wolken am Horizont. Klares Wasser in allen Schattierungen, wobei hier im Riffbereich Grün, Türkis und Hellblau überwogen. Draußen, außerhalb des Atolls, herrschte tiefes Dunkelblau, das die großen Wassertiefen anzeigte. Mitten in diesem Farbenspiel lag eine der typischen, nur einige hundert Meter langen Malediven-Inseln, eingerahmt von makellosem weißen Sandstrand sowie Palmen, die sich in der leichten Brise rhythmisch hin und her bewegten.

Nach zehn Stunden ungetrübtem Schlaf fühlten wir uns wie im Urlaubsparadies. Wir saßen gerade unter Deck beim Frühstück und überlegten, daß wir zuerst schwimmen und dann einen Spaziergang an Land machen wollten, als wir von lautem Rufen und Motorengeheul aus unserem Malediven-Traum aufgeschreckt wurden.

Neugierig streckten wir die Köpfe aus dem Niedergang, als schon mehrere Uniformierte bewaffnet und in Kampfstiefeln an Bord sprangen. Unter ihnen auch der junge Offizier vom Vortag, der jetzt aber weniger einen freundlichen, als vielmehr einen eingeschüchterten Eindruck machte. Das Kommando führte heute ein ebenfalls etwa 20jähriger, für einen Malediver ein recht groß und kräftig gewachsener Security-Beamter, der sich gleich durch seinen forschen Befehlston und seine unangenehme ruppige Art hervortat. Sieben Security-Leute zwängten sich jetzt in unsere Kajüte und begannen, jeden Zentimeter auf den Kopf zu stellen. Währenddessen forderte der Kommandoführende die Papiere für unser russisches Schnellfeuergewehr. Im Libanon konnte man zwar alles kaufen, aber natürlich ohne Papiere. Verwirrung hatte wohl auch unser Jagddrilling geschaffen. Von ihm hatten die Beamten nur die beiden Schrotläufe erkannt, und nun waren sie auf der Suche nach einer nicht deklarierten weiteren Waffe, zu der die abgegebenen Patronen des Kugellaufes passen würden.

Unsere Erklärungen ernteten nur mißtrauisches, ungläubiges Kopfschütteln. Nachdem unser Boot wie ein Schlachtfeld aussah, die Security aber nichts gefunden hatte, forderten sie Roman auf, mit ihnen in die Sicherheitszentrale nach Male zu kommen. So stieg dieser zu den Sicherheitsbeamten in das Whaler-Motorboot.

Die Fahrt führte nicht auf dem kürzesten Weg durch die draußen herrschende Dünung, sondern der Fahrer wählte eine Passage innerhalb der verschiedenen Lagunen. Das ließ die Überfahrt zu einem unerwarteten, geradezu berauschenden Erlebnis werden. Der Fahrer kannte natürlich jeden Quadratmeter, und so ging es unter Vollgas über spiegelglattes Wasser. Unter dem Boot war zum Teil weniger als 1 Meter Wassertiefe. Das, zusammen mit der Geschwindigkeit, ließ die bunte Korallenwelt rundherum zu einem einzigen Farbenschauer zerfließen.

In Male steuerte das Regierungsboot den am Vortag für uns gesperrten Hafen an und machte neben den einheimischen Dhonis fest. Letztere dienten als Hauptverkehrs- und Transportmittel zwischen einer Vielzahl der 1196 maledivischen Inseln. In uniformierter Begleitung ging es durch die unbefestigten Straßen, in denen noch der letzte Regen in großen Pfützen stand. Vorbei an einem bewachten Portal, wo Roman gleich auffiel, daß die hiesigen Soldaten alle mit Kalaschnikows ausgerüstet waren. Im Hauptgebäude der Sicherheitspolizei angelangt, führte der Weg direkt zu einem schon wartenden Vorgesetzten der Security.

Nachdem eine Überprüfung unsere Angaben über den Drilling und die dazugehörige Munition bestätigt hatte, galt das ganze Interesse unserer Kalaschnikow. Nach internationalem Gesetz dürften wir keine Schnellfeuerwaffe an Bord haben, versuchten die Beamten Roman zu bluffen. Als dieser das energisch bestritt, meinten sie: »Nun ja, wenn es nicht nach internationalem Gesetz ist, dann halt nach maledivischem Recht.« Der Einwand, daß uns am Vortage zugesichert worden sei, beim Auslaufen alle Waffen zurückzubekommen, wurde ebenfalls mit – das habe der Beamte halt nicht besser gewußt – beiseite gefegt. Auf die Bemerkung, wir brauchten die Waffen schließlich für unsere persönliche Sicherheit in den pirateriegefährdeten Gebieten in Fernost, antwortete der Vorgesetzte nur ironisch, an eine Herausgabe der Waffe bräuchten wir gar nicht zu denken, und wenn man sich in solch gefährliche Gebiete begebe, müsse man auch die Risiken tragen, sonst solle man zu Hause bleiben. Nach zähem Hin und Her und nach Rückfrage über Interpool seitens der Malediver einigten wir uns schließlich darauf, daß wir beim Auslaufen die Jagdwaffe, für die wir auch eine gültige Waffenbesitzkarte vorlegen konnten, zurückbekämen. Dann hieß es warten.

In einem Raum zusammen mit weiteren »Besuchern« der Security harrte der Skipper der Dinge, die da wohl kommen mochten. In gebrochenem Englisch erzählte ihm einer dieser Malediver, daß die Sicherheitspolizei hier inzwischen allgegenwärtig das gesamte Leben kontrolliere. Auf den einzelnen Inseln verfügten die Dorfvorsteher seit kurzem über Funkgeräte, mit denen sie bei einem morgendlichen Appel alle Ereignisse berichtet müßten. Nach mehrmaligen Umsturzversuchen würde jetzt peinlich darauf geachtet, daß das Sagen nur in den Händen linientreuer Leute liege. Sobald jemand die leiseste Kritik übe, würde sich die Security unverzüglich einschalten.

Dieser Versuch der absoluten Kontrolle erklärte auch, warum Yachten zunehmend unerwünschter waren. So erhielten sie mehr und mehr Auflagen: sie durften nur noch ganz bestimmte Atolle anlaufen und dort auch nur die Touristen-Inseln, und selbst dazu waren umfangreiche Formalitäten mit der Erlaubnis mehrerer Ministerien nötig. Dennoch waren Yachten natürlich schwerer unter Kontrolle zu halten als ein Normaltourist. Dieser landete mit dem Jumbo auf der Nachbarinsel Hulule. Dann wurde er in sein gebuchtes Touristenressort gebracht, wo er für die Dauer des Aufenhaltes auch die gesamte Zeit über blieb – bis auf kurze Tagesausflüge nach Male (über Nacht durfte kein Ausländer in der Stadt verweilen) oder einen Abstecher auf eine der »typischen« Eingeborenen-inseln.

In Kontakt mit fremdländischen Einflüssen waren die Malediven erstmals zwischen dem 12. und 14. Jahrhundert durch arabische Händler gekommen. So herrschte hier der Islam denn auch seit dem 12. Jahrhundert als Staatsreligion. Anfang des 16. Jahrhunderts kamen Portugiesen, später gefolgt von Holländern, Franzosen und schließlich Engländern, die aber allesamt wenig Einfluß auf Kultur und Staatsgeschehen nahmen. 1965 wurden die Inseln dann unabhängig, und ein Volksaufstand 1974 bewirkte verschärfte Sicherheitsmaßnahmen. Die Malediven nahmen innenpolitisch Züge eines Polizeistaates an. Gleichzeitig öffneten sie sich aber zunehmend dem Fremdenverkehr, der seither auch die bei weitem wichtigste Einnahmequelle darstellt, und der Inselstaat wurde zu dem Touristenparadies, das jeder aus den Reiseprospekten kennt.

Im Sicherheitsgebäude von Male wurde Roman im Laufe des Nachmittags erneut zu dem Security-Mann gerufen. Dieser teilte ihm mit, daß jetzt Anzeige gegen uns erhoben werde. Auf die erstaunte Frage, mit welcher Begründung, zumal wir die Waffen ja von uns aus und freiwillig deklariert hätten, antwortete er nicht. Stattdessen wurde Roman in ein Nebenzimmer geführt, wo Fingerabdrücke abgenommen und Photos gemacht wurden. Die Malediver bestanden allerdings nicht darauf, daß wir bis Abschluß des Verfahrens auf den Malediven bleiben mußten. Wir hatten also mehr Glück als der berühmte Reiseschriftsteller des Mittelalters Ibn Batuta, der Mitte des 14. Jahrhunderts vom damaligen maledivischen Sultan zu eineinhalb Jahren unfreiwilligem Aufenthalt gezwungen wurde.

Wie wir aber später erfuhren, versuchte man eine Anzeige über Interpol nach Deutschland weiterzuleiten, was natürlich jeglicher Rechtsgrundlage entbehrte. Daß gewisse Verbindungen zur Polizei in Deutschland bestehen mußten, vermutete der Skipper, als er beim Verlassen des Gebäudes in einer Glasvitrine Abzeichen mit der Aufschrift »Polizei Baden-Württemberg« sah.

Inzwischen war es so spät geworden, daß die Nachmittagsfähre nach Furano bereits weg war. In Male durfte Roman als Ausländer jedoch nicht übernachten. So lief er zum Security-Gebäude zurück und bat, daß man ihn dorthin auch wieder zurückbringe, wo man ihn morgens ohne seinen Wunsch abgeholt hatte. Dies erwies sich als erstaunlich unproblematisch. Nochmals genoß er eine rasante Fahrt zurück zur KOSAMUI. Dort war Seida den ganzen Tag damit beschäftigt gewesen, die Spuren unserer morgendlichen Besucher zu beseitigen.

Als Ausgleich für die Unannehmlichkeiten waren wir abends auf »Saudade« zu einem Candel-Dinner mit Porzellangeschirr, Kristallgläsern und gekühltem Weißwein eingeladen.

Die nächsten Tage verbrachten wir so, wie auch andere Touristen: schwimmen und schnorcheln über dem Außenriff. Dort begeisterte uns die Vielfalt und Farbenpracht der Fische, während wir von den Korallen im Vergleich zum Roten Meer eher etwas enttäuscht waren. Den abendlichen Sundowner genoßen wir – inzwischen hatten sich noch die kanadische Yacht »Silver Shell« zu uns gesellt – bei australischem Bier und Erfahrungsaustausch. Hier hörten wir auch eine weitere Geschichte über die Aktivitäten der Security und ihre Praktiken. Der Besitzer einer australischen Yacht hatte diese mit Kette sicher an Korallenblöcken festgemacht, weil er für zwei Wochen dringend in seine Heimat zurückfliegen mußte. Während seiner Abwesenheit seien nachts Taucher aus Male gekommen, hätten die Kette gekappt und das Boot in den Hafen von Male geschleppt. Bei der Rückkehr des Eigners wurde diesem lapidar erklärt, das Boot sei außerhalb des Atolls frei treibend und führerlos geborgen worden und gehöre nach allgemein gültigem Seerecht somit dem maledivischen Staat.

Vorsichtshalber hatten wir mit den Ausklarierungsformalitäten bereits zwei Tage vor unserer Abreise begonnen. Zwei volle Tage sollten wir auch brauchen, um unsere Sachen wieder dem Griff der maledivischen Behörden zu entreißen. Die beim Zoll deponierten Tauchflaschen waren angeblich nicht auffindbar, da man inzwischen umgezogen sei. Nach einem Tag Male-Aufenthalt mit ständigem Hin und Her mit dem Zoll transportierten wir die Flaschen schließlich zur KOSAMUI zurück. Auf die Frage nach unseren Harpunen erfolgte die gleiche Ausrede. Später gab man vor, man wisse zwar, wo sie gelagert seien, könne aber nicht mehr ausfindig machen, welche Harpunen die unseren seien. Auf Romans Vorschlag, mitzukommen und sie zu identifizieren, schien plötzlich alles bestens – man habe sie doch gefunden und lege sie beiseite, um sie uns dann unmittelbar vor dem Verlassen der Malediven auszuhändigen.

Am 29. September brachen wir frühmorgens, zusammen mit Ian und Sue von der »Silver Shell«, mit unseren Yachten Richtung Male auf. Wieder ein Regentag mit starkem Schwell. Diesmal wollten wir das beschwerliche Ankern vor Male nicht mehr auf uns nehmen. Wir baten um Erlaubnis, die beiden Yachten an einem maledivischen Kumo am Heck festmachen zu dürfen. Wieder warteten wir Stunde um Stunde. Ian hatte bereits beim Einklarieren einen Agenten für die Formalitäten genommen, der ihm für das bißchen Papierkram über 100 $ US abgeknöpft hatte. Romans Vorschlag, für diesen stolzen Preis könne er beim Ausklarieren unsere Papiere wenigstens gratis gleich miterledigen, wurde von dem Agenten ohne Widerspruch sofort akzeptiert. Unsere Papiere und auch unsere Jagdwaffe erhielten wir bis zum frühen Nachmittag von den Sicherheitsbehörden zurück. Auch Ian hatte seine Schrotflinte ohne größere Schwierigkeiten retour bekommen. Aber als Zugabe zu unserer Kalaschnikow wollten die Malediver wohl die Harpunen beider Boote einbehalten, für die sie sicherlich noch Verwendung gehabt hätten.

Immer wieder riefen wir Male-Radio und die Zollbehörden über UKW. Regen, Wind und Schwell vermiesten uns zusätzlich die ungemütliche Wartezeit. Mal hieß es, »die Behörden sind bereits unterwegs.« Eine Stunde später wurde uns dann mitgeteilt, »das Boot ist kaputtgegangen«, schließlich »bei dem schlechten Wetter können wir nicht auslaufen«. Erst kurz vor Sonnenuntergang, als unsere beiden Yachten vor der Hafeneinfahrt zu kreuzen begannen, und wir über Funk damit drohten, unerlaubterweise nun doch noch in den Hafen einzulaufen, bequemte man sich, uns mit einem Boot die Harpunen herüberzubringen. Nicht ohne die bissige Bemerkung »Falls Sie heute nicht mehr das Gebiet der Malediven verlassen, müssen Sie morgen die Formalitäten nochmals erledigen«. Wir nickten zwar zustimmend, hatten aber nicht die geringste Lust, unsere Überfahrt nach Ceylon gleich mit einer unangenehmen Regennacht zu beginnen. So drehten beide Yachten den Bug diskret

Golfparty auf ceylonesisch

Markt auf Male

oben: Löwenfelsen von Sigariya
unten: »Wolkenfrauen«

Dickhäuter beim täglichen Bad

Richtung Furano zurück, wo wir mal wieder bei einbrechender Dunkelheit eintrafen. Aber diesmal kannten auch wir den Paß durch das Riff, den wir uns vorsorglich bei früheren Schnorchelausflügen genaustens angeschaut und gemerkt hatten.

Am nächsten Morgen verließen wir den Ankerplatz im ersten Tageslicht klammheimlich. Für unsere Überfahrt nach Sri Lanka erwartete uns ein konstanter, idealer Wind von 4 Bft aus Westen. Auf raumem Kurs preschten wir Richtung Nordost unserem Zielhafen Galle an der ceylonesischen Südwestspitze entgegen. Zwar jagte eine Regenböe die nächste, aber die knapp drei Tage Überfahrt, fast ständig unter ausgebaumter Genua, waren ein seglerischer Genuß. Und wieder einmal zeigte unsere German-Frers-Konstruktion ihre hervorragenden Eigenschaften. Nachdem sie bereits auf den knapp 2000 Meilen zu den Malediven gegenüber der wesentlich größeren »Saudade« bei der Summe der unterschiedlichsten Wetterbedingungen eineinhalb Tage gutgemacht hatte, zeigte sie auch jetzt der drei Fuß längeren »Silver Shell« den Heckspiegel.

Kapitel 9

Den Zyklonen ein Schnippchen geschlagen

Wir erreichten Galle nach Etmalen von jeweils 150 Meilen in den frühen Morgenstunden des 3. Oktober. Seit Ausbruch der Tamilen-Unruhen war Galle der einzige Hafen außer Colombo, den wir auf Sri Lanka anlaufen konnten. Galle ist ein alter, von den Portugiesen angelegter und später von Holländern und Engländern ausgebauter Umschlagplatz. Bis zur Mitte des letzten Jahrhunderts war es der Haupthafen Ceylons. Auch heute ist es noch der fast obligate Stop-Over für Yachten zwischen Asien und dem Mittelmeer.

Als wir in den Hafen einliefen, lagen dort bereits ein knappes Dutzend Yachten aller Nationalitäten. Kaum hatten wir unseren Anker geworfen und waren sicher, daß er in dem schlammigen Hafengrund auch hielt, kam ein Dinghi längsseits. Zwei Franzosen boten sich gleich an, uns frische Lebensmittel aus der Stadt mitzubringen. Schon eine halbe Stunde später saßen wir Neuankömmlinge gut versorgt im Cockpit beim Frühstück mit frischem Brot, Eiern, Tomaten und Früchten.

Dabei blickten wir auf Galle mit seinem von den Holländern im 17. Jahrhundert erbauten mächtigen Fort und den weiß getünchten Regierungsgebäuden aus dieser kolonialen Epoche. Auf dem Hafenkai gegenüber patroullierten ceylonesische Soldaten mit automatischen Schnellfeuerwaffen. Nicht zuletzt durch ihre Anwesenheit konnte man hier risikolos eine Yacht auch über längere Zeit alleine lassen. Als krassen Gegensatz hierzu empfanden wir die schmalen, primitiven Auslegerboote, in denen die einheimischen Fischer seit altersher zum Fang in die weite Bucht hinauspaddelten. Die zierlichen dunkelhäutigen Männergestalten in ihren Sarongs erschienen uns dabei genauso zerbrechlich wie ihre Kanus.

Mit unserem Beiboot ruderten wir rüber zum Kai, und noch bevor wir die Formalitäten erledigten, begaben wir uns außerhalb der Freihafengrenze zu »Don Windsor«, dem einheimischen Agenten, in dessen Anwesen unmittelbar am Hafenausgang. Don, ein etwa 60jähriger wohlhabender Singhalese, war so etwas wie der »Pate« von Galle. Alle Informationen liefen bei ihm zusammen, nichts geschah, ohne daß er Wind davon bekam, und an fast jedem »Deal« war er mitbeteiligt. Er stellte auch die Papiere für die notwendigen Formalitäten aus. Als seien wir alte Bekannte, lud er uns gleich auf seine schattige Terrasse ein. Wir genossen eiskalte Drinks und vor allem unsere erste Süßwasserdusche seit Wochen – welch eine Wohltat!

In Galle trafen wir in den nächsten drei Wochen mit mehr Yachties aus aller Welt zusammen, als auf unserer gesamten bisherigen Reise. Die meisten waren allerdings auf der normalen Ost-West-Route Richtung Mittelmeer unterwegs. Gemeinsam mieteten mehrere Crews, unter ihnen auch die einen halben Tag nach uns eingetroffene »Silver Shell«, einen Kleinbus mit Chauffeur, um sich eine Woche lang das Landesinnere anzusehen.

Die subtropische Vegetation war atemberaubend, und nicht nur, wenn man wie wir aus der kargen Landschaft des Roten Meeres kam. Uns bot sich ein Land voller Kontraste: tropische Palmenstrände im Süden, vor denen die Fischer in stoischer Gelassenheit mitten in der Brandung auf einem schmalen Pfahl kauernd angelten; grüne, geometrisch angelegte Teeplantagen im Landesinneren, wo die eingeborenen Arbeiterinnen in ihren

Gewändern von ferne wie bunte Schmetterlinge aussahen; das Hochland mit seinem bereits ausgesprochen kühlen Klima und seiner Vegetation, die in ihrer Bizarrheit geradezu urzeitlich wirkte; dazwischen nicht nur verfallende Kolonialbauten, die allerdings unter den Engländern bessere Zeiten gesehen hatten, sondern auch Einrichtungen wie der Hill Club in Nuwara Eliya, der heute noch mit gepflegtem Golfplatz, Billardraum, Herren-Bar und abendlichem Candel-Dinner den Gast mitten in die Viktorianische Zeit zurückzuversetzen schien.

Die meisten kulturellen Spotlights wurden von den Auseinandersetzungen zwischen Singhalesen und Tamilen wenig berührt. So konnten wir ungehindert den steil aus dem Dschungel aufragenden Löwenfelsen von Sigiriya mit seinen aus dem 5. Jahrhundert stammenden Freskenmalereien der »Wolkenfrauen« ebenso bestaunen wie die aus Fels gehauenen Buddha-Statuen in Polonnaruwa, der einstmals schönsten Stadt Ceylons.

Ein Abstecher nach Kandy und zu einer der Elefanten-Farmen gehörten natürlich auch dazu. Unsere Absteigen variierten dabei extrem. Auf der einen Seite der oben erwähnte Hill Club, wo man für 50 DM pro Person ein Nobel-Zimmer mit offenem Kamin und ein exzellentes Dinner, das von einem älteren, stilvollen, noch sehr britisch wirkenden Ober in Schwalbenschwanz und weißen Handschuhen serviert wurde, wobei der Ceylonese einen wesentlich distinguierteren Eindruck machte als wir Gäste. Am anderen Ende der Palette lag die verlauste 50-Rupien-Absteige (3 DM für zwei Personen), die mehr der Wahl von »Cheap Charley« entsprach, einem australischen Yachtbesitzer aus unserer Gruppe, der sich am Vortage im Hill Club zwar die vorgeschriebene Krawatte ausgeliehen und umgebunden hatte, uns und »Silver Shell« dafür aber als »Grands« titulierte.

So vornehm wie im Hill Club war auch das Essen nicht immer. Zwar konnte man in den Strandhotels nahe Colombo gute Langusten zu passablen Preisen finden, zumal infolge der Tamilen-Unruhen fast keine ausländischen Touristen nach Sri Lanka kamen. Aber in dem 1800 Meter hoch gelegenen, seinem Namen alle Ehre machenden »World's End« etwa, erinnerte das Currygericht fatal an den Geruch eines Misthaufens.

Zurück in Galle kümmerten wir uns um unsere Verpflegung für die Überfahrt Richtung Südost-Asien. Neben einem gewaltigen Angebot an tropischen Früchten, ganz im Gegensatz zu den Malediven, wo außer Thunfisch, Kokosnüssen und Bananen kaum etwas zu kriegen war, gab es auch jede Menge Gemüse, Fleisch, Geflügel und Fisch. Bei letzterem hatte man uns jedoch gewarnt: »Kaufe nie einen großen Fisch, da kann es dir nämlich passieren, daß der Verkäufer Formalin reingespritzt hat – damit er länger frisch aussieht...«

Drei Wochen waren wir bereits auf Sri Lanka. Wieder einmal saßen wir auf der schattigen Terrasse vor Don Windsors Haus. Wie üblich war er in ein weißes Hemd und einen Sarong gekleidet. Seine Beine hatte er auf einen Stuhl vor sich gelegt. Von hier aus dirigierte er seinen Haushalt. Sobald er in die Hände klatschte oder die neben ihm stehende Handglocke bimmelte, eilte die Tochter oder eines der Dienstmädchen rasch herbei, um ihm das Telefon, etwas zum Schreiben oder einen Drink zu bringen, oder einen sonstigen Auftrag entgegenzunehmen. Plötzlich schaute er uns besorgt an: »Ihr wollt doch nach Thailand. Wißt ihr, daß es höchste Zeit dafür ist? Es geht jetzt auf November zu und das ist der schlimmste Monat im Golf von Bengalen, was die Wirbelstürme betrifft. Vor ein paar Jahren erst ging zu dieser Jahreszeit eine Yacht samt Mannschaft in einem Zyklon verloren. Sie hatten meine Warnung in den Wind geschlagen und waren dann bei der Überfahrt von der Strömung weiter nach

Norden getrieben worden als erwartet. Dort hat sie dann der Wirbelsturm erwischt – und es hat nie wieder jemand von ihnen gehört.«

In der Tat waren Don's Bedenken nicht unberechtigt. Von Mai bis November, insbesondere aber gegen Ende der Saison, entstehen in der Region der Andamanen hier in der Bucht von Bengalen regelmäßig tropische Wirbelstürme, die sich auf ihrer Bahn anfänglich westwärts bewegen, um dann nach Norden abzudrehen, wo es regelmäßig insbesondere im Gebiet um Bangladesch, zu den aus den Medien bekannten Naturkatastrophen kommt.

Wesentlich seltener berührt ihre Zugbahn Ceylon selbst. Unser Plan war nun, von Galle aus auf dem kürzesten Weg Richtung Süden zu laufen, um unterhalb 5 Grad Nord zu gelangen, was als äußerste Wirbelsturmgrenze gilt. Von hier aus wollten wir Kurs nach Osten setzen bis in die Nähe von Sumatra. Dann würden wir mit nordöstlichem Kurs Südthailand auf 8 Grad Nord erreichen.

Außer der Zyklonengefahr beschäftigte uns noch das bevorstehende Ende des Südwest-Monsuns. So war nicht voraussehbar, wie schnell letzterer, der durch Windstillen geprägten Übergangszeit bis zum Eintreten des Nordost-Monsuns Platz machen würde. Unser Treibstoffvorrat jedenfalls würde auch mit den zusätzlichen an Deck festgezurrten Dieselkanistern allenfalls für knapp die Hälfte des Weges ausreichen. Uns kam die Schilderung Tom Severins in Erinnerung, der mit seiner Mannschaft in dieser Gegend bei dem Unternehmen »Sindbad Voyage« während des Monsun-Wechsels fast verdurstet wäre.

Wir stellten darüber hinaus folgende Überlegung an: Auch die kanadische »Silver Shell« wollte Richtung Asien, so daß wir bis zur Nordspitze Sumatras die gleiche Route hatten. Falls nun absolut kein Wind mehr sein sollte, bestünde immer noch die Möglichkeit, unsere Yachten abwechselnd über längere Strecken unter Motor zu schleppen. Dies würde die Reichweite zwar nicht verdoppeln, aber doch beträchtlich vergrößern.

»Saudade« war schon einige Tagen vor uns Richtung Australien ausgelaufen. »Silver Shell« hatte am Vortag den Hafen verlassen, und nachdem wir über Funk hörten, daß sie mit günstigen Winden Richtung Süd-Süd-Ost lief, gab es auch für uns kein Halten mehr.

Abends feierten wir Abschied auf der französischen »Saint-Amour«, einer 27-Tonnen-Stahlyacht mit dem nur 55 kg schweren Skipper Gérard, einem Tierarzt aus Noumea in Neu-Kaledonien, und seiner ebenso zierlichen Frau Anic. Beide hatten den riesen Pott einen Monat zuvor in schwerstem Wetter fast über die Grenze ihrer physischen Leistungsfähigkeit bis nach Ceylon geprügelt.

Die Einzigen, die zurückblieben und dennoch weiter nach Osten wollten, waren der deutsche Skipper Helmut und seine jugoslawische Lebensgefährtin Duschka von der »South Wind«. Er sollte uns als ausgesprochener Pechvogel in Erinnerung bleiben. Nicht nur, daß man ihn seinerzeit auf den Seychellen um Haus und Grundstück durch Enteignung gebracht hatte, Pech hatte er auch als Vercharterer auf den Malediven mit seinen Schwulen-Gästen an Bord, die das kostbare Trinkwasser, das der gutmütige Skipper zuvor kanisterweise hatte an Bord schleppen müssen, dafür verschwendeten, sich auf dem Vordeck stundenlang gegenseitig einzuseifen und abzuduschen. In Sri Lanka scheiterten Helmuts Bemühungen, die notwendigen Arbeiten am Unterwasserschiff auf dem Slip der Marine auszuführen, immer wieder daran, daß gerade, wenn sein Boot auf dem Trockenen lag, der Slip für ein Militärschiff gebraucht wurde. Auf diese Weise wurde die »South Wind« viermal geslipt, und Helmut mußte dafür auch viermal blechen. Eine andere Wahl hatte er nicht, denn die Behörden drohten, sonst sein Boot zu kassieren. Eine aus Deutschland kommende, sehnlichst erwartete große Freßkiste voll mit

Wurst, Schinken, Schwarzbrot und Dosen hatte auch den Gefallen der Zollbeamten in Colombo gefunden – als Helmut sie nämlich öffnete.... war sie leer. Scheinbar nicht ohne Grund machte sich Don Windsor Sorgen, ob die Besatzung der »South Wind«, die ihre Abfahrt nun schon seit Monaten immer wieder hatte verschieben müssen, noch heil bis Südost-Asien kommen würde.

Am 25. Oktober verließ KOSAMUI den Hafen von Galle. Sobald wir aus dem Schutz der Mole heraus waren, merkten wir, daß der Südwest-Monsun noch kräftig wehte. Eine lange hohe Dünung rollte aus Süden stetig heran. Die Stimmung war, wie häufig nach einem längeren Hafenaufenthalt, eher gedrückt. Wohl auch eine Art Seekrankheit.

Bis Phuket in Südthailand lagen noch 1200 sm vor uns. Unter günstigen Umständen wäre die Strecke in zehn Tagen zu schaffen. Nach zwei Tagen mit gutem Wind suchten uns immer längere Flauteperioden heim. Während diesen bekam das einzigartige Licht des Indischen Ozeans eine ganz besondere Intensität – das Meer glich dann einem spiegelnden See aus Quecksilber.

Um Wasserknappheit brauchten wir uns aber keine Sorgen zu machen. Regelmäßig öffnete der Himmel für kurze Zeit alle Schleusen. Mehr aufpassen mußte man hingegen vor allem nachts. Dann riefen plötzlich aufkommende Regenböen extreme Windstärkeschwankungen hervor, die bei kurzer Unachtsamkeit schnell ein Segel kosten konnten. Trotz der heranrauschenden schwarzen Wolkenwände und den damit verbundenen atmosphärischen Entladungen war jetzt die Stimmung an Bord wieder prächtig.

Am fünften Tag auf See waren wir plötzlich zu Dritt. Während eines Regenschauers entdeckten wir einen Blinden Passagier an Bord. Eine junge Seeschwalbe drückte sich total durchnäßt und zitternd in eine Ecke des Decksaufbaus. Augenscheinlich war sie so erschöpft, daß ihr die Kraft fehlte, vor uns zu flüchten, als wir uns ihr näherten. Um den kleinen gefiederten Kerl aufzuwärmen, nahmen wir ihn in die Kajüte und setzten ihn auf dem Kartentisch ab. Still blieb er die ganze Nacht dort sitzen. In einem Funkkontakt mit Ian, der sich mit seiner »Silver Shell« inzwischen fast in Sichtweite befand, meinte dieser »Wenn die so erschöpft sind, haben sie nur eine geringe Überlebenschance und kommen meistens nur zum Sterben an Bord«. Trotzdem versuchten wir, den Vogel mit Süßwasser, Brotkrumen und schließlich einem kleinen Fliegenden Fisch wieder aufzupäppeln. Doch am nächsten Mittag beobachteten wir, wie er sich in die hinterste Cockpitecke verkroch und dort starb.

Die Überquerung des Indischen Ozeans neigte sich ihrem Ende zu. Einen Tag, nachdem wir »Silver-Shell« eingeholt hatten, erblickten wir im ersten Licht des anbrechenden Morgens die dunklen Konturen der Bergketten Sumatras. Zunächst ließen sich die Schatten dieser fünftgrößten Insel der Welt kaum von dem Wolkenband darüber unterscheiden. Als wir jedoch näherkamen, sahen wir zunehmend die gelb-orange-roten Farbnuancen am Horizont, die die Sonne auf die Bergketten zu malen begann.

Bevor wir uns Sumatra weiter näherten, verabschiedeten wir uns von Ian, Sue und »Silver Shell«, die Richtung Penang abbogen. Als Abschiedsgeschenk versorgten uns die beiden noch mit Schokoladenkuchen und Steaks aus der Dose. Im Austausch legten wir ihnen selbstgebackenes Brot und unseren Ananaskuchen in den als Kurier dienenden schwimmenden Eimer.

Wir hatten keine Genehmigung für Sumatra. Als Teil Indonesiens hätten wir damals ein Visum und ein Cruising-Permit bereits Monate zuvor in Djakarta beantragen müssen, das uns dann unter Vorauszahlung nur »vielleicht« erteilt worden wäre. Notfalls hätten wir den früheren Freihafen Sabang anlaufen können. Wir ließen aber die Nordspitze

Sumatras an Steuerbord liegen und hielten direkt auf Thailand zu.

Kurz darauf, in Höhe der vorgelagerten Inseln Rondo und We, herrschten chaotische Seeverhältnisse: aus der Malakka-Straße heraussetzender Strom aus Südosten traf auf eine Ozeandünung aus Südwest, und das bei einem hier bereits aus Nordost kommenden Monsunwind. Die Folge war eine See, die zu kochen schien. KOSAMUI wurde in alle Richtungen gezerrt und gestoßen und stampfte fürchterlich auf der Stelle. Selbst unter der gemeinsamen Kraft von Segeln und Motor kamen wir kaum vom Fleck.

Nachmittags hatten wir wieder einen der regelmäßigen Funkkontakte mit Dieter, DF8VD, in Deutschland. Dabei erfuhren wir eine schmerzliche Nachricht. Dieter, DF8VF, der uns zusammen mit DF8VD von Saarbrücken aus seit Anbegin unserer Reise über Funk begleitet hatte, war bei einem Verkehrsunfall tödlich verunglückt. Angesichts seines frühen tragischen Todes erinnerten wir uns an den Abschiedsumtrunk, bei dem auch Dieter anwesend war. Unsere Freunde hatten uns damals noch vor den Gefahren dieses Segeltörns gewarnt. Dieter war im »sicheren« Deutschland geblieben, wo kaum weniger Gefahren drohten. Zu Hause ist man an die dortigen alltäglichen Gefahren jedoch gewöhnt, und man registriert sie entsprechend weniger.

Am Abend des folgenden Tages erschien ganz in der Ferne am Horizont die thailändische Küste, und nachts sahen wir die ersten Lichter einheimischer Fischerboote.

Kapitel 10
Malakka-Straße: Die Waffen werden geladen

Unsere Position war 7°55′ N, 98°15′E. Eigentlich mußte das vor uns Patong auf Phuket, Südthailand, sein. Als wir weiter in die Bucht hineinkreuzten, meinte Roman plötzlich: »Das kann doch nicht sein, wir müssen uns geirrt haben! Das ist doch niemals Patong Beach.« Er hatte diese Stelle noch von Ende der 70er Jahre in Erinnerung, als sich ein zaghaft beginnender Fremdenverkehr auf ein knappes Dutzend Bambushütten beschränkte. Jetzt hingegen wechselte sich das intensive tropische Grün mit dem Beton moderner Hotelbauten ab. Bei weiterem Näherkommen erkannten wir jedoch einige unverwechselbare Landmarken, und wir ließen etwas konsterniert den Anker in Strandnähe fallen.

Bereits in Europa hatten wir uns fest vorgenommen: »Wenn wir in Phuket sind, gehen wir erstmal zu Lek Langusten essen.« Die Adresse dieses von einem Chinesen geführten, anfangs nur aus einer Bretterbude am Strand bestehenden Foodstalls war seinerzeit als Geheimtip unter den europäischen Rucksacktouristen und Asienreisenden gehandelt worden.

Wir machten uns beide landfein. Im Beiboot paddelten wir zügig auf den Strand zu, wo aber auf uns und auf unser Bananaboot erst noch ein Brandungsgürtel wartete. Seidas Bedenken wischte Roman wie häufig voreilig vom Tisch. Kaum hatten wir die letzten Meter vor dem Strand erreicht, wurde das Dinghi von einem größeren Brecher hoch in die Luft gehoben, schoß in der Gicht auf den Sandstrand zu und ... landete auf dem Rücken – die Crew stand bis zum Hals im lauwarmen Meerwasser. Seida schimpfte gegen den Dickkopf Roman. Was sollten wir jetzt tun? An Bord hätten wir zwar noch trockene Kleidung gehabt, aber der nächste Landeversuch in der Restdünung des Südwest-Monsuns wäre vermutlich auch nicht trockener verlaufen.

So suchten wir erstmal ein paar US $ in thailändische Bath zu wechseln, nicht ohne erstaunt angeschaut zu werden, als wir triefendnaß die meerwasserdurchdrängten Dollarnoten auf den Tisch legten. Nachdem wir noch ein trockenes T-Shirt für Seida erstanden hatten, machten wir uns auf die Suche nach Leks »Number 4«. Der Foodstall von einst stand nicht mehr als armselige Hütte am Strand, sondern war nun eines von vielen Restaurants, die sich entlang der Seitenstraße nebeneinander drängten. Der Chinese erkannte seine ehemaligen Stammgäste gleich wieder. Die ausgebreiteten Köstlichkeiten sahen genau so verlockend aus wie früher: noch lebende Langusten, eine große Auswahl an frischen Fischen, Muscheln, Crevetten, Riesenscampis und Krabben. Wir genehmigten uns erstmal einen Mai Tai (ein in ausgehöhlter Ananas servierter Cocktail aus frischem Ananassaft, Rhum und Cointreau). Danach kam die lang ersehnte, über 1 kg schwere »Languste mit Pfeffer und Knoblauch«.

Frisch gestärkt, nicht zuletzt auch durch das Singha-Bier und den Mekong-Whisky, traten wir den Rückweg zur KOSAMUI an. Der Brandungsgürtel brach immer noch unvermindert stark. Ein erster Versuch, das Dinghi ins Wasser zu drücken, um dann hineinzuspringen und loszupaddeln, scheiterte kläglich und naß. Das Dinghi flog im Bogen zurück auf den Strand. Beim nächsten Anlauf ließen wir uns Zeit. Wir beobachteten die Periodik der heranrollenden Wellen und sausten dann, das Dinghi bis ins brusthohe

Wasser tragend, in einem geeigneten Moment los. Seida zog sich mit ungewohnter Schnelligkeit in das Boot, während Roman als abgemagerter Außenborder fungierte und das Beiboot mit kräftigen Schwimmstößen vor sich herschob.

Unsere Befürchtungen, daß sich die Veränderungen, die wir am ersten Abend bereits in Patong gesehen hatten, auch auf die Mentalität der restlichen Bevölkerung katastrophal ausgewirkt hätten, bestätigten sich in den nächsten Tagen nicht. Zwar war Phuket mit jährlich mehreren 100 000 Touristen inzwischen zum Touristenziel Nummer Eins in Thailand avanciert. Und Patong Beach erinnerte jetzt auch nicht mehr an einen verschlafenen Ferienort, sondern an einen Rummelplatz für Massentourismus besonderer Prägung, dem Jahre zuvor schon das einstmalige Fischerdorf Pattaya zum Opfer gefallen war: Dutzende von Bars mit lauter Musik; aus Bangkok und dem ganzen Land hier zusammenströmende Mädchen, die auf die abenteuerlustigen Pauschaltouristen aus Europa warteten; lärmende Wasserscooter; Pizzerias; Biergärten mit Haxen und Sauerkraut sowie den letzten Fußballergebnissen aus Deutschland.

Sobald man sich aber etwas abseits dieser Zentren bewegte, war es selbst auf Phuket noch nicht schwer, ein Stück Thailand zu finden. Die Leute waren weiterhin äußerst freundlich, fröhlich und dachten nicht ausschließlich ans Profitmachen. Es blieb zu hoffen, daß die Thais ihren Touristenboom auf Dauer besser verkraften würden, als dies in Griechenland und leider auch zunehmend in der Türkei der Fall war.

Nach dem anfänglichen Trubel in Patong, von wo aus wir auch die lockeren Einreiseformalitäten erledigten, zogen wir uns rasch auf die Ostseite der Insel zurück.

Hier war das Wasser zwar nicht klar, dafür gab es aber keinerlei Schwell und nachts keinen Lautsprecherlärm aus Diskotheken.

Allen Unkenrufen zum Trotz hatte auch »South Wind«, unser Ankernachbar von Galle, den Weg bis nach Thailand geschafft. Eines morgens ankerte sie plötzlich hinter uns. Helmut und Duschka hatten beschlossen, für mehrere Monate in Phuket zu bleiben.

Gemeinsam brachen wir für ein paar Tage zu einer Entdeckungsfahrt in die Bucht von Phang Nga auf. Sie besteht aus einer Unzahl bizarrer, jäh aus dem Meer emporsteigender Felsformationen von zum Teil nur wenigen Metern Durchmesser, die dann bis zu 100 Meter senkrecht in die Höhe aufragen. Oben sind diese unzugänglichen Kalkfelsen mit dichtem tropischem Dschungel bedeckt. Überall bilden sie Höhlen, in denen man, zum Teil auch mit dem Beiboot, auf unbegrenzte Entdeckungsreise gehen kann. In dieser eindrucksvollen Kulisse wurde vor Jahren auch einer der James Bond-Filme gedreht. Jetzt diente die Insel des »Manns mit dem goldenen Colt« als Touristenmagnet.

Über stellenweise auch bei Flut kaum mehr als zwei Meter Wassertiefe durchquerten wir Phang Nga Richtung Ko Yao mit seinen einsamen, von Sandstrand gesäumten Inseln.

Roman entdeckte eine Gruppe Kokospalmen und beschloß, einen nahrhaften Ausflug zum Strand anzutreten. Doch es wurde nichts aus der erhofften Beute. Kaum war er aus dem Wasser gestiegen, stand dort schon neben den Palmen ein grimmig dreinschauender Thai, als hätte er Romans Gedanken gelesen. Die Kokosnüsse blieben, wo sie waren.

Es folgten ein paar Tage auf Pee Pee Island. Auch dort war es nicht mehr so unberührt, und auf der Insel sah man schon eine Menge Bungalows aus Bambusstroh stehen. Täglich wurden neue dazugebaut.

Am 30. November klarierten wir in Phuket aus.

Vor uns lag jetzt die Malakka-Straße. Sie erstreckt sich von Singapur im Süden in nord-

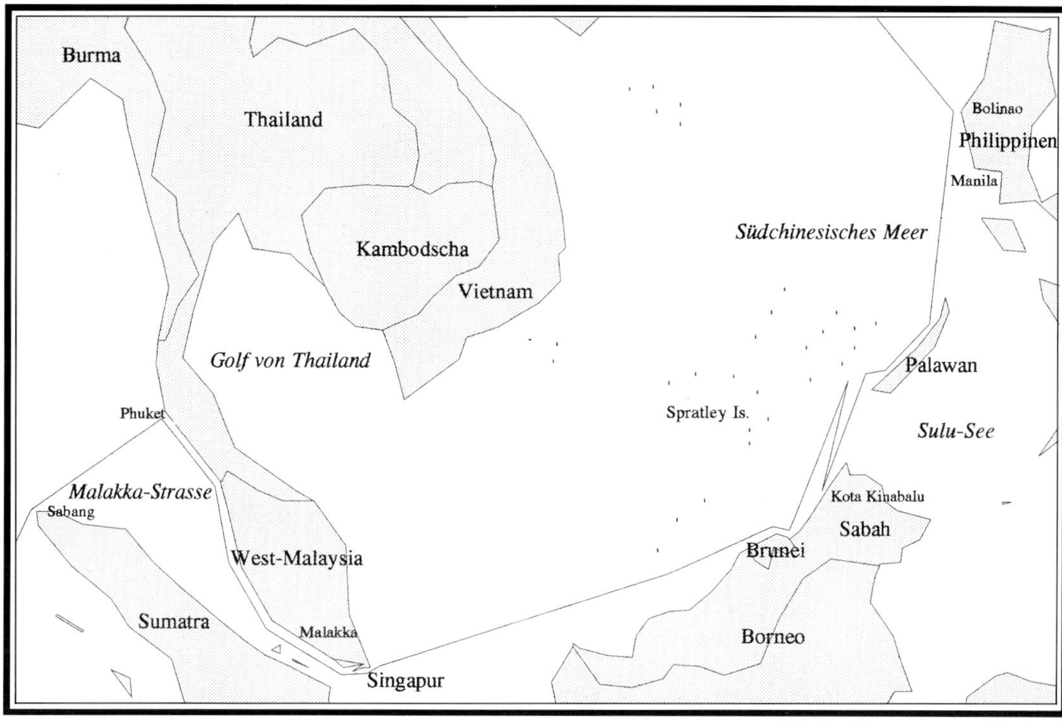

westlicher Richtung, begrenzt durch die Küsten von Sumatra und West-Malaysia. Einerseits war sie für die Großschiffahrt eine Hauptverkehrsader auf der Route zwischen Fernost und Europa sowie den Golfstaaten. Andererseits hatte sie seit jeher einen schlechten Ruf. Nicht nur in früheren Zeiten lauerten hier malayische Piraten, sondern auch in heutiger Zeit kam es immer wieder zu Übergriffen selbst auf die Großschiffahrt.

Eine besonders gefährdete Region schienen die Butan-Inseln, unmittelbar im Grenzgebiet zwischen Thailand und Malaysia, zu sein. Auch Yachten waren hier in der Vergangenheit wiederholt angegriffen worden. Ein Grund hierfür mag gewesen sein, daß die im Grenzgebiet abgewickelten dunklen Geschäfte keine Zuschauer duldeten. Außerdem verbreitete sich nach einem solchen Zwischenfall die Neuigkeit rasch unter den Yachten, und die Region wurde in der Folgezeit gemieden. Im Gegensatz zum Golf von Thailand, wo sich moderne Piraten mit Schnellbooten und automatischen Waffen ausgerüstet in den letzten Jahren hauptsächlich auf vietnamesische Boatpeople spezialisiert hatten, schien die Gefahr hier in der Malakka- Straße primär von als Fischer getarnten finsteren Elementen auszugehen.

Jedenfalls hatten wir zwischen der Butan-Gruppe im Norden und der nur 10 sm breiten Passage am südlichen Ausgang der Malakka-Straße regelmäßig ein unsicheres Gefühl, sobald sich eines der großen Fischerboote auf Kollisionskurs mit uns begab. Hinzu kam eine hiesige Eigenart. Die malayischen Fischer gehen von der Vorstellung aus, daß, wenn sie mit ihrem Boot kurz vor dem Bug eines anderen Schiffes vorbeifahren, die bösen Geister von ihrem Schiff auf das andere Fahrzeug überwechseln.

Nachdem wir in diesem Gebiet nachts anfänglich auf eine Beleuchtung verzichteten, um uns möglichst ungesehen vorbeizuschleichen, erschien uns die Gefahr einer Kollision mit einem der vielen ebenfalls unbeleuchteten Fischerboote schließlich als die größere. Eine Nachtfahrt in der Nähe von Penang wird uns in Erinnerung bleiben. Nach Einbruch der Dunkelheit braute sich ein tropisches Gewitter mit starkem Wind, Regen und Blitzen von früher nie erlebter Intensität zusammen. Wie im Hindernislauf tauchten ständig die dunklen Umrisse unbeleuchteter Fischerboote plötzlich vor unserem Bug auf. Mal waren sie nur sekundenlang im Widerschein der elektrischen Entladungen zu sehen, mal beschränkte sich die Besatzung darauf, kurz mit einer Taschenlampe auf ihre Anwesenheit aufmerksam zu machen.

Wiederholt war ein Zusammenstoß nur in letzter Sekunde durch jähes Herumreißen der Pinne zu vermeiden.

An den einsamen, abgelegenen Ankerplätzen, die wir meist bevorzugten und wo wir stets die einzige Yacht waren, hatten wir regelmäßig eine Waffe für alle Fälle bereitliegen.

Ein Erlebnis von Clark Stede in dieser Region hatte sich in unserer Erinnerung festgesetzt. Er war von einem malayischen Fischerboot fast geentert worden, und es gelang ihm schließlich nur mit Hilfe seiner Winchester, sich die unliebsamen Gäste vom Hals zu halten.

Auch auf uns sollten weiter südlich zwei bedrohliche Situationen warten.

In der Region der One-Fathom-Bank hatten wir uns entschlossen, den inneren Wasserweg an Port Klang vorbei zu nehmen. Es war kurz vor Mitternacht, Seida hatte Freiwache und schlief. Roman stand im Cockpit an der Ruderpinne und schaute angestrengt abwechselnd auf Kompaß, Karte und die sich schwarz vom sternenklaren Himmel abhebenden Baumreihen, die die Wasserstraße begrenzten. Die Positionslampen waren angeschaltet. Wir liefen unter Maschine. Plötzlich bemerkte Roman schräg achtern einen grauen Schatten, der in gleichbleibendem Abstand folgte. Vorsorglich legte er den geladenen Drilling griffbereit in die Hundekoje und postierte den starken Halogenstrahler im Cockpit. Langsam kam das unbeleuchtete Verfolgerschiff näher. Erst jetzt konnte Roman erkennen, daß es sich um ein etwa zehn Meter langes Fischerboot aus Holz mit einem hohen Kajütaufbau handelte. Auf den ersten Blick war an Deck niemand zu erkennen. Das Geisterschiff befand sich mittlerweile nur noch eine Bootslänge hinter KOSAMUI, deutlich auf Kollisionkurs. Um Licht in die Sache zu bringen, schaltete Roman den starken Halogenscheinwerfer ein. Auf das erste kurze Anleuchten reagierte das fremde Boot nicht und blieb auf seinem eingeschlagenen Kurs, menschenleer und unbeleuchtet. Die Distanz verminderte sich immer noch langsam. Roman ließ die Handlampe nun länger angeschaltet und das finstere Boot neben ihm wurde in gleißendes Licht getaucht. Jetzt erst konnte er sehen, daß sich hinter dem Kajütenaufbau fünf oder sechs Gestalten aufhielten und nun vor dem Lichtstrahl duckten. Nachdem diesmal der Suchscheinwerfer nicht mehr ausging, war es denen wohl selbst nicht ganz geheuer, denn die Männer konnten durch die starke Blendung nicht sehen, was sich auf unserem Boot hinter dem Scheinwerfer tat. So aus dem Dunkel ans Licht gezerrt, zogen sie es vor, abzudrehen. Als das dubiose Fischerboot jetzt mit Vollgas davonpreschte, merkte man erst, über welch starke Maschine es verfügte.

Aus dem geplanten Zwischenstop im alten Hafen des heute verschlafen wirkenden Malakka wurde leider nichts. Malakka hatte einst dieser Region ihren Namen gegebenen. Jahrhundertelang war es einer der wichtigsten Häfen im Handel zwischen Europa und Asien. Hier hatte sich bereits im 15. Jahrhundert ein kosmopolitisches Zentrum mit Arabern, Chinesen, Indern, Javanesen sowie

Thais und in diesem Zuge einer der reichsten Seehäfen der Welt entwickelt.

Da Wind und Schwell aufgekommen waren, wagten wir die enge, versandete Einfahrt zum kleinen Hafenbecken mit unserer KOSAMUI jedoch nicht zu passieren. Selbst bei optimalem Hochwasser hätten wir nicht mehr als 30 cm Wasser unter dem Kiel gehabt.

Von Malakka aus sind es nur rund 100 Meilen bis Singapur. In diesem schmalen Gewässerstreifen treffen sich die Grenzen von Malaysia, Singapur und Indonesien. Eine ideale Gegend für ein gut funktionierendes Schmuggelgeschäft und zoll- und sicherheitstechnisch nicht zu überwachen. Nach unseren Berechnungen sollten wir noch im Laufe des Tages die Grenze des Stadtstaates Singapur erreichen. Die Dunsthaube der asiatischen Millionenstadt war schon im anbrechenden Tageslicht am Horizont zu erkennen. An Backbord machten wir die unbewohnte Küste von West-Malaysia aus, während sich an Steuerbord der Dschungel Sumatras und seiner Inseln erstreckte. Plötzlich tauchte aus Richtung Malaysia eine kraftvoll motorisierte Barkasse auf und näherte sich unserem Schiff. Bei der Vollgasfahrt kam schwarzer Dieselrauch aus dem armdicken Auspuffrohr. Das dunkelbraune Holzboot hatte schon nach wenigen Minuten KOSAMUI eingeholt. Etwas stutzig machte uns, daß die Besatzung, von der wir nur zwei Mann an Bord sehen konnten, auf unsere freundliche Begrüßung nicht reagierte. Stattdessen schauten sie weiterhin nur düster zu uns herüber. Die Männer hatten ihr Boot längsseits gesteuert, die Geschwindigkeit der KOSAMUIs angeglichen und fuhren nun mit drei bis vier Meter Abstand neben uns her. Ohne jegliche Vorrede kam in gebrochenem Englisch die Frage, wieviele Leute wir an Bord hätten. Roman ließ die Männer nicht aus den Augen und antwortete: »Wir sind zu viert.« Erklärend fügte er hinzu, »Zwei von uns schlafen. Warum?«. Statt einer Antwort erneut nur finstere Blicke. Stück für Stück steuerten sie ihr Boot dichter heran. Roman übergab die Ruderpinne schon sicherheitshalber an Seida und verschwand schnell unter Deck, um den Drilling, der schon seit Tagen griffbereit lag, aus dem Futteral zu nehmen. Da wurden die beiden Männer zum ersten Mal stutzig. Sie hatten bemerkt, daß Roman unter Deck mit irgendetwas hantierte und ahnten zweifellos das Richtige, denn sie schauten sich gegenseitig fragend an, bevor sie einander etwas zuflüsterten. Roman stand halb unter Deck, das Jagdgewehr in seiner Hand. Für die beiden war es jedoch nicht sichtbar. Das andere Boot blieb jetzt auf gleichem Abstand. Nachdem sich beide Parteien noch eine gewisse Zeit wortlos verkniffen angestarrt hatten, drehte die fremde Barkasse unverhofft wieder ab und verschwand in Richtung Malaysia.

War es nur Glück, oder war unser Verhalten instinktiv das richtige gewesen?

Wir hatten die Waffe nicht benutzt, aber einsatzbereit in die Hand genommen. Eine generell empfehlswerte Handlungsweise hieraus herzuleiten, wäre jedoch nicht sinnvoll, wie eine Begebenheit auf der »Silver Shell« vor der südjeminitischen Küste zeigt. Sie wurde von einem Fischerboot und fünf zerlumpt aussehenden Männern so schnell geentert, daß Ian gar keine Zeit mehr hatte zu seiner Waffe zu greifen. Die Burschen ließen sich im Cockpit nieder und erst nach einer knappen Viertelstunde, während derer Ian zur Untätigkeit verurteilt im Ungewissen blieb, ließen sie plötzlich verlauten, sie seien Angehörige der südyemenitischen Sicherheitskräfte. Nicht auszudenken, wenn Ian Zeit genug gehabt hätte, seine Waffe hervorzuholen.

Kapitel 11

Ruderverlust am Dangerous Ground

Je näher wir Singapur kamen, desto stärker nahm der Schiffsverkehr zu. Wir freuten uns regelrecht über die vielen Frachter und Tanker. An diesem Tag vermittelten sie ein Gefühl der Sicherheit, statt uns zu beunruhigen. Einige von ihnen zeigten noch Spuren des irakisch-iranischen Golfkrieges in Form mannsgroßer Raketentreffer. Einen guten halben Tag dauerte es, bis wir vorbei an der Südseite Singapurs mit seiner modernen Wolkenkratzer-Skyline die Südost-Ecke der Insel und Changi Marina erreichten.

Changi hatte nichts mehr mit dem japanischen Kriegsgefangenen-Camp gemein, das Clavell in seinem Roman »Rattenkönig« so eindrucksvoll beschreibt. Jetzt erstreckte sich hier eine vornehme Parklandschaft mit teuren Villen und exklusiven Clubs der High Society von Singapur. Auch von der hektischen Geschäftigkeit der Stadt war man hier abgeschirmt. Ein Nachteil bestand darin, daß wir mit dem Bus jeweils über eine Stunde brauchten, um das Zentrum zu erreichen.

Die Engländer erkannten bereits 1819 die strategisch-geographisch wichtige Lage zwischen Indischem Ozean und Pazifik, als Sir Thomas Stamford Raffles hier landete und das damals dschungelbedeckte Sumpfland zur englischen Kronkolonie machte.

Heute ist Singapur eine Drei-Millionen-Metropole westlicher Prägung von der Größe West-Berlins. Dafür, daß der Stadtstaat sauberer ist als jede andere Weltstadt, sorgen zum Teil empfindliche Strafen schon für einfache Umweltsünden. Sogar eine weggeworfene Zigarettenkippe kann teuer zu stehen kommen. Die ursprüngliche chinesische Bebauung, »Chinatown«, mußte fast überall Wolkenkratzern weichen, in denen bekannte Firmen aus aller Welt ihre Niederlassungen haben.

An die vergangene Kolonialepoche erinnern nur noch wenige Bauten, wie etwa das stimmungsvolle traditionsreiche »Raffles Hotel«. In ihm wohnten und schrieben früher Leute wie Joseph Conrad, Somerset Maugham und Rudyard Kipling. Hier wurde angeblich auch der letzte Tiger der »Löwen-Stadt« zu Anfang unseres Jahrhunderts erlegt. Damals war das Hotel geradezu das Symbol Singapurs und unter den Besuchern ging der Spruch um »Wenn Du schon im Raffles bist, warum sich nicht gleich auch Singapur anschauen«.

Das Warenangebot war mindestens so vielseitig wie in europäischen Großstädten, die Preise erschienen auf den ersten Blick aber merklich niedriger. So dachten wir, es wäre hier kein Problem auch unseren ausgefallenen Autohelm repariert zu bekommen. Dem war aber nicht so. Selbst der Generalvertreter, der sowohl in unserem Händlerverzeichnis als auch nach einer telefonischen Rückfrage in Deutschland uns als zuständig genannt worden war, verfügte weder über die notwendigen Ersatzteile zur Reparatur, noch hatte er ein passendes neues Gerät am Lager. Unsere ersten Zweifel am makellosen Image Singapurs tauchten auf. Sie verstärkten sich, als wir uns auf die Suche nach einem Radargerät begaben. Die Preisgestaltung richtete sich wohl nach dem Prinzip der Mangelware, und die Preise lagen dementsprechend noch weit über dem deutschen Niveau. Entgegen unserem ursprünglichen Plan verzichteten wir also auf einen Kauf und verschoben das Ganze auf Hongkong.

In der Nähe unserer Ankerboje entdeckten wir zwei Tage später die in Taiwan gebaute amerikanische 35-Fuß-Yacht »Heron«, die wir schon zweieinhalb Monate zuvor in Galle kurz gesehen hatten, deren Crew damals aber schon am Tag nach unserer Ankunft Sri Lanka verlassen hatte. Wie sich jetzt herausstellte, war die Besatzung, bestehend aus dem über 60jährigen Dick, seiner gleichaltrigen Frau Helen und ihrer Tochter Val, einer etwa 25jährigen Biologiestudentin, auf der gleichen Route wie wir im Hochsommer durch das Rote Meer gekommen. Auch sie hatten bei Socotra Sturm erlebt und dort einen Bruch des Unterwants ohne Verlust des Mastes hinter sich gebracht. Insgesamt waren sie nun schon sechs Jahre auf den Weltmeeren unterwegs.

Auch »Heron« wollte nach Hongkong. Aber im Gegensatz zu uns, die wir von der Nord-Pazifik-Idee vorangetrieben wurden, wollten die Amerikaner sich Zeit lassen. Sie hatten vor, sich erst gegen Ende des Nordost-Monsuns, wenn dieser schwächer würde, nach Norden aufzumachen.

Im Changi-Yacht-Club hatte man uns prophezeit »Um diese Jahreszeit kann man von hier aus nicht nach Hongkong segeln!« Von der Zeitplanung her konnten wir aber nicht bis zum Frühjahr und seinen günstigeren Winden warten. Denn dann hätten wir nicht den Frühsommer als die einzig mögliche Überquerungszeit des Nord-Pazifik via Japan, Aleuten, Alaska nutzen können. Auch beunruhigten uns die zu dieser Jahreszeit wieder im Chinesischen Meer auftretenden, alles zerstörenden Taifune. Die Anzahl dieser tropischen Wirbelstürme ist hier zwischen April und Dezember größer, als im gesamten Rest der Welt zusammen. Da schienen uns die Bedingungen im Nordost-Monsun berechenbarer, selbst wenn dieser des öfteren mit Sturmstärke blies.

Wir wollten versuchen, das Chinesische Neujahrsfest Ende Januar in Hongkong zu feiern. Bis jetzt waren wir ja unserem Zeitplan stets eher voraus gewesen.

Aber nicht zu Unrecht hatte bereits bei den alten arabischen Seefahrern die Ansicht geherrscht, daß von den bekannten Weltmeeren das Chinesische Meer das schwierigste sei.

So lösten wir uns am frühen Morgen des 24. Dezember von unserer Mooring, winkten »Heron« im Vorbeifahren nochmals zu und begannen gleich, ein Reff in das Großsegel einzubinden, denn der Monsun wehte kräftig und es waren überall weiße Schaumkronen zu sehen. Der Tidenstrom in der Singapur-Straße stand günstig und drückte uns mit 2 Kn Richtung Horseburg-Leuchthaus, das wir hart am Wind in Steinwurfentfernung rundeten.

Viel Wind sollten wir auch die nächsten Tage behalten – natürlich von vorne. Die ersten zwei Tage hatten wir gegen 6 Bft anzukämpfen, und dazu kam der unangenehme Seegang. Die Stimmung war mies, wir mußten uns erst an die Bewegungen des Bootes gewöhnen und auch an den Wachrhythmus. Am folgenden Tag ging es uns etwas besser. Wir aßen alle drei bis vier Stunden, so daß wir kaum seekrank wurden. Auch weiterhin hielten Regen, Schwell und Wind von vorne an. Unter Deck war alles naß. Wenn das so weiterging bis nach Hongkong! Überlegungen, nach Singapur zurücksegeln, kamen auf. Jetzt standen zusätzlich noch 1 1/2 Kn Strom gegen uns. An der Kreuz kämpften wir mit ständigen Winddrehungen bis zu 30 Grad, aber fast ausschließlich zu unserem Nachteil. Mit eben noch vertretbarer Segelfläche versuchten wir gegen die kurzen steilen Wellen des Südchinesischen Meeres anzukommen. KOSAMUI erhielt ständig Schläge.

In der Nacht brach das Baby-Stag. Krampfhaft auf dem ständig überspülten, schlingernden Vordeck nach Halt suchend, gelang es Roman schließlich, das Stag notdürftig zu reparieren. Drei Stunden später war es wieder entzwei. Jetzt hätten wir nachträglich noch Hermann Bartels am Bodensee am liebsten umarmt. Er hatte uns nämlich vor der Abfahrt einige Lochplatten aus Nirosta mitgegeben mit den Worten: »Damit kann man eine Menge improvisieren.« Mit ihnen bastelten wir eine neue Halterung für das Stag, das diesmal hielt.

Während Seida frühmorgens Wache ging, kam urplötzlich eine Sturmböe mit 9 Bft heran. Das Boot war nicht mehr zu halten, und Seida rief verzweifelt nach dem Skipper in seiner Koje. Als dieser an Deck hastete, bedurfte es keiner Worte. Falls wir nicht blitzschnell die wildschlagenden Segel herunterbrächten, würden sie im nächsten Augenblick zerreißen. Wir schafften es gerade noch. Sonst wären wir hier mitten im Südchinesichen Meer ohne Großsegel und ohne Genua gestanden. Aber das war nun wiederum der Vorteil eines kleinen Bootes. Alles war noch gut zu handhaben, wenn man ein wenig Übung hatte.

Endlich hatte es aufgehört zu regnen. Wir kämpften jetzt zeitweilig unter Segel und zusätzlichem Motor um jede Meile. Durch den kreuz und quer laufenden Wellengang war das Leben an Bord eine Qual. Jede Bewegung kostete viel Kraft und brachte blaue Flecken. Zum Kochen mußte sich Seida mit einem Fuß festhalten, mit dem andern Wasser pumpen, mit einer Hand griff sie zwischendurch immer wieder nach zusätzlichem Halt, und mit der zweiten arbeitete sie. Es gab nur einfache Sachen: Suppen oder Eintöpfe, in einer großen Plastikschüssel serviert. Nur so war zu vermeiden, daß der Inhalt im Cockpit landete. Selbst der Klo-Gang war ein mühseliges Geschäft. Wenn man sich bis zum WC unbeschadet durchgehangelt hatte, mußte man noch die Hose der Schwerwetterkleidung herunterkriegen. Nicht einfach, wenn man Füße und Hände brauchte, um sich festzukeilen. Irgendwie schaffte man es aber doch. Hatte man trotz dieser Widrigkeiten dann doch Platz genommen, durfte man endlich entspannen. Da man sich ja jetzt mit den Füßen gegen den Schrank stemmte und mit den Händen an den Türgriffen festhielt, konnte eigentlich nichts mehr passieren – außer daß bei jeder Schiffsbewegung dem Sitzenden die Klobrille auf den Rücken knallte.

Für die Aufnahme des Wetterberichts – in Morse natürlich, der einzigen Art, wie man hier überhaupt empfangen konnte – hatte Seida einen guten Platz gefunden. Sie saß dann auf dem Kajütboden, den Rücken gegen den Küchenschrank gestemmt, und hielt sich mit den Füßen am gegenüberliegenden Schrank fest.

Das war Seglerleben!

Es ging aber weiter. Wir hatten nun schon über 500 sm hinter uns gebracht, und es wäre idiotisch gewesen, jetzt noch umzukehren. Zwischenzeitlich hatten wir versucht unter Segel und Motor gleichzeitig zu fahren – wir kamen damit besser an den Wind heran, und die Wellen hatten durch den zusätzlichen Schub weniger Bremswirkung. Aber sehr lange ging das nicht gut. Plötzlich fiel der Motor in einer Rollbewegung aus. Roman stieg trotz Wellengangs in die Backskiste, wo er versuchte, die Ursache zu finden. Hier verbrachte er mehrere Stunden. Wie ein Schlangenmensch schauten die Beine nach oben aus der Backskiste ins Cockpit, Kopf und Arme befanden sich im Motorraum, wo er so eingeklemmt erst den Dieselfilter wechselte, dann die ganze Benzinleitung entlüftete und, als dies alles nichts half, den Fehler schließlich im Bereich des Tankausgangs fand, wo aufgeschwommene Verunreinigungen die Kraftstoffleitung verstopften. Seida vermutete schon eine Portion Masochismus bei dem Skipper, als dieser erklärte, daß er, da er ohnehin dabei sei, gleich auch die Packung der Stoffbuchse erneuern wolle. Wir hatten die letzten Tage nämlich ständig Meerwasser in der Bilge vorgefunden. Mit unseren sportlichen Übungen fühlten wir uns mittlerweile reif für den Zirkus.

Die Navigation war nicht ganz einfach. Viele Riffe und Untiefen, dazu noch wechselnde unberechenbare Strömungen. Bei der Durchfahrt durch die Borneo vorgelagerte Koti-Passage wurden wir mal wieder von einem längeren Regenschauer überrascht, so daß wir ohne Sicht und mit viel Glück den Ausgang finden mußten. Mit einem Radar wäre es ein Kinderspiel gewesen.

Am meisten aber beunruhigte uns hier das viele Treibgut. Ganze Baumstämme, einmal sogar eine schwimmende Insel, auf der noch eine Palme stand, begegneten uns. Wir malten uns lieber nicht aus, was passieren würde, wenn unsere GFK-Yacht mit einem der Hindernisse in voller Fahrt kollidieren würde. Tagsüber sahen wir sie mal an Backbord, mal an Steuerbord treiben. Nur nachts sah man sie nicht, aber dann waren sie natürlich genauso da.

Am Neujahrstag entschieden wir, die vor uns liegende Insel Labuan für einen Zwischenstop anzulaufen. Dort wollten wir nach acht Tagen äußerst ungemütlicher Überfahrt wieder Kräfte sammeln.

Die letzten Stunden waren ausgesprochen angenehmes Segeln. Endlich kein Wellengang mehr, man lebte wieder auf. Wir duschten (mit Salzwasser) – es war wirklich Zeit. Bei 3 Bft liefen wir auf Victoria Harbour zu. Da der Zwischenstop nicht eingeplant war, hatten wir jedoch keine Detailkarten. Im Seehandbuch stand allerdings eine gute Beschreibung der Ansteuerung. Inzwischen war es dunkel geworden. Leuchtfeuer gab es eine ganze Menge, aber die meisten stimmten nicht mit unserem Leuchtfeuerverzeichnis überein. Vielleicht lag es an den umfangreichen Um- und Ausbauarbeiten, die hier ebenso wie in dem einige Meilen südlicher gelegenen Sultanat Brunei an den Hafenanlagen im Gange waren. Unter Peilkompaß versuchten wir, das verwirrende System der Leuchtfeuer zu entschlüsseln. Wir konnten uns dabei weniger auf die Kennungen als auf die Positionen und Winkel der Feuer zueinander verlassen. So arbeiteten wir uns bis in das Hafenbecken langsam vor, wo um 2 Uhr morgens unser Anker fiel. Ein unbeschreibliches Gefühl, soviele Stunden ungestörten Schlafs vor sich zu haben, wie man nur wollte.

Uns störte am nächsten Morgen nicht im geringsten, daß das Wasser des Hafenbekkens, in dem wir KOSAMUI schwojen sahen, einer schwarz-braunen öligen Brühe glich und auch Labuan selbst einen eher heruntergekommenen Eindruck machte.

Drei Tage ruhten wir uns aus. Dann ging es weiter Richtung Norden, aber nicht bevor wir etwas verspätet das Neue Jahr mit einer Flasche »Veuve Cliquot«, frischem selbstgebackenem Brot und einer Dose in Singapur gekauftem französischem Paté gebührend begrüßt hatten.

Am 4. Januar liefen wir mit wenig Schwell und Wind zwischen Labuan und der ein paar hundert Meter entfernten, dichtbewachsenen Küste Borneos hindurch. Bis Nordpalawan, wo wir unseren nächsten Stop planten, waren es noch 410 sm. Dann nochmals 350 sm bis Luzon, von wo aus wir die direkte Überfahrt nach Hongkong mit erneuten 500 sm in Angriff nehmen würden.

Was die Taifune betraf, hätten wir jetzt von der Wahrscheinlichkeit her einen idealen, fast risikofreien Zeitpunkt.

Sobald wir aus der Landabdeckung Borneos und seiner vorgelagerten Untiefen heraus waren, legte der Nordost-Monsun wieder zu.

Wir schrieben den 8. Januar. Kurz vor 16 Uhr befanden wir uns mitten in der Palawan-Passage. Vor ihr wird im Handbuch als gefährlicher Engstelle gewarnt. Östlich von uns lagen die zahlreichen vorgelagerten und größtenteils noch nicht kartographierten Riffe der im Süden noch völlig unerschlossenen Insel Palawan, die bereits zu den Philippinen gehört. Im Westen erstreckte sich bis nach

Vietnam der Dangerous Ground. Auch er ist ein ausgedehntes, noch völlig unerforschtes Riffgebiet. In ihm liegen auch die Spratly-Inseln, die ebenso wie das restliche Gebiet einen steten Zankapfel zwischen Vietnam, China und den Philippinen darstellen. Vor ein paar Jahren waren hier auf äußerst mysteriöse Weise deutsche Amateurfunker ums Leben gekommen, die auf ihrem Mehrrumpfboot von Singapur aus, hierher eine Expedition unternommen hatten und von Militärs beschossen wurden. Das gesamte Gebiet wird weniger in Bezug auf die strategische Lage, als vielmehr aufgrund der vermuteten großen Erdölvorkommen, auch in Zukunft weiterhin begehrt sein.

An Bord der KOSAMUI war Seida gerade dabei, das Abendessen vorzubereiten. Roman saß im Cockpit. KOSAMUI lief unter Aries-Selbststeueranlage, unter Fock und 1. Reff im Großsegel. Wir waren froh, daß der Wind gegen Abend etwas abgeflaut hatte, und Roman legte mehr aus Gewohnheit die Hand auf die Ruderpinne.

Plötzlich wunderte er sich über ein ungewöhnliches Vibrieren in der Pinne. Beunruhigt überließ er KOSAMUI der Windsteueranlage und begab sich unter Deck, wo er durch die Hundekoje Richtung Heck und Ruderschaft robbte. Dort war weder etwas Ungewöhnliches zu sehen noch zu spüren, als er seine Hand auf den Schaft legte. Etwas beruhigt krabbelte er zurück, räumte die Hundekoje wieder ein – sie diente uns als wertvoller zusätzlicher Stauraum – und kehrte an Deck zurück. Hier stutzte er. Das Boot hatte inzwischen selbständig seinen Kurs um 90 Grad gedreht. Er trat zwei Schritte auf die Pinne zu: »Was macht denn die verdammte Aries? Die steuert ja einen ganz falschen Kurs!« Dann erstarrte er. Auf die Pinnenbewegungen reagierte das Boot nicht mehr. Kreidebleich rief er: »Seida! Schnell, mit dem Ruder stimmt was nicht!« Während diese ins Cockpit stürzte, sprang Roman auf die Badeleiter. Von hier aus ließ er sich hinter dem immer noch Fahrt machenden Boot ins Wasser gleiten. Während er sich mit der linken Hand an der untersten Leitersprosse hielt, tauchte er hinunter. Ein Gefühl der Panik griff nach dem Skipper. Dort, wo sonst das brusthohe Ruderblatt saß, war jetzt – nichts mehr! Nichts außer einem handtellergroßen Loch im Rumpf der KOSAMUI unterhalb der Wasserlinie! »Das ganze Ruder ist weg!« schrie er, während er gleichzeitig unter Deck sprang und alle Gegenstände aus der Hundekoje riß. Dann zwängte er sich Richtung Heck. Hier sah er die Katastrophe. Im Inneren des Bootes, gut 20 cm oberhalb des Rumpfdurchbruchs, hing der Rest des 60 mm durchmessenden Schaftes aus massivem nichtrostendem Stahl nur noch als abgebrochenes Endstück in der Halterung. Darunter schwappte mit jeder Bootsbewegung das Meerwasser aus dem 60 mm großen Loch. Der Wassereintritt ins Boot hielt sich nur deshalb noch in Grenzen, weil die seinerzeit in Larnaca einlaminierte Polyesterröhre unbeschädigt geblieben war. Sie gab uns jetzt zusätzliche 15 cm Sicherheit als gewonnenen Abstand zur Wasserlinie. Ohne diese Konstruktion wäre KOSAMUI mit Sicherheit binnen kürzester Frist voll Wasser gelaufen.

So blieb uns Zeit, das Loch notdürftig zu verstopfen. Hektisch nahmen wir alle schweren Gegenstände wie Anker und zusätzliche Segel aus der Backskiste und schleppten sie ebenso wie die Rettungsinsel aus dem Cockpit ins Vorschiff. Dadurch entlasteten wir das Heck und hofften, es ein paar Zentimeter weiter aus dem Wasser zu bringen. Ein Blick in die Bilge zeigte, daß diese mit Wasser gefüllt war. Aber das ließ sich mit der Handlenzpumpe unter Kontrolle halten.

Hier segelten wir nun ohne Ruder in die bedrohliche Richtung der Riffgebiete des Dangerous Ground. Erst jetzt, wo die unmittelbare Gefahr gebannt schien, stellten wir

Phang Nga – imposante Natur in Südthailand

Thailändische Impressionen:
Akkha-Frau

links: Lisu-Mädchen
rechts: Karen-Mann

Phuket abseits der Touristenzentren

uns die Frage, wie es weitergehen sollte. Zwar hatten wir die letzten Tage keinen Frachter gesehen, aber ein Teil der Großschiffahrt mußte auf ihrem Weg zwischen Japan und Singapur ebenfalls hier vorbei.

Über UKW versuchten wir, Kontakt aufzunehmen. Nichts geschah. Inzwischen war es 10 Uhr UTC, und wir besannen uns auf den Amateurfunk. Als wir die 14 320 KHz des Südost-Asien-Netzes einschalteten, war ein reger Sprechverkehr im Gange. Auf dieser Frequenz trafen sich zweimal täglich mit Amateurfunk ausgestattete Yachten aus dem gesamten Raum zwischen Japan, Australien, Singapur und Thailand, um Wetterberichte und sonstige Erfahrungen auszutauschen. Auch Landstationen nahmen an dem Funkverkehr teil.

Mitten in die Unterhaltung platzten wir mit unserer Dringlichkeitsmeldung »Pan Pan Pan«. Innerhalb Sekunden lauschte das gesamte Netz Richtung KOSAMUI. Als wir unsere Lage und Position schilderten, fanden sich gleich drei Stationen bereit, eine in Japan, eine in Hongkong und eine in Australien, für uns einen Standby-Dienst einzurichten. Nachdem wir erklärt hatten, daß zur Zeit keine unmittelbare Gefahr mehr bestehe, legten wir stündliche Meldung bis Mitternacht fest.

Noch während des Funkkontakts entdeckten wir draußen plötzlich zwei, etwas mehr als 10 Meter lange hölzerne philippinische Auslegerboote, die wie aus dem Nichts aufgetaucht waren. Sie umkreisten uns in 50 bis 100 Meter Abstand und verfolgten neugierig jede unserer Bewegungen. In jedem der Boote standen fünf oder sechs Männer mit turbanartigen bunten Kopftüchern, die keineswegs vertrauenerweckend aussahen, sondern jedem Hollywood-Film Ehre gemacht hätten. Keiner sagte ein Wort, keiner rührte sich. Die beiden Kanus bewegten sich langsam um unsere KOSAMUI, und ob wir es wollten oder nicht, drängte sich uns der Vergleich mit zwei Haien auf, die ihre Beute umkreisen.

Romans erste Überlegung »die könnten uns vielleicht helfen und uns in Richtung Küste ziehen« lehnte Seida strikt ab. »Die sehen mir zu finster aus, und selbst wenn die uns bis nach Palawan schleppen würden, wer soll uns dort helfen?«

Wir begannen uns nun selber zu helfen. KOSAMUI machte eigenständig weiterhin Fahrt Richtung Westen. Mit Großsegel und Fock hatte sie sich selber ausbalanciert und wurde nun vom Wind mit 4 Kn schräg vor sich hergetrieben. Unser Versuch, die Richtung durch den Segeltrimm zu ändern, mißlang. Weder ein Anluven, um dann durch den Wind zu gehen, noch ein Abfallen und Halsen ließ sich ohne Ruder bewerkstelligen. Nun versuchten wir, ein Brett an unseren beiden Spinnakerbäumen anzubringen, um daraus ein Notruder zu machen. Auch das mißlang, denn bei jeder Wellenbewegung wurde das Ruder aus dem Wasser gehoben. Schließlich hatte Roman die Idee, den Motor und seinen Radeffekt auszunutzen. Wir schalteten den Diesel zu, legten den Rückwärtsgang ein und ließen die Maschine auf vollen Touren laufen. Ganz langsam begann sich das Heck der KOSAMUI nach Steuerbord wegzudrehen. Bis platt vor dem Wind, und schließlich raumschots. Jetzt war es uns möglich, von dem gefährlichen Dangerous Ground wegzukommen und aus eigener Kraft Richtung Borneo zurückzulaufen. Erreichbar und auch für eine Reparatur geeignet erschien uns einzig das 120 sm entfernte Kota Kinabalu, die Hauptstadt des ostmalayischen Staates Sabah, an der Nordwest-Ecke Borneos. Dieses Ziel fanden bei Rücksprache über Amateurfunk auch die anderen Yachties als am geeignetsten. Also liefen wir unter relativ kleiner, gut ausbalancierter Besegelung und schleppten an Steuerbord ein ganzes Bündel zig Meter langer Festmacher-

oben: Ein üppiges Angebot
unten: »Foodstall« – Köstlichkeiten auch ohne Etikette

leinen hinter uns her, um das ruderlose Boot zu stabilisieren.

Am übernächsten Tag erreichten wir die Gewässer um Kota Kinabalu. Das Wetter hielt sich konstant, obwohl zwischendurch eine Schlechtwetterwarnung hereingekommen war. Von navigatorischer Seite erhielten wir für die Einfahrt in den Hafen die Unterstützung einer Amateurfunkstation, die die Gegend kannte.

Wieder einmal zeigte sich, daß der Amateurfunk eines der wichtigsten Geräte an Bord war. Nicht nur als Informationsquelle, sondern gerade in Bezug auf Sicherheit. Um so unverständlicher erschien uns die ablehnende Haltung mancher Leute, wie etwa auch des Leiters der deutschen Trans-Ocean-Vereinigung. Vor unserer Abfahrt hatte man uns folgenden Rat gegeben: »Was wollen sie denn mit Amateurfunk? Werfen sie einfach eine Postkarte am nächsten Flughafen ein, dann wissen wir drei Tage später auch wo sie sind.« Wann aber war die Position einer Yacht wichtig? In einem Hafen mit entsprechend funktionierenden Kommunikationsmitteln oder auf See? In unserer Lage erschienen uns solche Ratschläge weltfremd, um nicht zu sagen gefährlich.

Das Einlaufen in die Bucht von Kota Kinabalu war ohne Ruder, was uns lediglich eine Variationsbreite zwischen raumschot und halbwind ließ, nicht möglich. Folglich mußten wir unsere Not-Ruder-Konstruktion neu überdenken. Für die letzten Meilen machten wir dann doch wieder die beiden Spinnakerbäume mit dem Holzbrett an einer Stütze des Heckkorbes fest. Die seitliche Grobeinstellung erreichten wir durch zwei Schoten, die wir jeweils über die Cockpit-Winschen regulierten. Von oben stabilisierten wir das Ganze mit der Baum-Dirk. Und das zwei Tage zuvor aufgetretene Problem, daß die ganze Konstruktion mit jeder Welle aus dem Wasser gehoben wurde, perfektionierten wir mit einem am Ende festgebundenen 15-kg-Anker, der das Notruder unter Wasser hielt.

In Kota Kinabalu gab es sogar eine Werft für Fischerboote, einschließlich Slip. Hier war die amerikanische 55-Fuß-Yacht »Kathy Rose« gerade aufs Trockene gezogen worden. Der chinesische Manager zeigte sich hilfsbereit und bot gleich an, uns ein neues Ruder zu bauen. Nun ist die Konstruktion eines freihängenden, ausbalancierten Ruders, wenn man die Abmessungen allenfalls ungefähr aus der Erinnerung vorliegen hat, nicht so einfach. Für den Schaft schlug man uns eine alte Niro-Antriebswelle von einem der Fischerboote vor, die in anderthalb Tagen Handarbeit auf die notwendigen 60 mm Durchmesser abgeschliffen werden sollte. Auch gab es einen Engländer vor Ort, der sich in der Vergangenheit mit Polyesterarbeiten beim Bau kleiner Motorbootschalen versucht hatte und der eventuell auch jetzt das eigentliche Profil für das neue Ruder unserer KOSAMUI hergestellt hätte. Alles in allem waren die Unwägbarkeiten jedoch recht erheblich. Die Form und das Gewicht der Konstruktion, nicht zuletzt auch der Preis. Zumal der clevere Chinese erstmal einen Zimmermann anstellen wollte, um einen für unsere Bootsgröße passenden Slip-Wagen herzustellen – natürlich auf unsere Kosten.

So wollten wir uns die ganze Sache zunächst in Ruhe durch den Kopf gehen lassen. Von unserem brütend heißen, windabgeschirmten Ankerplatz voller Fliegen verholten wir uns 5 sm weiter südlich, in die geschützten Riffe vor dem Tanjung Aru Beach Hotel, einem Luxushotel, damals unter schweizer Führung. Gebührenfrei – ein paar Yachten vor dem Hotel paßten gut zu dem Image für die überwiegend europäischen Touristen – konnten wir hier ankern und sogar den Pool und die Duschen des Hotels benutzen. Von hier aus war es auch kein Problem, mit Deutschland zu telefonieren, und die Beschaffung eines neuen Ruders in die Wege zu leiten.

Die nächsten Tage faulenzten wir am Pool, nachmittags bei Kaffee und Schwarzwälder Kirschtorte – wer hätte das gedacht, hier auf Borneo. Da wir genug Zeit hatten, nutzten wir die Gelegenheit, den Mount Kinabalu, mit 4100 Metern höchster Berg Südost-Asiens, zu besteigen. Ein phantastisches Erlebnis. In eineinhalb Tagen stiegen wir hier von Meereshöhe mit tropischer Vegetation hinauf durch die in den einzelnen Höhenlagen völlig unterschiedliche Pflanzen- und Baumwelt bis zu dem kahlen, nicht weniger eindrucksvollen Granitgipfel. Von dort aus hatten wir in den ersten Morgenstrahlen einen unvergleichlichen Blick über die grünen Landschaften Borneos bis zur sich dahinter erstreckenden, scheinbar endlosen tiefen Bläue des Südchinesischen Meeres.

Zurück in der Marina, erreichte uns eine Nachricht vom Flughafen. Wir waren ebenso wie die übrigen Yachties sprachlos. Innerhalb von nur zehn Tagen war das neue Ruder aus La Rochelle via Paris und Singapur per Luftfracht in Kota Kinabalu angekommen – dank des Organisationstalents von Romans Mutter.

Innerlich hatten wir uns schon auf beträchtliche Schwierigkeiten mit dem Zoll eingestellt. Aber einer der Flughafenangestellten, erbarmte sich unser und war ausgesprochen behilflich. Nicht nur, daß er das gute Stück problemlos durch die Zollformalitäten schleuste – der Zollbeamte war nur kurz hellhörig geworden, als er »Radar« statt »Rudder« verstand -, er besorgte uns auch einen Pickup-Wagen für den Transport zum Tanjung Aru.

Das Verladen in unser Dinghi gestaltete sich wesentlich einfacher als das anschließende Unterfangen, das Ruder einzusetzen. Zu dem Kraftaufwand kam noch die Angst, daß das wertvolle Stück auch den Weg seines Vorgängers in die Tiefe nehmen würde. Aber mit diversen Hilfskonstruktionen aus Tauen konnten wir es schließlich an der Dirk hängend durch den Rumpf- und danach auch den Decksdurchbruch hindurchbugsieren. KOSAMUI war wieder eine richtige Yacht.

Kapitel 12
Paradies in Piratengewässern

Von Segler-Enthusiasmus konnte in den ersten Tagen nach dem Ruderverlust keine Rede mehr sein. Wenn jetzt ein Frachter Richtung Europa vorbeigekommen wäre und man uns angeboten hätte, KOSAMUI und uns an Deck mitzunehmen – wir hätten nicht nein gesagt. Gegenwärtig hatten wir unseren absoluten Tiefpunkt bei der »Traum-Segelei«.

Als 14 Tage später eine englische Yacht mit ihrem Skipper Neil vorbeikam, nahmen wir von solch unseglerischen Plänen wieder Abstand. Fasziniert lauschten wir, als Neil, der schon Jahre in den Gewässern zwischen Hongkong und Singapur kreuzte, berichtete, daß er in Tagestörns die Westküste Palawans heruntergesegelt war.

Palawan ist die große, langgestreckte Insel der Philippinen, die sich von Borneo im Süden in nordöstlicher Richtung auf Luzon zu ausdehnt. Während der Norden von einer christlichen Bevölkerung bewohnt ist und es hier auch ein paar größere Ortschaften, insbesondere an der Ostküste, gibt, ist der Süden, vor allem aber die südliche Westküste, fast unbesiedelt, unerschlossen und ohne Verbindungswege. Dieses Gebiet steht unter Moslem-Einfluß und wird auch als »Wilder Süden« bezeichnet.

Die Region um Balabac ist berüchtigt, mehr aber noch die östlich hier angrenzende Sulu-See, die sich bis nach Mindanao erstreckt. Sie ist auch heute noch eines der am stärksten durch Piraterie gefährdeten Gewässer. Hier werden die Waffentransporte getätigt, die aus dem islamischen Nordborneo kommen und für die aufständischen Moslems in den südlichen Philippinen bestimmt sind. Diese Rebellen mit ihren Unabhängigkeitsbestrebungen haben der Regierung in Manila seit jeher schweres Kopfzerbrechen bereitet.

Die Sulu-See, in der Yachten um Mindanao herum fast mit Sicherheit angegriffen und beschossen werden, falls sie sich nicht in massiver Militärbegleitung befinden, war für uns tabu. Die Gefahr würde in den fast unbesiedelten Gebieten im Südwesten Palawans sicherlich geringer sein, aber auch dies war Moslem-Gebiet. Die Tatsache jedoch, daß eine Fahrt in diesem Gebiet überhaupt möglich sein sollte, faszinierte und ließ uns nicht los. Auf den bekannten Karten waren die vorgelagerten Gewässer nur als riesiges, mit Riffen gespicktes Gebiet verzeichnet, in dem weite Strecken als weiße Flecken mit der Beschriftung »unsurveyed« eingetragen waren. Viele der Riffe in der Randzone, die an die uns in unguter Erinnerung gebliebene Palawan-Passage angrenzt, trugen die Namen der auf ihnen zu allen Zeiten verlorengegangenen Schiffe. Auf der anderen Seite hofften wir, hier eine unerforschte, unverdorbene Gegend vorzufinden, wie sie selbst auf den Philippinen in dieser Form kaum mehr existierte. Gleichzeitig wären wir dort auch etwas vor dem Nordost-Monsun geschützt, was unser Vorankommen nach Norden erheblich erleichtern würde. Eigentlich waren wir ganz froh, als wir in Kota Kinabalu wieder lossegeln konnten. Dennoch vermochten wir ein etwas unsicheres Gefühl nicht zu verdrängen. Neil hatte uns noch mit Tips über ihm bekannte Ankerplätze auf Palawan versorgt. Das Wetter meinte es am ersten Tag gut mit uns. Alles lief wunschgemäß, solange wir uns in Küstennähe befanden. Doch schon tagsdarauf verschlechterte sich die Witterung. Wir mußten weiter in die offene See hinaus, nicht zuletzt, um Balabac in sicherem Abstand zu umfahren. Die Schaukelei und das Stampfen stellten sich wieder ein. Schließlich änderten wir unseren Kurs Richtung Osten und liefen trotz wolkenverhangenem grauem Himmel und zwischenzeitlichem Sprühregen in Richtung Westküste Palawans. In dem Seegang konnten wir wiederholt Riffe ausmachen, die wegen des trüben Lichts farblich nicht zu erkennen waren, über denen sich die Wellen jedoch brachen.

Noch am gleichen Nachmittag des 4. Februar erreichten wir unseren ersten philippinischen Ankerplatz. Die Bucht war in der Karte sinnigerweise mit dem Namen »Reposo Point« angegeben. Bereits hier bestätigte sich uns, daß die Entscheidung, die das zufällige Zusammentreffen mit dem Engländer ergeben hatte, die beste war. Vor uns tat sich eine traumhaft schöne Kulisse auf. Absolut unberührte Natur, mit runden, sanft ansteigenden Hügeln, die von dichtem Dschungel bewachsen waren. Kleine weiße Sandstrände, auf denen die Palmen vom Wind bewegt wurden. Wasser in allen Farbschattierungen – und weit und breit kein Mensch.

Unser nächster Tagestörn führte uns nach Bucid Island. Auch hier wieder eine Landschaft wie aus dem Bilderbuch. Auf einer kleinen, vorgelagerten Insel sahen wir eine Bambushütte. Ein etwa 40jähriger Moslem kam mit seinem Kanu rübergepaddelt, in dem auch zwei kleine Kinder saßen, und legte sich mit seinem Boot längsseits. Anfänglich wirkte er vorsichtig, verschlossen, taute dann aber während unserer Unterhaltung, die sich überwiegend auf Zeichensprache beschränkte, langsam auf. Später brachte er uns zwei Trink-Kokosnüsse vorbei. Bei seinem dritten Besuch kam dann sogar seine Frau mit, die unter Zahnschmerzen litt und der wir ein Schmerzmittel aus unserer Bordapotheke gaben. Die Philippina berichtete, daß sie Mutter von 17 Kindern sei. Der Ehemann daneben lächelte ganz stolz.

Kurz danach tauchte ein halbes Dutzend junger Männer auf, die in ihrem Beiboot von einem gerade ebenfalls in die Bucht eingelaufenen schäbigen hölzernen Copra-Schoner rüberkamen. Das Schiff war in Manila registriert. Sie ruderten ans Heck der KOSAMUI und reckten ihre Hälse, um einen Blick ins Bootsinnere werfen zu können. Einer kletterte ungebeten an Bord und ließ sich im Cockpit nieder. Im Gegensatz zu dem einheimischen Familienvater, der inzwischen zu seiner Hütte zurückgekehrt war, machten diese Burschen, von denen einer etwas Englisch konnte, keinen sehr vertrauenerwekkenden Eindruck. Auch im Laufe der Unterhaltung blieb eine deutlich fühlbare Spannung bestehen. Förderlich für unser Vertrauen war auch nicht gerade die Aufschrift, die der Kerl neben uns auf seinem T-Shirt trug. »DJIHAD – THE HOLY WAR« stand dort zu lesen. Und unter den Worten »heiliger Krieg« die stilisierte Zeichnung einer Maschinenpistole. Uns erschien es eine Ewigkeit, bis die ungebetenen Gäste mit ihrem Beiboot wieder in Richtung Copra-Schoner verschwanden. In dieser Nacht verriegelten wir, trotz der tropischen Temperaturen, unsere Luken und den Niedergang.

Im ersten Tagesanbruch lichteten wir den Anker, und noch bevor uns die Sonne die Sicht auf die Unterwasserriffs ermöglichte, schlichen wir uns aus der landschaftlich so reizvollen Bucht durch die enge Passage, die sich Roman noch am Vorabend aus der Mastspitze gut eingeprägt hatte.

Die Etappe dieses Tages sollte uns bis nach Nakoda-Bay führen. Das waren immerhin 50 sm und alleine schon Grund genug, so früh auszulaufen. Die ersten Meilen waren übersäht mit Untiefen. Aber hier verfügten wir gottlob über die Fotokopie einer Detailkarte, die uns Neil gegeben hatte. Wie bereits am Vortag liefen wir fast ausschließlich unter Motor. Am Nachmittag frischte der Wind aus Nordosten auf, so daß wir kreuzen mußten. Die Navigation wurde jetzt, wo wir nur noch eine Karte 1:750 000 hatten, deutlich schwieriger. Buchstäblich auf den letzten Drücker – die Sonne war bereits untergegangen und bei der letzten Peilung mit dem Handkompaß die Skala fast nicht mehr zu erkennen – liefen wir anhand einer Detailzeichnung zwischen den Riffen der Nakoda-Bay ein. Erlöst von der nervlichen Anspannung ließen wir den Anker fallen. Auf einer der Inseln standen einige Hütten, und Ausleger-Boote lagen am Strand. Die Leute waren hier wieder sehr distanziert. Wir befanden uns noch in moslemischem Gebiet.

Es folgte eine Ruhepause mit ausgedehnten Fahrten in unserem Beiboot. Gelobt sei »Speedy«, unser wenige Wochen zuvor in Malaysia erstandener 2-PS-Außenborder! So gelangten wir auch zu den prähistorischen Tabon-Höhlen, die wohl über 40 000 Jahre ununterbrochen bewohnt gewesen waren.

Auf den Philippinen kam stärker als sonstwo immer wieder der Wunsch auf, viel mehr Zeit zur Verfügung zu haben. Aber wir mußten weiter Richtung Hongkong, wenn wir unseren Zeitplan noch irgendwie einhalten wollten. Die folgenden Etappen brachten uns in landschaftlich nicht mehr ganz so reizvolle Gegenden. Dafür näherten wir uns jetzt dem von christlichen Philippinos bewohnten Norden und fühlten uns dementsprechend wieder sicherer.

Drei Tage hatten wir für den Weg bis nach Port Barton gerechnet. Wir brauchten dringend Eßwaren. Zwar verfügten wir noch über Reis und Nudeln, die wenigen restlichen Konserven wollten wir aber als eiserne Reserve für die Überfahrt nach Hongkong aufbewahren.

Port Barton bestand aus Holz- und Bambushütten, die im Schatten hochaufragender Palmen lagen und wirkte völlig verschlafen. Lachend stiegen ein paar Philippinos in einen Jeepney, einen der für die Philippinen typischen, bunt angemalten Jeeps, die überwiegend aus amerikanischen Armeebeständen stammten. Er fuhr von hier aus über die Pistenstrecke nach Puerto Princessa, den Hauptort Palawans an der Westseite der Insel.

Im einzigen Geschäft des Dorfes, das auch als Kneipe diente, konnten wir uns bescheiden verproviantieren. Immerhin gab es Kartoffeln, und ein rappeldürres Huhn wurde schnell für uns geschlachtet. Unverständlicherweise wurde weder Obst noch Gemüse angeboten. Uns Fremden gegenüber waren die Leute in dieser von Christen bewohnten Region ausgesprochen freundlich und aufgeschlossen. Immer wieder hörte man lautes Lachen und Scherzen. Welch ein Unterschied zu der zurückhaltenden, fast abweisenden ernsten Art der moslemischen Philippinos im Süden.

Das nun der »Wilde Süden«, wo keine fremden Yachten hinkamen, hinter uns lag, sahen wir spätestens an dem übergroßen Gemälde, das eine ganze Wandseite der Kneipe einnahm und auf dem neben der Szenerie der Bucht von Port Barton auch zwei davor ankernde Segelyachten zu sehen waren. Der Künstler war auch anwesend und strahlte uns an, als er verkündete, er werde das Bild vervollständigen. KOSAMUI, die ja jetzt schließlich in dieser Bucht vor Anker gegangen sei, sollte als dritte Yacht auf seinem Kunstwerk verewigt werden.

Als wir dabei waren, unsere Lebensmittel an Bord zu verstauen, paddelte ein Auslegerboot auf unser Heck zu. Zum ersten Mal, seitdem wir auf den Philippinen waren, bot uns ein einheimischer Fischer unaufgefordert seinen frischen Fang an. Für ein Kilo der handtellergroßen Fische verlangte er umgerechnet 0,50 DM. Sie wurden gleich gekocht und anschließend in einer Essigsauce nach Tessiner Art eingelegt. Durch »Charles« gekühlt, würde das für die nächsten drei Tage ein köstliches Essen geben.

Vorbei ging es jetzt an kleinen Inseln, auf denen neben den allgegenwärtigen Kokospalmen auch Bananen und Papayas angepflanzt wurden. Überall hatten wir gleich Kontakt zu den Leuten. Die Gastfreundschaft der Philippinos in dieser Region ging über den üblichen Rahmen hinaus. Fremde wurden in der Familie aufgenommen, als hätte man schon immer dazugehört.

Am 14. Februar stoppten wir vor Pangalusian Island. Wir befanden uns jetzt im Nordwesten der Insel, nicht weit von El Nido. Die Kulisse, die sich hier vor uns auftat, war atemberaubend. Unwirkliche, zum Teil steil aufragende Inseln und makellose Strände, vor dem Hintergrund der undurchdringlichen Vegetation Palawans. Den Geheimtyp Pangalusian hatten wir von Dominique, einer vorübergehend in Kota Kinabalu lebenden schweizer Malerin.

Hier lebte Jock Gordon, der aus Schottland stammte, und früher Arzt für Hautverbrennungen gewesen war. Er hatte seinen Beruf, seine drei Wohnungen, seine beiden Sportwagen und seine Frau aufgegeben, um mehrere Jahre um die Welt zu segeln. Zunächst sieben Jahre als Einhandsegler und dann mit seiner jetzigen philippinischen Frau Becky. Als die Tochter zur Welt kam, beschlossen beide, an Land zu leben und diese Insel zu kaufen. Landschaftlich war dieser Flecken Erde ein Paradies. Der einzige Nachteil der etwa 1 Kilometer langen Insel war das fehlende Süßwasser. Nur aus diesem Grunde wurde die Insel überhaupt verkauft. Inseln mit Süßwasserquellen wurden vom philippinischen Staat nicht mehr veräußert. Jock hatte einige Hütten am Strand gebaut, eine davon bewohnte er selbst. Die anderen Bungalows hoffte er in Zukunft an Urlauber vermieten zu können, da er davon überzeugt war, daß diese Region künftig zunehmend touristisch erschlossen würde. Die Verkehrsverbindungen waren bisher sehr umständlich: Mit dem Flugzeug bis Puerto Princessa, weiter mit dem Jeep bis Port Barton und dann mit einem Ausleger-Boot in einer Tagesreise nach Pangalusian. Die Entwicklung schien ihm – leider? – recht zu geben. Gespräche liefen, daß in der Nähe ein kleiner Flugplatz, für Sportmaschinen aus Manila erreichbar, gebaut werden sollte. Eine Nachbarinsel war bereits von einem japanischen Konsortium für eine luxuriöse Ferienanlage gekauft worden.

Jock hatte hier einen ganz eigenen, persönlichen Lebenstil entwickelt. So bot er den Einheimischen, die er nebenbei auch kostenlos ärztlich betreute, Prämien für seltene Tierarten, die er dann auf seiner Insel frei aussetzte. Abends hielt er Hof. Das Dinner im Schein der Petroleumlampen bestand meist aus Langusten (die der Insel auch ihren Namen gegeben haben), frisch gefangenem Fisch und einheimischen Früchten. Das ganze wurde geschmackvoll auf großen tropischen Blättern mit Blumen dekoriert serviert. Den Mädchen schrieb er vor, in langen weißen Kleidern aufzutischen und ihre seidigen blauschwarzen Haare mit frischen Blüten zu schmücken. Pangalusian war ein Ort, an dem es sich aushalten ließ. Aber uns drängte bald wieder unser Zeitplan. Wir stellten zunehmend den Sinn unserer »Weltreise mit der Stoppuhr« in Frage.

Am 16. Februar verabschiedeten wir uns von diesem Paradies. Nach drei Tagen und Nächten erreichten wir problemlos Bolinao an der Westspitze der philippinischen Hauptinsel Luzon. Manila reizte uns nicht, und wir ließen es an Steuerbord liegen. Als wir den geschützten Platz, der uns als Sprungbrett nach Hongkong dienen sollte, erreichten, herrschte in den Gewässern um China »Gale Warning«. Nichts Ungewöhnliches für diese Jahreszeit. Dies bot uns auch eine gute Erklärung den Behörden gegenüber. Sie kamen kurz nach unserer Ankunft mit Schnellfeuerwaffen ausgerüstet an Bord. Das kriegerische Aussehen täuschte: sie waren uns gegenüber freundlich und höflich. Wir erklärten ihnen, wir seien Bolinao angelaufen, um den stürmischen Wind abzuwarten. Trotz fehlender Papiere erlaubte man uns, an Land zu gehen. Bevor sich die Philippinos verabschiedeten, baten sie uns noch, einen offiziellen Vordruck zu unterschreiben. Erstaunt lasen wir darauf: »Hiermit wird bestätigt, daß die Beamten bei der Durchsuchung des Bootes nichts mitgenommen haben, außer gegen Quittung.«

Ein buntes Holzboot diente als Fähre zwischen Bolinao und der gegenüberliegenden Insel Santiago. Wir winkten das Fährboot zu uns heran, und problemlos nahm man uns mit. An Bord befanden sich schon ein Dutzend Einheimische. Einige hielten Hühner zwischen den Beinen fest, andere Mehl- und Reissäcke. Verschlafene Kinder saugten an der Brust ihrer Mutter.

Bolinao war die größte Siedlung, die wir bisher auf den Philippinen angesteuert hatten. An einer Zapfsäule füllten wir zuerst unsere vier Dieselkanister und transportierten sie auf einem Taxi – einem Motorrad mit Beiwagen – zum Kai. Auf dem gut bestückten Markt sahen wir Berge von frisch geerntetem Tabak. Auch gab es in großen Mengen und billig Bohnen, Kartoffeln, Tomaten, Zwiebeln und Hühner, diesmal nicht von der Rasse »Schwindsucht«. Wir versorgten uns reichlich mit Alkohol: zehn Flaschen Whisky und acht Flaschen Rhum zu je 1,80 DM. Preiswerter würden wir den durchaus trinkbaren Stoff wohl nirgendwo mehr einkaufen können. Außerdem war so eine Schnapsflasche immer ein gern genommenes Gastgeschenk.

Was uns erstaunte, war die Tatsache, daß nirgends Fisch angeboten wurde. Daß auf den Philippinen die Unsitte verbreitet war, mit Dynamit zu fischen, wodurch ganze Seegebiete einschließlich ihrer Korallenriffe vernichtet wurden, war uns bekannt. Dennoch trauten wir unseren Augen nicht, als wir jetzt mitten im Ort ein Plakat sahen, auf das ein Totenkopf gemalt war und darunter zu lesen stand »Don't use cyanide – it kills«. Jetzt war uns auch klar, warum es auf dem Markt außer ein paar Mini-Sardinen nichts an Fisch zu kaufen gab. Scheinbar waren hier die Fischer dazu übergegangen, ihre Umwelt jetzt mit Blausäure zugrunde zu richten.

Drei Tage anhaltender »Gale Warning« bei Taiwan waren vorüber. Seida kochte für die ersten zwei Tage auf See, da man nie so ganz sicher sein konnte, auf was für Wetter man hier in der Region treffen würde, obwohl wir zweimal täglich den Funkwetterbericht aus Hongkong hörten. So war sie zugange mit gefüllten Auberginen mit Reis, Huhn mit Knoblauch, Zwiebeln, Tomatenmark, Olivenöl, Chili, Pureekroketten, Bohnen, Kartoffelsalat und sogar Caramelpudding. Auch hatten wir jetzt reichlich St-Miguel-Bier dabei, das hier für umgerechnet 0,40 DM angeboten wurde.

Die ersten drei Tage Überfahrt machten wir bei mäßigem halbem Wind aus Nordost. Die Windsteueranlage nahm uns die Arbeit ab. Mal wieder wirklich schönes Segeln. Dann sanken die Temperaturen langsam ab. Seit fast einem Jahr schwitzten wir zum ersten Mal plötzlich nicht mehr. Die Meerwasserdusche empfanden wir bei 24 Grad Wassertemperatur eher als kühl. So friedlich sollte es aber nicht bleiben.

»Strong gale« in der Taiwan-Straße meldete der Wetterbericht. Schlagartig wurde uns klar, daß wir mit Sicherheit etwas davon abkriegen würden, da bis Hongkong noch zwei Tagesetappen vor uns lagen. Abends legte der Wind zu. 4 Bft, dann 5 bis 6, schließlich 7 Bft. Dazu 5 bis 6 Meter hohe Wellen. Nun wurde auch noch die Sicht schlecht. Nebel kam auf. Roman saß draußen im Cockpit und hielt nach Cargos Ausschau. Seida fühlte sich mies. Müdigkeit, Kopfweh... Unter Deck versuchte sie, trotzdem etwas Eßbares herzurichten. Roman ging kurz in die Kajüte an den Navigationstisch, um den Kurs und die Position neu zu berechnen. Als er nach etwa drei Minuten wieder an Deck kam, durchfuhr ihn ein Adrenalinstoß. Keine 200 m querab rollte ein großer, total verrosteter chinesischer Tanker in der schweren See. Der Seelenverkäufer war wie ein Gespenst in den paar Minuten aus dem Nebel aufgetaucht und hätte uns genausogut überfahren können. Unsere hier winzig wirkende Yacht hatte er mit Sicherheit in den starken Wellenbewegungen nicht ausgemacht. Eine Radarantenne sahen wir zwar über dem Aufbau, aber trotz der miserablen Sicht war sie nicht eingeschaltet.

Im Laufe der Nacht wurde es nicht besser. Der Wind heulte jetzt mit 8 Bft, und die See wurde zum Teil gefährlich steil. Mehrmals füllte uns einer der seitlich heranrollenden Brecher das Cockpit. Unter maximal gerefftem Großsegel und Sturmfock liefen wir bei halbem Wind. An Schlaf war die ganze Nacht nicht zu denken. Irgendwo in der Schwärze vor uns mußte Li-ma Island sein, eine unwirtliche, schroffe, kahle Felseninsel – Hongkong vorgelagert, aber rotchinesisches Territorium. Es herrschte Nebel, Neumond und weiterhin schweres Wetter. Kurzzeitig sahen wir das weittragende Leuchtfeuer der Poh-Toi-Gruppe, das uns die Ansteuerung von Hongkong zeigen sollte. Als wir darauf zuhielten, verschwand es urplötzlich, für uns unerklärlich. Wir gingen über den Bug, kreuzten hin und her, ohne daß es wieder auftauchte. So warteten wir sehnlichst auf den Tagesanbruch. Aber bis dahin waren es noch mindestens drei Stunden. Fieberhaft hielten wir nach dem auf unserer Karte verzeichneten Leuchtfeuer der Li-ma Islands Ausschau, ohne es ausmachen zu können. Es wurde und wurde nicht hell. Wir mußten laut Sat-Nav-Position von letzter Nacht jetzt nur noch ein paar Meilen von Li-ma Island entfernt sein. Ein neues »Fix« kam vermutlich aufgrund der Roll- und Wellenbewegungen nicht herein. Weiterhin kein Leuchtfeuer. Die Wellen wurden immer höher. Wieder ein Brecher im Cockpit. Wir waren froh, daß das Wasser noch warm war und wir unsere Schwerwetteranzüge anhatten. Erneut kreuzten wir zurück, weil wir Angst hatten, zu nahe an die Insel heranzukommen, die wir nur vermuten, aber nicht sehen konnten.

Kurz darauf ergriff uns ein immer stärker werdendes, unerklärliches inneres Unruhegefühl, das uns veranlaßte, weiter zurück Richtung offene See zu laufen. Diesen Kurs behielten wir dann auch bei.

Uns stockte der Atem, als wir dann im trüben Morgengrau des ersten Lichts die jäh aufragenden Umrisse von Li-ma Island und die daran zig Meter in die Höhe spritzende Gischt der brechenden Seen erkennen konnten. Nun hatten wir auch die Erklärung, warum nachts das Leuchfeuer von Po-Toi auf einen Schlag verschwunden war: ein ungeheuer kräftiger Strom mußte uns in die Abdeckung von Li-ma Island versetzt haben. Das Leuchtfeuer auf der Insel selbst schien außer Betrieb zu sein, was uns später in Hongkong bestätigt wurde. Nur mit einer guten Portion Glück waren wir innerhalb von nicht einmal 24 Stunden zwei ausgesprochen brenzlichen Situationen entronnen. Unser Entschluß, in Hongkong endlich ein Radargerät zu kaufen, stand jetzt unumstößlich fest.

Kapitel 13
Im Königlichen Yacht-Club

Hongkong lag zum Greifen nahe. Aber wir befanden uns zu weit in Lee. Der starke Seegang traf uns ebenfalls genau von vorne. Mühsam mußten wir aufkreuzen. Uns schien die Zeit nicht enden zu wollen, die wir benötigten, um Höhe zu gewinnen und Li-ma Island zu passieren. Endlich konnten wir nach Nordwest abdrehen, Richtung Hongkong Island. Die heranrollenden Seen nahmen wir jetzt achterlich. Sie sahen hier in der flachen Einfahrt gewaltig und bedrohlich aus. Wie zum Abschied wurde das Cockpit unserer KOSAMUI ein letztes Mal von einem überkommenden Brecher gefüllt.

Dann befanden wir uns im Lee der Insel. Auf der Steuerbordseite konnten wir die Skyline Hongkongs durch den Dunst nur vage erkennen. In Höhe von Aberdeen kam uns ein Polizeiboot entgegen, die Offiziere schauten prüfend zu uns herüber, notierten sich unsere Registriernummer, fuhren dann aber vorbei.

Weiter ging es an der Westseite der Insel hoch, die wir bis zu unserem Ziel, dem Royal Hongkong Yacht-Club fast ganz umrunden mußten. Zu den Böen im Kanal kam jetzt eine regelrechte Rush-Hour auf dem Wasser. Überall um uns herum verkehrten kleine und große Fährboote, Dschunken, Fischerboote, Hydrofoils, Schlepper, Speedboote. Unter Segel und zusätzlicher Motorkraft mußten wir in diesem Gewirr aufkreuzen. Schließlich hatten wir es geschafft. Vor uns lag Causeway-Bay mit dem Yacht-Club. Total durchnäßt und durchfroren – draußen herrschten winterliche 17 Grad – stellte sich Roman, ungewaschen und unrasiert wie er noch war, im Büro des Clubs vor. Dort bekamen wir gleich eine Boje zugewiesen. Sogar die Festmacher wurden uns herübergereicht. An der Boje neben uns lag die aus Juneau, Alaska, stammende »Artic Lady«. Bezeichnenderweise hatten Tony, Elmar und Earl vor, im Sommer den Nordpazifik via Japan und Aleuten Richtung Vereinigte Staaten zu überqueren.

Der Royal Yacht-Club lag ideal mitten in der Stadt. Kaum einen Steinwurf entfernt von Wanchai, einem der pulsierenden Zentren der Millionenmetropole. Bis an den Rand des Hafenbeckens standen hier 20- bis 30stöckige Hochhäuser. Der Club selbst verfügte über Annehmlichkeiten von denen Yachties nur träumen konnten: Swimmingpool, zwei Restaurants, Bar, Squash Courts sowie alle Slip- und Reparaturmöglichkeiten. Neuerdings wurden freie Bojen durchreisenden Yachten wieder zur Verfügung gestellt. Für ein paar Jahre war der Club für Gäste »dicht« gewesen, nachdem ein Besucher eine mehrere tausend Dollar betragende Rechnung vor seiner Abfahrt nicht beglichen hatte. Wir zahlten zu zweit etwa 80 DM Clubgebühren pro Monat und knapp 8 DM pro Tag für die Mooring. Ein mehr als annehmbarer Betrag, selbst ohne die damit verbundenen Vorteile und Möglichkeiten.

Trotz unserer Müdigkeit nahmen wir Hongkong gleich in Angriff. Normalerweise mögen wir Großstädte nicht, aber hier fühlten wir uns in den ersten Tagen wie berauscht. Das pulsierende Leben der 6-Millionen-Stadt schien auch uns zu ergreifen und zog uns mit seinen ausgeprägten Kontrasten in seinen Bann. Welch ein Unterschied zwischen der kahlen, menschenlosen Felsinsel, die die Chinesen 1841 an die Engländer verloren und der jetzigen Britischen Kronkolonie, einer Hochburg für Industrie, Handel und Finanzen, die 1997 nach 150 Jahren wieder an China zurückfallen wird. Ein gutes Maß Ironie ist dieser Entwicklung nicht abzusprechen.

Sprachlos sahen wir beim Bau der ständig neu hinzukommenden Wolkenkratzer zu. Die Baufirmen benutzten als Baugerüst für diese supermodernen Glas- und Metallkolosse Bambusstangen, die mit Bambusfasern zusammengebunden und so ohne ein einziges Metallteil dreißig und mehr Stockwerke in die Höhe gezogen wurden.

»Central« ist die vornehme Geschäftscity Hong Kongs, wo außer Luxusgeschäften und Banken auch Delikateßläden zu finden sind, die selbst den verwöhntesten europäischen Gourmet-Gaumen zufriedenstellen. Welch ein Kontrast auch hier zu den ganz chinesisch geprägten Stadtteilen wie Mong Kok auf der Kowloon-Seite, wo auf den Straßen Heuschrecken für die von den Chinesen so geliebten Singvögel verkauft und noch lebende Schlangen gehäutet werden, um sie anschließend als kräftigende Suppenzutat frisch im Kochtopf landen zu lassen.

Kowloon mit seinen unzähligen Elektronik-Shops durchstreiften wir – zusammen mit ganzen Touristenschwärmen – auf der Suche nach dem günstigsten Angebot für eine Video-Kamera.

Vom Peak aus genossen wir den überwältigenden Blick über Hongkong Harbour in der Abendstimmung. Auf der Südseite dieser höchsten über Hongkong Island thronenden Erhebung waren wir wieder allein. Ungestört bewunderten wir das Südchinesische Meer mit den vorgelagerten Inseln, das sich in der am Horizont untertauchenden Sonne scheinbar in flüssiges Metall verwandelte.

Nebenbei mußten wir umfangreiche Vorbereitungen für die Nord-Pazifik Route treffen. In Hongkong konnte man einfach alles finden – man mußte nur wissen wo. Ausgesprochen hilfsbereit waren dabei außer den Clubangestellten auch die beiden seit vielen Jahren hier lebenden deutschen Familien Rigo und Karin, sowie Gerd und Renate, alle begeisterte Segler und Mitglieder im Royal. So erkundeten wir nicht nur Hongkong Island, sondern auch die New Territories, auf der ständigen Suche nach Ausrüstungsgegenständen. Wir bekamen auf diese Weise die Händler fast sämtlicher Radarmarken zu Gesicht und es war auch kein Problem einen Ersatz für unseren defekten Autopiloten zu finden. Die Preise für elektronische Schiffsausrüstungen lagen deutlich unter dem europäischen Niveau.

Insgesamt vier Tage verbrachten wir in unseren Arbeitsoveralls im Staub und Schmutz bei den »Shipbreakers« in Junk-Bay, eineinhalb Stunden mit U-Bahn, Bus und Fußmarsch vom Zentrum entfernt, mitten in den New Territories. Dort landeten die Reste der ausgeschlachteten Schiffe. Ganze Berge verstaubter alter Seekarten türmten sich im Dachgeschoß auf und gammelten vor sich hin. Umgerechnet 2 DM pro Stück zahlten wir für die 130 Karten, die sämtliche Gewässer um Japan abdeckten und nochmal die gleiche Anzahl für den Rest unseres geplanten »logischen Wegs« über den Nord-Pazifik, der uns weiter an der amerikanischen Westküste bis hinunter nach Panama und von dort über den Nord-Atlantik nach Europa bringen sollte. Wir glaubten an ein gutes Omen, als wir gleich zu Anfang auf eine Karte der Aleuten stießen.

Im Club ließen wir eine maßgeschneiderte Sprayhood für das Cockpit der KOSAMUI anfertigen. Zunächst waren wir äußerst mißtrauisch, als ein kleiner älterer Chinese zu uns an Bord kletterte, um die Maße zu nehmen. Er trug eine alte Zeitung unter dem Arm, aus der er sich in einer Viertelstunde eine Eins-zu-eins-Schablone fertigte. Mit schnellen Bleistiftstrichen kritzelte er noch ein paar Markierungen auf das Zeitungspapier und zog von dannen. »Das wird bestimmt nichts« mutmaßte Roman. Schon am nächsten Mittag kam der Chinese mit der fix und fertig geschneiderten Sprayhood unter dem Arm zurück. Und die paßte tatsächlich millimetergenau. Nun hatte Seida endlich ihren Windschutz. Bereits vor der Abfahrt hatte sie diesbezüglich Überlegungen angestellt, die aber von Roman mit der Bemerkung »Wir haben schließlich vor in den Tropen zu segeln« beiseite getan wurden. Bis jetzt hätten wir sie zwar gut gebrauchen können, an eine Weiterfahrt ohne, in das kältere nördliche Klima, war aber nicht zu denken.

Zusammen mit »Artic Lady« deckten wir uns auch mit warmer Kleidung, Unterwäsche und Handschuhen für die zu erwartenden klimatischen Unbillen weiter im Norden ein.

Da es in Hongkong zeitlich knapp geworden war, bestellten wir eine Petroleum-Heizung und einen kombinierten Wind-Wasser-Generator (mit Radar an Bord würden wir einiges mehr an Strom verbrauchen) in England mit Lieferadresse in Japan.

Ein Abstecher nach Macao mit einem der bis zu 80 Stundenkilometer schnellen Hydrofoils führte uns innerhalb einer Stunde in eine ganz andere Welt. Neben der geschäftigen Hektik Hong Kongs wirkte diese portugiesische Enklave ausgesprochen mediterran, gemächlich, fast schon verschlafen. Hier standen einträchtig Barock-Kirchen, Festungsanlagen und Tempel in einer Mischung aus portugiesischer und chinesischer Kultur beisammen.

Macao war das erste ausländische Tor zum Reich der Mitte gewesen. Seit dem 16. Jahrhundert, also schon 300 Jahre bevor das Britische Empire Hongkong übernahm, entwikkelten hier die Portugiesen ein blühendes Handelszentrum für den gesamtasiatischen Raum.

In dem von außen inzwischen halb verfallen wirkenden, einstmals prunkvollen Hotel Bellavista genossen wir ein vorzügliches Mittagessen bei Vino Verde, fernab der von den reichen Hongkong Chinesen und ausländischen Touristen bevorzugten Spielkasinos, die heute die Haupteinnahmequelle Macaos darstellen.

Auf unserem Rundgang standen wir auch vor der St. Pauls-Kapelle. Nur wollte man uns in diese Stätte des Schutzpatrons der Seefahrer nicht einlassen. Offiziell wurde die Kapelle nur zu besonderen Anlässen geöffnet. Es sei denn, es kam, wie gerade in diesen Moment, eine japanische Touristengruppe, die sich gegen Voranmeldung und entsprechende Bezahlung den Eintritt erkauft hatte. Kurzerhand mischten wir uns unter die Besuchergruppe und gelangten in die Kapelle. So wähnten wir uns mit dem Segen des Schutzheiligen versehen.

Für Roman war der Genuß unseres Spaziergangs etwas beeinträchtigt. Seit einigen Tagen machte ihm ein akuter Bandscheibenvorfall zu schaffen. Er hatte den Heilkünsten eines Koreaners, der uns von unseren deutschen Freunden empfohlen worden war, mehr vertraut als seinen eigenen medizinischen Kenntnissen. Statt besser wurde es durch die ausgesprochen schmerzhafte Prozedur, einer Art der Akupressur, nur noch schlimmer, und am dritten Behandlungstag stellte er eine Fußheberlähmung bei sich fest. Nun war es höchste Zeit, sich auf seine eigenen Fähigkeiten als Neurologe zu besinnen. Er spritzte sich hochdosiert Cortison – wobei es ein echtes Problem darstellte, das Präparat – trotz internationalem Arztausweis – in einer Apotheke zu bekommen. In Hongkong wurde wahrscheinlich so viel gefälscht, daß man auch einem solchen Papier nicht ohne weiteres traute. Ohne die tatkräftige Hilfe von Judy, der chinesischen Sekretärin des Shipyard-Managers im Royal, wäre es uns sicherlich nicht gelungen, an das Medikament heranzukommen. Nach ein paar Tagen war Roman wieder soweit schmerzfrei, daß er in den Mast klettern konnte, um die neue Radarantenne zu montieren. Die Lähmung sollte ihn aber noch vier Wochen lang an seinen exotischen medizinischen Fehltritt erinnern.

Eine andere Art Medizin hatten wir nicht ausprobiert, obwohl sie uns stets faszinierte – die alte Heilmittelkunde der Chinesen, die seit Jahrtausenden ihren festen Platz im Leben dieses Kulturvolkes hat. Für uns Unkundige sahen die Auslagen im Form von Gehörnen, getrockneten Seepferdchen, Schlangen, Echsen und diversen Wurzeln und Pflanzen eher amüsant aus. Diese traditionellen Apotheken konnte man fast an jeder Straßenecke finden.

Für uns wesentlich nützlicher waren andere getrocknete Waren. In Kennedy-Town gab es einen ganzen Straßenzug mit Geschäften, die sich auf getrocknete Nahrungsmittel spezialisiert hatten. Fisch, Geflügel, Fleisch, Gemüse, Früchte und Pilze unterschiedlicher Sorten und verschieden zubereitet hingen hier wie an der Wäscheleine oder türmten sich in großen Säcken. Als Bordverpflegung war dieser Proviant, den man durchaus schmackhaft zubereiten kann, sowohl vom Gewicht wie auch vom Stauraum und der Haltbarkeit her ideal.

Nachdem »Artic Lady« bereits ein paar Tage vor uns nach Japan auslief, legte sich die australische 52-Fuß-Stahl-Yacht »Firenze« an die Boje neben uns. Rob hatte sein Unternehmen in Australien seinem Partner verpachtet und sich während eines mehrjährigen Aufenthaltes in Malaysia dort seine Yacht bauen lassen. Den Innenausbau hatte er mit seiner Frau Florence selber gemacht. Nun konnten sie sich schon seit über einem Jahr nicht mehr von Hongkong trennen. Auch bei ihnen hatte sich der Spruch bewahrheitet »Hongkong – or you hate it or you love it«.

KOSAMUI sah inzwischen wieder wie neu aus. Polierter Rumpf und Deck, neuer Unterwasseranstrich, ein neuer Satz Reservesegel, funkelnagelneue Radaranlage, kontrollierter Motor und frisch gechecktes Rigg – so wähnten wir uns optimal vorbereitet für unsere Route in den hohen Norden.

Kapitel 14
Kreuzseen, Kabelbrand und Kanonenboote

Am 9. April verließen wir den gastlichen Königlichen Yacht-Club. Rob und Florence ließen kräftig das Nebelhorn ertönen, als wir schweren Herzens aus dem Hafenbecken von Causeway-Bay hinausmotorten. In den Nebelfeldern vor der Insel hatten wir gleich Gelegenheit, das neue Radargerät auszuprobieren. Überall fuhren Fischerboote, und auch eine Menge Cargos kreuzten unseren Weg. Mit dem Radar, trotz Nebel aber kein Problem. Es gab nur wenig Wind, anfänglich aus Nordost, gerade genug um gemütliche Fahrt zu machen.

In den frühen Morgenstunden des folgenden Tages tauchten in den ersten Lichtstrahlen auf dem jetzt spiegelglatten Wasser ganz unwirklich und mehr wie ein Gemälde dutzende chinesischer Segeldschunken aus dem Dunst auf. Sie erinnerten lebhaft an große bunte Falter mit ihren wie Flügel ausgebreiteten, hin und her schwingenden rotbraunen Segeln. Ein unglaublich schönes Bild. Wir fühlten uns in eine anderen Welt versetzt.

In Hongkong hatten wir keine einzige Segeldschunke gesehen – alle waren inzwischen mit Motor ausgerüstet -, es mußte sich hier also um Fischerboote aus der Volksrepublik handeln.

Der Wind drehte Richtung Süden. Wir waren weiter in Segelhochstimmung. Bei Sonnenschein liefen wir unter Spinnaker. Die absolute Stille um uns herum wurde nur von dem regelmäßigen, beruhigenden, leisen Rauschen unterbrochen, das durch die sanften Berührungen zwischen See und Rumpf entstand.

Am vierten Tag kam über Radio Hongkong »Storm Warning«, also »schwerer Sturm« mit Windstärken bis 10 Bft. Sorgfältig bereiteten wir uns vor, da wir wußten, daß hier in der Taiwan-Straße mit schwerem Wetter aufgrund der geringen Wassertiefe und der unregelmäßigen Bodenbeschaffenheit nicht zu spaßen war. Der Wind nahm zu, und wir verkleinerten sukzessive die Segelfläche. Inzwischen hatte sich eine hohe See aufgebaut. Seida wurde zum ersten Mal richtig seekrank. KOSAMUI torkelte nach allen Seiten und knallte mit der Bugspitze in die ankommenden Wellen. Wegen des starken Seegangs war es auch unmöglich, unter Deck zu bleiben, und an Kochen war erst recht nicht zu denken. So saßen wir da, mit unseren Liftbelts im Cockpit eingehakt. Die Sprayhood hatten wir herunterklappen müssen, aus Angst, sie würde im Nu zerfetzt. Der Wind pfiff inzwischen mit über 8 Bft aus Nordost. Nachts konnten wir einem großen Fischerboot, das stur seinen Kollisionskurs auf uns beibehielt, nur im letzten Moment ausweichen. Hier galt das Recht des Stärkeren.

13. April. Weiterhin Sturm. An eine Passage an Südtaiwan vorbei durch den Bachi-Kanal, war infolge der gefährlichen Seen bei den dort herrschenden 9 Bft aus Osten nicht zu denken.

Wir nahmen Kurs auf die Südspitze Taiwans, um dort Schutz zu suchen. In schwerster See liefen wir unter Sturmfock und Try, kamen aber kaum vom Fleck. Zusätzlich versuchten wir, mit der Maschine nachzuhelfen. Eine überkommende See zerfetzte die gerade in Hongkong angefertigten Spraycloths an der Reling. Wir wollten uns in Landnähe retten. Dort jagte zwar eine Fallböe die andere, dafür war aber der Seegang schwächer. Es sollte hier einen neuen Hafen geben, der uns vielleicht Zuflucht bieten konnte. Auf unserer Karte war er jedoch nicht verzeichnet.

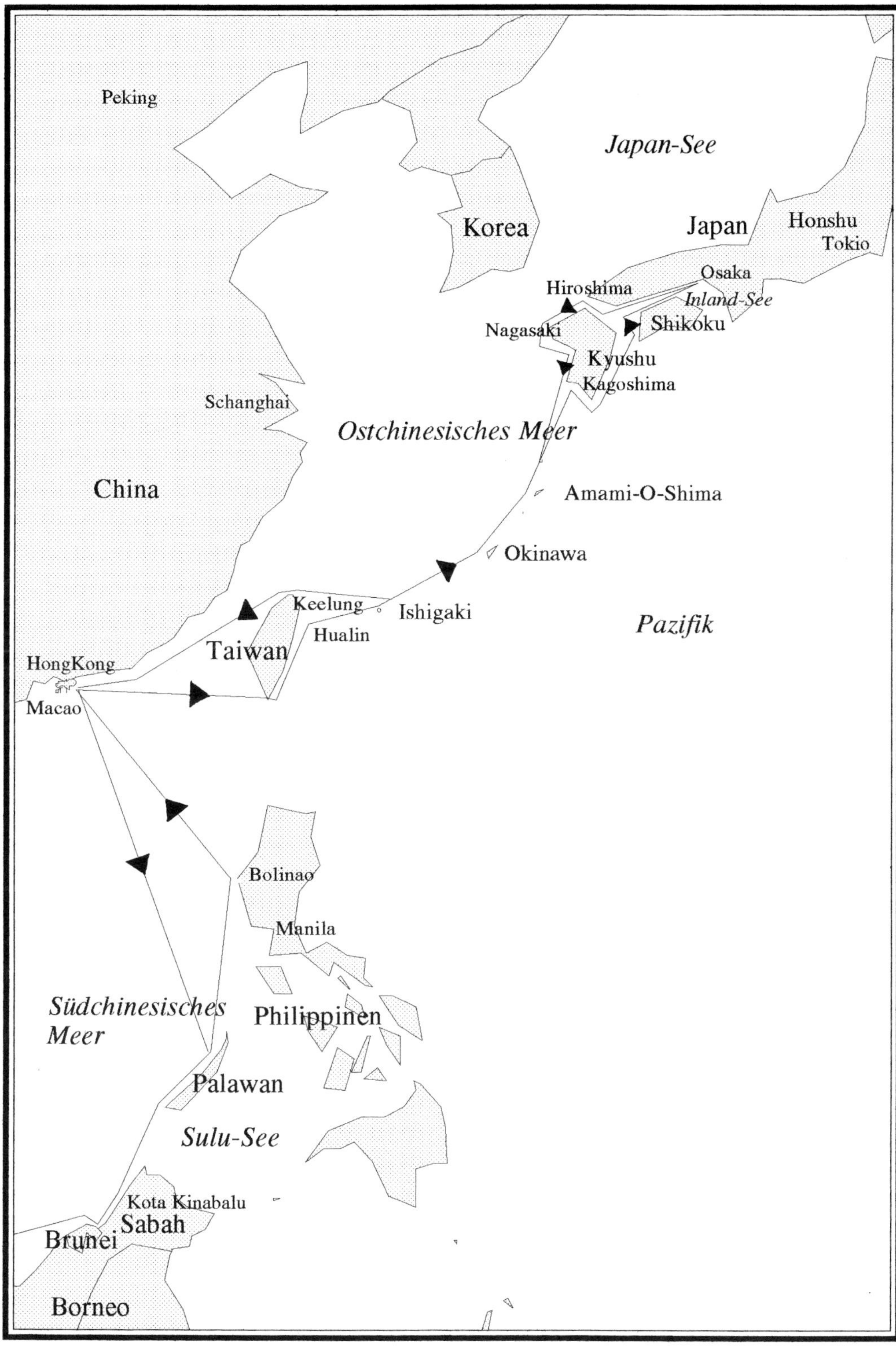
Peking
Japan-See
Korea
Japan
Honshu
Tokio
Osaka
Hiroshima
Inland-See
Nagasaki
Shikoku
Kyushu
Kagoshima
Schanghai
Ostchinesisches Meer
China
Amami-O-Shima
Okinawa
Keelung
Ishigaki
Hualin
Pazifik
Taiwan
HongKong
Macao
Bolinao
Manila
Südchinesisches
Meer
Philippinen
Palawan
Sulu-See
Kota Kinabalu
Sabah
Brunei
Borneo

Nur mit größter Mühe unter zusätzlichem Motor erreichten wir die weite Bucht von Maopitou an der Südspitze Taiwans.

»Hier riecht es verbrannt!« stellte Seida plötzlich fest. Schon kam schwarzer Qualm aus dem Motorraum. Roman sprang unter Deck, riß die Treppe heraus, die als Motorraumluke diente, und sah mit Schrecken, daß das Hauptbündel der elektrischen Kabel im Begriff war in einem Funkenregen zu verschmoren. Die Isolierungen waren bereits so heiß, daß sie sich verflüssigten und hingen in langen Tropfen von dem Leitungsbündel herab. In einem einzigen Bewegungsablauf drehte er den Batteriehauptschalter aus, stoppte die Maschine und griff zum Feuerlöscher. Ein weißer Pulverstrahl schoß in den engen Motorraum, wo im gleichen Augenblick nichts mehr zu erkennen war. Erst als sich die weiße Pulverwolke gesetzt hatte, sah er, daß der Kabelbrand gestoppt war. Der ganze Kajütinnenraum war jetzt eine einzige Mordssauerei. Neben dem Löschpulver, das überall verteilt war, schwappte auch noch Salzwasser aus der Bilge. In ihm schwamm der Inhalt eines kurz zuvor gebrochenen Bücherregals herum. Die gesamte Elektrik und Elektronik war lahmgelegt. Der Motor, die Navigationsgeräte, das Radar, die Funkanlage und die Beleuchtung – nichts ging mehr. Und das bei immer noch schwerer See und Böen in Sturmstärke.

Zum allem Unglück rauschte auch noch die eingerollte Genua ein Stück aus, bis sich die Rollreffleine verklemmte – die Sturmfock fuhren wir an einem zweiten Vorstag. Auf dem wild schaukelnden Schiff hangelte sich Roman nach vorne und versuchte mühselig, mit beiden Händen und letzter Kraft das wildschlagende Stück Segel Zentimeter um Zentimeter an der Trommel wieder einzurollen.

Der Alptraum ging weiter. Unter kleinster Besegelung versuchten wir, in die Bucht aufzukreuzen, aber es wurde uns schnell klar, daß wir weder einen Hafen noch einen Ankerplatz vor der einbrechenden Dunkelheit erreichen konnten. Um uns herum in Landnähe lauerten Riffe, Unterwasserfelsen oder Legerwall.

Kräfte und Stimmung waren auf dem absoluten Nullpunkt. Seida dachte nur noch daran, das Schiff so schnell wie möglich zu verkaufen. In Hongkong hatten wir KOSAMUI top hergerichtet. Jetzt war die Arbeit von fünf Wochen in zwei Tagen zunichte. Nichts an Bord funktionierte mehr. Unter diesen Bedingungen ohne Licht und elektronische Navigationsmittel in schwerstem Wetter nach Hongkong zurückzulaufen war aber indiskutabel. In unserem psychischen und physischen Erschöpfungzustand in der kochenden See die ganze Nacht vor Südtaiwan auf und ab zu kreuzen war keine Alternative.

Wir einigten uns auf den Versuch, eine Bucht an der Südwestspitze zu erreichen, die laut Karte frei von Untiefen war. Stundenlang kreuzten wir weiter auf, mal gewannen wir ein paar Meter Höhe, dann trieb uns im nächsten Moment wieder eine wütende Fallböe in die See zurück.

Die Entfernung zum Strand und zu den seitlich diese Bucht begrenzenden Riffen ließ sich nicht hinreichend ausmachen. Da kam Seida die rettende Idee: »Wenn wir wenigstens den Radar hätten. Dann müßte es doch zu schaffen sein.« Roman gelang es, das Gerät unter Umgehung der verschmorten Kabelreste direkt auf die Bordbatterie kurzzuschließen. Erneut arbeiteten wir uns Meter für Meter ans Ufer heran. Wieder verloren wir bei einer Wende die gewonnene Höhe. Irgendwann gegen 22 Uhr mußte laut Uferabstand auf dem Radarschirm – das Echolot war ja ebenfalls ausgefallen – eine akzeptable Tiefe zwischen 10 und 15 Metern erreicht sein. Wir ließen den Anker fallen und die 60 Meter Kette voll ausrauschen. Die nächste Fallböe trieb uns wieder ein ganzes Stück in die offene Bucht hinaus. Doch irgendwann

oben: Das Raffles – früher Symbol Singapurs
unten: Der Fluß als Lebensader – ein Klong in Südost-Asien

RAFFLES HOTEL

beide Abb.: Kraftzehrender Rudergang

Wassereinbruch – Chaos unter Deck

Notruder

oben: Es wird Tag auf dem Mount Kinabalu

links: Fleischfressende Pitcher-Pflanze
rechts: Aufstieg zum höchsten Berg Südost-Asiens

gab es einen harten Ruck. Der Anker hatte Halt gefunden.

Völlig ausgepumpt ließen wir uns mitten in das Chaos unter Deck sinken. So lagen wir hier, ohne Licht, wild hin und her schwojend. Ein paar größere nationalchinesische Fischerboote fuhren im relativen Schutz der Küste dicht an uns vorbei. In diesen verbotenen taiwanesischen Küstengewässern hatten sie bestimmt noch keine Yacht ankern sehen. Selbst der Gedanke, daß eines der Boote nachts KOSAMUI rammen könnte, schreckte uns nicht mehr. Uns war alles egal. Wir beteten nur, wenigstens ein paar Stunden schlafen zu können. Nachts heulten weiterhin die Fallböen über uns hinweg. Doch der Anker schien zu halten.

Dennoch hatten wir am nächsten Morgen den Eindruck, ein Stück weiter aus der Bucht herausgetrieben zu sein. Da uns dieses Sperrgebiet nicht geheuer war, versuchten, wir zeitig den Anker zu lichten, zumal der Wind etwas nachgelassen hatte. Doch sobald die Kette kurzstag kam, vernahmen wir das uns noch aus dem Roten Meer so wohlbekannte und gefürchtete Rucken und Reißen am Bugbeschlag. Wir fürchteten, unsere Kette könnte erneut brechen, statt den offensichtlich festverhakten Anker auszubrechen.

Roman stieg mit Tauchbrille und Flossen ins Wasser. Die Sicht war ausgezeichnet. Weit unter sich und KOSAMUI entdeckte er den Bruce-Anker fest unter einem meterhohen Felsblock verkeilt. Ohne Maschine hatten wir keine Chance, ihn dort freizusegeln. Es blieb ihm nichts anderes übrig, als an Bord zurückzukommen und die Tauchflasche hervorzuholen, die wir für eben einen solchen Fall angeschafft hatten. Ohne Sauerstoffflasche wäre in dieser Tiefe der Anker für uns unerreichbar geblieben. Zügig tauchte er zu dem Geschirr hinab, und es gelang ihm auch, es unter dem Felsen frei zu bekommen. Dann drückte er noch den Anker in den Sand, damit KOSAMUI nicht ohne ihn auf Fahrt ging. Der Tiefenmesser zeigte 19 Meter. Erleichtert kehrte er an Bord zurück. Er hatte sich seiner Tauchutensilien gerade glücklich entledigt, als man ein entferntes Knattern in der Luft hörte. In voller Geschwindigkeit näherte sich ein taiwanesischer Militär-Hubschrauber und überflog unser Schiff in nur 30 Meter Höhe. Wenn der ein paar Minuten vorher gekommen wäre und außer der hier unerlaubt im militärischen Sperrgebiet ankernden Yacht auch noch einen ausländischen Taucher entdeckt hätte – nicht auszudenken! Hier an der Westküste Taiwans lebte die Armee ohnehin in einer ständigen, fast phobischen Angst vor einem möglichen Angriff oder Sabotageakten ihrer rotchinesischen Brüder vom Festland.

Also nichts wie weg!

Gegen einen weiterhin sehr frischen Wind ging es durch den Bachi-Kanal an Oluanpi vorbei in den Pazifik. Die Seen waren auch jetzt noch ausgesprochen hoch und brachen ständig. Der Grund lag nicht nur in den flachen Bänken vor der Küste, über denen sich die See aufbaute, sondern zusätzlich setzte hier noch der Kuro Shio, der nach Norden laufende Japanstrom, mit 3–4 Kn gegen den starken Nordost-Monsun. Erneut unter Sturmfock und Try standen in diesem verrückten Seegang nicht nur die Scheuerleiste, sondern ganze Teile des Decks ständig unter Wasser.

Als wir die Südspitze Taiwans endlich hinter uns gebracht hatten, begannen wir, Richtung Norden zu kreuzen. So verbrachten wir die ganze Nacht ohne ein Auge zumachen zu können. In den frühen Morgenstunden verschnauften wir in einer etwas weniger dem Wind und Schwell ausgesetzten Bucht vor der Ostküste, wo wir uns für 1 bis 2 Stunden einfach treiben ließen.

Dann starteten wir einen Versuch am Wind Kurs Richtung japanische Inselkette. Sobald wir uns jedoch mehr als 15 bis 20 sm von der Küste entfernten, wurde die See erneut so schwer und gefährlich, daß uns ernste Bedenken kamen, ob wir unser Ziel heil erreichen würden. Zum ersten Mal hatten wir den Eindruck, daß es einfach zuviel für unsere KOSAMUI war, die sich bisher so wacker geschlagen hatte. Also zurück Richtung Küste. Dort wurde die See deutlich ruhiger, aber wir hatten hier mit einem bis zu 3 Kn nach Süden setzenden Gegenstrom zu kämpfen.

Die nächste Nacht verbrachten wir damit, einen Kompromiß zwischen den beiden Widrigkeiten zu finden. Mit massivem Schlafdefizit, ohne jetzt seit Tagen etwas Vernünftiges gegessen zu haben, saßen wir in diesen tropischen Gefilden frierend im Cockpit. Und das trotz Winterdreß: warme Unterwäsche plus dicke Trainingsanzüge, darüber der Overall und zusätzlich noch den dicken Offshore.

Im Morgengrauen des 16. April sahen wir die Bucht von Hualin auftauchen. Ob verboten oder nicht, wir waren am Ende und beschlossen, diesen geschützten Hafen im Osten Taiwans anzulaufen. Schließlich lag eine echte Notlage vor. Wir waren davon überzeugt, daß den Taiwanesen unsere Schiffsbewegungen in ihren Hoheitsgewässern in den letzten Tagen ohnehin nicht entgangen waren. Indiz dafür war ja schon der Hubschrauber gewesen, der uns vor drei Tagen überflogen hatte. Wegen der fehlenden Elektrizität konnten wir keinen Kontakt mit nationalchinesischen Behörden über UKW aufnehmen.

Ein Versuch, Richtung Hafeneinfahrt zu segeln, scheiterte daran, daß dort in der Abschirmung der Wind wegblieb. Dafür aber wurden wir von einer gegenläufigen Strömung erfaßt und von der Hafeneinfahrt weg Richtung Küstenfelsen getrieben. Wir setzten die größtmögliche Segelfläche, um auch den kleinsten Windhauch auszunutzen und aus dieser Falle wegzukommen. Als wir jetzt unsere Genua zum ersten Mal wieder ausrollten, war eine lange Segelnaht gerissen. Augenscheinlich hatte das große Vorsegel das unfreiwillige Ausrauschen an der Südspitze Taiwans doch nicht heil überstanden. Endlich krochen wir wieder in Richtung offene See. Wir hatten vor, mehr Höhe zu gewinnen, um dann den Gegenstrom zu nutzen und uns so vor die Hafeneinfahrt treiben zu lassen.

Aber so weit kam es nicht. Plötzlich erschienen zwei nationalchinesische Kanonenboote, die Kurs auf uns nahmen. Wir raunten uns zu: »Jetzt geht der Zirkus gleich los!« Keines der Besatzungsmitglieder sprach englisch. Mit Zeichensprache versuchten wir, unsere Lage klar zu machen, und immer wieder wiederholten wir die Worte »emergency« und »no engine«. Daraufhin machten sie Zeichen, wir sollten eine Trosse belegen. Ausgesprochen gekonnt und vorsichtig – um unsere KOSAMUI ja nicht zu beschädigen -, begannen sie uns ins Schlepp zu nehmen. So eskortiert und von vorbeifahrenden Fischerbooten bestaunt, erreichten wir den Hafenkai von Hualin, wo sich gleich eine Menschenmenge und größere Anzahl Offizieller um uns scharten. Wir hatten erwartet, daß nun endlose Befragungen und Verhöre folgen würden. Aber nichts von alledem. Ganz im Gegensatz dazu hieß man uns erstmal herzlich willkommen. Wir sollten uns keine Sorgen machen. Man würde schon alles wieder hinkriegen. Alles kein Problem. Wir waren einfach sprachlos. Schon kam der Vorsitzende des Seaman's-Club von Hualin, Mr. Chi, ein 70jähriger, stets lächelnder Chinese, der auch gleich einen Agenten für den Papierkram mitbrachte. Höflich fragte man uns dann, ob jemand einen Blick in unseren Motorraum werfen dürfe – so ganz schien man unserer Geschichte über die Motorpanne doch nicht zu trauen. Als sie die Bescherung aus schwarzem Motoröl, Feuerlöschpulver und durchgeschmorten Kabeln sahen, machten sie die Klappe schnell wieder zu und meinten nur: »O.K., O.K.« Captain Liu, der Kommandierende der Marinebasis, begrüßte uns herzlich und bot uns gleich »you take a bath« an. Sahen wir denn wirklich so schlimm aus? Seida war bestimmt die erste Frau, die in der Rekrutenkaserne von Hualin nackt unter der Dusche stand. Die Einladung zum Abendessen schlugen wir aus, erstmal brauchten wir Schlaf.

Nach einer ganzen ungestörten Nacht fühlten wir uns wieder wie neu geboren. Jetzt schauten wir uns in Ruhe den Schaden an. Roman steckte gerade im Arbeitsoverall und begann mit ersten Reparaturarbeiten am Kabelnetz, da stand Mr. Chi am Kai und rief uns zu, wir möchten doch schnell mitkommen. Romans Einwand, ölverschmiert wie er sei, traue er sich nicht mal, sich ins Auto zu setzen, wischte er mit einer Handbewegung beiseite. Auf unsere Frage unterwegs, wo es hingehe – wir rechneten mit Behörden-Formalitäten -, grinste er zu uns herüber: »Wir fahren zum wichtigsten Mann in der Stadt.« Sodann führte man uns in das vornehme Büro des Befehlsinhabers für die gesamte Provinz. Auch hier wieder freundliche Begrüßung und Händeschütteln, ein paar Fotos, Roman mit seinem ölgeschwärzten Blaumann mittendrin, was aber niemanden im geringsten zu stören schien. Anschließend sicherte man uns erneut jegliche Hilfe zu. Aber wir wollten erst selber versuchen, ob wir den Schaden nicht beheben konnten. Dennoch wurden wir durch Hualin gefahren, um die für die Reparatur notwendigen Kabel zu kaufen, und der energiegeladene Mr. Chi fand nach einigem Suchen noch einen Schneider, der über eine Nähmaschine verfügte, die stark genug war, unsere Genua zu nähen.

Wieder an Bord, wechselte Roman in den nächsten Tagen den verschmorten Kabelsalat. Dann begannen wir, die einzelnen Funktionen zu kontrollieren. Der Motor ließ sich wieder starten, Radar, Sat-Nav, Echolot und Lichterführung – alles war wieder O.K. Man hatte sogar den Eindruck, daß das Laden der Batterien besser ging als vorher – der Skipper hatte größere Kabelquerschnitte gewählt, als dies in der Erstaustattung der Fall gewesen war. Vor unserer Abfahrt schafften es Mr. Chi und Captain Liu noch – obwohl wir über kein Visum für Taiwan verfügten -, eine Sight-Seeing-Tour zu den Sehenswürdigkeiten der Provinz Hualin zu organisieren.

So fuhren wir zu den tief eingeschnittenen Toraka Schluchten, besuchten ein paar allerdings schon sehr touristisch angehauchte Ureinwohner Formosas mit ihrer bunten Kleidung, sowie eine der marmorverarbeitenden Betriebe, die mit zu den wichstigsten Industriezweigen Hualins gehören.

Zur Verabschiedung war der Provinzbefehlshaber in Begleitung seiner Frau in einem funkelnden schwarzen Cadillac mit Chauffeur zur KOSAMUI gebracht worden. Capitain Liu hatte für diesen Anlaß seine schneeweiße Paradeuniform angezogen und Mr. Chi stand wie immer breit lächelnd daneben. Der wichtigste Mann Hualins begrüßte uns, während seine Frau Seida eine geschnitzte Muschelkette um den Hals hängte und ihr einen Strauß wunderschöner roter Rosen überreichte. Roman erhielt eine Kette aus bunt angemalten, getrockneten Fruchtkernen, die Glück bringen sollten. Glück konnten wir wirklich gebrauchen.

Am gleichen Abend luden uns Chi und Liu zu einem vorzüglichen chinesischen Essen ein. Der Tisch bog sich förmlich unter den aufgetafelten Köstlichkeiten, als wir uns mit »Kampei« zuprosteten.

So gastfreundlich es hier auch war – wir mußten weiter. Aber nicht bevor wir uns bei dem Immigration-Officer erkundigt hatten, ob es denn keine Möglichkeit gäbe, offiziell mit einer Yacht Taiwan anzulaufen. Das sei eigentlich kein Problem, wenn wir über ein gültiges Visum verfügten, war die Antwort. Eine interessante Information für uns, die dem widersprach, was uns bis jetzt Yachties aus aller Welt erzählt hatten.

Wir waren entschlossen, irgendwann einmal wieder nach Taiwan zurückzukommen.

Am 21. April, nach fünf Tagen also, war KOSAMUI startbereit. Captain Liu kam mit der neuesten detaillierten Wetterkarte vorbei. »Damit Sie nicht noch einmal in so ein Unwetter geraten. Um diese Jahreszeit haben wir hier öfters lokale Mini-Taifune, und während Sie da draußen kämpften, mußte sogar eines unserer Kriegsschiffe seinen Kurs zweimal ändern.« Seine Frau stand daneben und gab uns noch einen köstlichen Kuchen als Proviant mit. Dazu übergab uns Liu einen magischen Stein, der das Trinkwasser reinigen und von schlechtem Geschmack befreien sollte. Mit »good luck« und »bon voyage« sagte er uns Lebewohl. Bis zur Hafenausfahrt begleiteten uns zwei Kanonenboote, aber diesmal waren wir nicht Eindringlinge, sondern es war eine Verabschiedung von Freunden.

Bei leichten Winden und ruhiger See saßen wir zwei Stunden später im Cockpit, während KOSAMUI allein ihren Kurs Richtung japanische Okinawa-Kette zog, und wir fragten uns, ob alles, was wir die letzten Tage erlebt hatten, Wirklichkeit war.

Kapitel 15
Mastbruch bei Okinawa

Die 130 sm bis nach Ishigaki, unserem ersten japanischen Ansteuerungsziel, verliefen völlig unproblematisch.

Ishigaki ist eine der südlichen Inseln der Ryukyu-Kette, die zum Distrikt Okinawa gehört. Letzterer erstreckt sich von den subtropischen kleinen Inseln nordöstlich Taiwans bis an die Südwestküste der japanischen Hauptinsel Kyushu. Die Inselkette bildet in ihrem Nord-Süd-Verlauf die Grenze zwischen Pazifik und Ostchinesischem Meer.

Der Hafen von Ishigaki machte auf uns einen enorm befestigten Eindruck, dennoch gilt er nicht als taifunsicher. Wir befanden uns in einem der durch tropische Wirbelstürme am meisten gefährdeten Gebiete der Welt. Jedes Jahr nehmen einige von ihnen ihre Zugbahnen auf dem Weg nach Norden über die Okinawa-Kette.

Die Behörden waren bei unserer Ankunft überaus korrekt. Es war möglich, sich mit Englisch verständlich zu machen, denn unter den Beamten fand sich, ganz im Gegensatz zu der übrigen Bevölkerung, fast immer irgend jemand, der zumindest ein paar Brokken Englisch verstand. Alle Formalitäten waren innerhalb von eineinhalb Stunden abgewickelt. Dann wurde uns eine Aufenthaltsgenehmigung auf drei Monate ausgestellt. Wir durften von Bord und machten uns auf Entdeckungsreise.

Wir mieteten ein Motorrad und fuhren kreuz und quer über die wenig bewohnte, landschaftlich ausgesprochen schöne Insel, deren ganz eigentümliche Vegetation teils subtropisch, teils aber mitteleuropäisch anmutet.

Die Leute wirken nach ihrer wechselhaften Geschichte durch die Jahrhunderte vom Typus her mehr wie eine Mischung aus Chinesen, Philippinos, Japanern und Koreanern. Diese Gegend war auch nicht, wie das japanische Kernland, über Jahrhunderte von allen ausländischen Einflüssen abgeschirmt. Hier hatte stets ein reger Handel mit dem Festland floriert. Auch heute noch wird man, wenn die Sprache auf diese Region kommt, einen Japaner sagen hören »Das ist nicht Japan.« So werden die Bewohner hier auch gelegentlich als Japaner zweiter Klasse behandelt.

Es gab zwar viele japanische Touristen, aber sehr selten Ausländer. Entsprechend wurden wir als Kuriosum bestaunt. Die Leute waren jedoch ausgesprochen freundlich und hilfsbereit.

Wir trafen einen japanischen Arzt und Funkamateur, der, ohne daß wir je voneinander gehört hatten, abends um fünf vor acht plötzlich auf dem Kai stand, uns sein »Hello« zurief und gleich meinte, er würde sich freuen, wenn wir um acht Uhr zum Abendessen zu ihm nach Hause kämen. Überrascht angelten wir uns an der Kaimauer hoch und begleiteten den Japaner in sein Haus. Hier hatte er gleichzeitig eine kleine Klinik für Nierenkranke eingerichtet. Stolz erzählte er uns, er sei Besitzer eines 33-Fuß-Segelbootes, eines Motorbootes und eines Flugzeugs – wobei letzteres allerdings vor ein paar Wochen verlorengegangen war, als sich der Pilot aus Okinawa kommend wohl mit dem Sprit verrechnet hatte und die Maschine ins Wasser fiel. Seine Wohnung strahlte für europäische Verhältnisse nicht diesen Wohlstand aus. Zwar imponierten ein riesiger hypermoderner Breitschirmfernseher sowie drei verschiedene Videogeräte und eine bombastische Amateurfunkanlage, aber es gab nichts, was bei uns so etwas wie Wohnkultur ausmachen würde: kaum Möbel, keine Gemälde oder sonstige Kunstgegenstände.

Ganz verwundert äußerte er sich bei einem Gegenbesuch über das Innere KOSAMUIs, die sich so sehr von dem Plastik-Interieur seiner Yamaha-Yacht unterscheide. Ihn versetzten weiß lackierte Holzdecken mit Teakleisten, handgemalte Batikstoffe als Polsterüberzüge und Messing-Instrumente in Begeisterung.

Die Stadt Ishigaki war eine Ausgeburt an Häßlichkeit – wie übrigens alle modernen japanischen Städte, die wir zu Gesicht bekamen. Überall rechteckige Betonblöcke, kaum Grünanlagen, keine ansprechenden Läden. Dafür an jeder Ecke Getränkeautomaten oder Paccinko-Spielhallen. Hier bekamen wir schon einen ersten Vorgeschmack auf das, was die auf dichtgedrängtem Raum lebenden Japaner als »usagigoya«, als ihre »Kaninchenställe«, bezeichnen.

Eine Ausnahme bildeten die wenigen noch übriggebliebenen, früher für Ishigaki typischen Häuser mit ihren langgezogenen schrägen Dächern und den umgebenden Steinmauern. Sie waren in früheren Zeiten zum Schutz gegen Taifune in dieser Weise gebaut worden. Derart selten sind diese ausgesprochen schönen alten Häuser geworden, daß sie heute zusammen mit ihren kleinen Gärten geradezu eine Rarität darstellen und als Touristenattraktion ausgewiesen sind.

Zehn Tage lang durchstreiften wir die Insel bevor wir nach Okinawa weitersegelten. Hier wollten wir uns vor allem das Hari-Festival anschauen. Auf über zehn Meter langen, bunt angemalten Kanus, den Sabani-Booten, die nach alten japanischen Vorbildern gebaut sind, treten jeweils zwölf junge Männer in traditioneller Kleidung gegeneinander an. Dieses Festival wird jedes Jahr Anfang Mai zu Ehren der Meeresgötter veranstaltet.

Leider prägten auch in Naha, der wichtigsten Stadt Okinawas, Betonbauten das Stadtbild. Ein Lichtblick waren die zahlreichen Kimono-Geschäfte, in denen wunderbare, aber für die meisten unbezahlbar teure Stoffe verkauft werden. Viele tausend Dollar für einen Kimono sind keine Seltenheit. Auch eine Menge Töpfereien waren zu sehen. Ein für Okinawa ganz typisches Motiv ist der Shisa, der Löwenhund, der Bewacher und Vertreiber von Dämonen, der überall in dieser Region auf Hausdächern und Umfriedungen aufgestellt wird.

Auf dem Heimweg vom Hari-Festival staunten wir nicht schlecht, als wir unsere Namen rufen hörten. Als wir uns umdrehten, ragten aus der Masse der im Vergleich kurzbeinigen Japaner die hünenhaften Gestalten von Tony und Elmar hervor, unseren Yacht-Nachbarn von Hongkong. Nach großem Hallo erzählten sie uns, daß sie auf ihrer Route mit »Artic Lady« in einen fürchterlichen Sturm geraten waren. Sie hatten ihre Segel zerfetzt, die Steuerung war gebrochen, und sie mußten zu ihrem Ausgangspunkt Naha zurückkehren. Das Ganze war vor nicht ganz drei Wochen geschehen. Beim teilnahmsvollen Zuhören konnten wir immer nur mit dem Kopf nicken – es kam uns einiges bekannt vor...

Wir verstanden nicht, warum uns »Artic Lady« nicht schon längst im Hafen aufgefallen war. Aber unsere beiden Bekannten aus Alaska hatten nicht in dem überfüllten Fischereihafen wie wir festgemacht, sondern ihre 45-Fuß-Yacht gleich in das Hafenbecken der amerikanischen Navy gelegt. Die US-Armee hatte ihren Landsleuten diese Gunst eingeräumt.

Die Amerikaner unterhalten noch heute auf Okinawa einen bedeutenden Militärstützpunkt. Nach der Schlacht von Okinawa 1945 mit 250000 gefallenen Soldaten und Zivilisten auf japanischer Seite und 13 000 gefallenen Amerikanern blieb die Insel bis 1972 unter amerikanischer Besatzung. Dies führte dazu, daß auch heute noch der amerikanische Einfluß deutlich spürbar ist. Daraus erklärt sich, daß in den letzten vier Jahrzehnten die kulturelle und wirtschaftliche Entwicklung auf Okinawa in anderen Bahnen verlief als im übrigen Japan, was die schon traditionelle Kluft zu den Hauptinseln noch verstärkt hat.

»Artic Lady« verließ einen Tag vor uns die Insel mit Ziel Tokio. Wir selbst warfen nach einer knappen Woche auf Okinawa die Leinen los. Unser Ziel hieß Kyushu, fast 400 Meilen nördlich.

Nach ein paar Stunden gemütlichen Segelns, drehte gegen Abend der Wind mal wieder auf Nordost. Wind und Seegang nahmen zu, sodaß wir mit zwei Reffs im Großsegel und unter Sturmfock liefen. Zwar blies es nicht wie vor Taiwan, aber genug, damit es ungemütlich wurde. Wir waren nicht sicher, ob uns die Seekrankheit zu schaffen machte, oder ob es nicht eher die Tempura war, eine japanische Spezialität aus fritiertem Fisch, Fleisch oder Gemüse in Teig. Uns beiden war todsterbensübel. So lange wir ruhig in unserer Cockpitecke saßen, den Blick starr in der Längsachse ausgerichtet, war es gerade noch auszuhalten. Aber wehe, wir drehten den Kopf, um den Horizont nach anderen Schiffen abzusuchen. Im gleichen Augenblick war es schon zu spät. Unfreiwillig opferten wir unsere Tempura den Fischen. Immer wieder und wieder.

Am nächsten Tag fühlten wir uns mit leerem Magen sichtlich besser. Die Sonne schien wieder, und die See hatte sich etwas beruhigt. Aber wir liefen bei etwa 6 Bft noch unter der gleichen Besegelung, 2. Reff und größere Sturmfock. Wir hatten uns doch entschieden, die Insel Amami-o-shima anzulaufen, die noch etwa 30 Meilen entfernt war. KOSAMUI kreuzte weiterhin hoch am Wind. Seida saß im Cockpit, Roman stand wie so oft breitbeinig unmittelbar hinter der hochgeklappten Sprayhood und beobachtete die See vor uns.

Plötzlich glaubte er zu träumen: mit offenem Mund begriff er nicht sofort, was seine Augen sahen. Der 11 Meter hohe Mast der KOSAMUI bog sich unvermittelt weit nach Backbord durch und brach noch in der Luft oberhalb der Saling. Das gesamte Rigg mit den jetzt zwei Mastteilen, Baum, Verstagung, Großsegel, Rollgenua, neuer Radarantenne, UKW-Antenne und dem als Amateurfunkantenne isolierten Achterstag stürzte unter Mitnahme der Reling in die See. Seida, die mit dem Rücken zur Fahrtrichtung saß, hatte den ganzen Vorgang überhaupt nicht mitbekommen. Sie blickte besorgt auf Roman, der unbeweglich, fassungslos dastand. Er starrte wie hypnotisiert nach vorne, zu der Stelle, wo sich bis eben noch die gesamte Takelage der KOSAMUI befunden hatte. Seida folgte seinem Blick. Ihr Verstand weigerte sich einen Moment zu glauben, was sie entdeckte. Sekunden später hatten wir unseren Schock überwunden. Etwas wie Panikgefühl – wie anfänglich bei unserem Ruderverlust -, trat jetzt erstaunlicherweise nicht auf. Aber vielleicht hatte uns die anhaltende Pechsträhne der letzten Monate schon regelrecht abgestumpft.

Ganz mechanisch begannen wir zu handeln. Zuerst versuchten wir die Teile, die neben uns in scheinbar greifbarer Nähe im Wasser schwammen, wieder an Bord zu hieven. Doch schon bald wurde uns die Aussichtslosigkeit unseres Unterfangens klar. Alle Teile waren durch das stehende und laufende Gut untereinander verbunden. Die Segel hatte es bereits tief unter Wasser gezogen, so daß unsere gemeinsame Kraft nicht ausreichte, um auch nur einen Teil zu bergen. Eine kurze Überlegung Romans, ob er nicht ins Wasser springen sollte, um zu versuchen, wenigstens einige Teilstücke voneinander zu trennen, um sie dann einzeln an Bord zu bekommen, wurde von Seida als Wahnsinn bezeichnet. Sicherlich nicht zu Unrecht, angesichts des hohen Wellengangs, der darin schlingernden Bewegungen unserer KOSA-

MUI und der vielen im Wasser hängenden Leinen und Wanten, in denen er sich leicht hätte verfangen können.

Doch zu langen Überlegungen war keine Zeit. Der zerbrochene Mast mit den Maststufen knallte bei jeder Welle gegen den Polyesterrumpf der Yacht und konnte jeden Augenblick ein Loch schlagen. Kurzentschlossen sprang Roman unter Deck, kramte den schweren Wantenschneider hervor, über den Seida in Deutschland noch gemeint hatte »Was willst du denn mit dem?«, und fing an, die Wanten zu kappen – den Versuch, die Splinte und Bolzen herauszuziehen, hatte er gleich erfolglos abgebrochen, als er sah, daß zuviel Zug auf ihnen lastete.

Aber immer noch hämmerten Mastteile gegen unseren Rumpf, denn das Profilstag der Rollreffanlage ließ sich mit dem Wantenschneider nicht kappen. Wegen des größeren Umfangs mußten wir es mit einer Metallsäge probieren. Wieder fieberhaftes Suchen im Werkzeugschapp. Zurück an Deck. Über ein Gewirr von Leinen und Fallen auf dem hilflos hin und her torkelnden Schiff Richtung Bug. Das Werkzeug in der linken Hand, rechts krampfhaft nach Halt suchend, um nicht über Bord geworfen zu werden – eine Reling gab es nicht mehr. Am Bugkorb festgekeilt, begann Roman wild zu sägen. Noch bevor er das Profilstag halb durchtrennt hatte, brach das Blatt. Wütend warf der Skipper die gesamte Säge über Bord. Seida wartete nicht erst ab, sondern raste unter Deck und brachte Ersatz. Wieder verbissenes Sägen, angetrieben von dem rhythmischen Schlagen des Mastes gegen die Bordwand. Es erschien uns eine Ewigkeit, bis auch das Vorstag durchtrennt war, und nun das gesamte Rigg in dem grenzenlosen Blau unter uns langsam entschwand.

Auf den wild schaukelnden Resten unserer KOSAMUI, krallten wir uns im Cockpit fest um Halt zu finden. Die Spannung ließ etwas nach, als wir das wohlvertraute Motorgeräusch des willig startenden Diesels vernahmen. Was konnten wir tun? Allenfalls Amami-o-shima war für uns erreichbar. Auf das nahmen wir nun Kurs. Die knapp 30 sm bis zur Küste schienen nicht enden zu wollen. Zu dem Seegang kam zwischenzeitlich eine uns wieder nach Süden zurücksetzende Strömung. Dazu die ständige Angst, »wenn jetzt auch noch die Maschine ausfällt!« – ohne Rigg, ohne Motor und ohne Funkgerät wären wir dann hilflos in den Pazifik hinausgetrieben.

Es war bereits lange dunkel, als wir gegen 23 Uhr einen halbwegs geschützten Platz neben den schroffen Felswänden eines Kapvorsprungs erreichten. Erst hier am Ankerplatz realisierten wir überhaupt, was passiert war. Uns bekümmerte der Verlust der Schiffsteile, die wir bereits im Chinesischen Meer verloren hatten. Vor allem aber bekümmerte uns dieses Pech, das uns seit Singapur, also seit wir im Chinesischen Meer waren, nicht losließ. Erst das Ruder aufgrund eines Materialfehlers, trotz des von Konstrukteurseite her durchaus großzügig bemessenen Ruderschafts. Dann die Probleme vor Taiwan. Und jetzt der Mastverlust, obwohl wir vor unserer Abfahrt in der Türkei das stehende Gut vorsorglich erneuert und verstärkt hatten.

Zwischenzeitlich fanden wir die Ursache für den Mastbruch. Das am Mast angreifende T-Terminal des Steuerbord-Unterwants war gebrochen. Und das hatte die moderne Riggkonstruktion mit nur einem Unterwant auf jeder Seite und einem zusätzlichen Baby-Stag bei der kleinen Besegelung mit ihrem niedrigen Druckpunkt auf unserem Am-Wind-Kurs nicht verziehen. Die späteren Diskussionen mit anderen Yachties zeigten, daß zwar bei anderen Schiffen auch mal ein Unterwant gebrochen war, daß dort die Summe der ungünstigen Faktoren aber nicht wie bei uns alle gleichzeitig zusammenkamen. So brach »Heron« bei Socotra ein Unterwant, aber sie verfügte über zwei Unterwanten auf jeder Seite statt des Baby-Stags, und sie hatte einen Mast, der durch das Deck lief und auf dem Kiel stand, was ihm zusätzliche Stabilität verlieh. Auch die französische Yacht »Thélème«, die später noch erwähnt wird, hatte im Südpazifik bei ebenfalls nur einem Unterwant auf jeder Seite plus Baby-Stag Bruch erlitten. Der Mast verfügte jedoch über zwei Salinge und somit ein Mittelwant. Außerdem erfolgte das Ganze bei raumem Wind und bei voller, bis in die Mastspitze reichender Besegelung.

Die einzige Möglichkeit, die uns blieb, war, zu versuchen, eine größere Siedlung auf der Insel Amami-o-shima zu erreichen, also Naze mit seinem Hafen. Außer der steten Angst, jeden Moment könne uns der Motor im Stich lassen, kam die Besorgnis, ob unser Treibstoffvorrat, der sich langsam dem Ende zuneigte, reichen würde. Schließlich hatten wir mit einer Segelpartie gerechnet.

Nach zwei uns endlos erscheinenden Tagestörns waren wir überglücklich als die Bucht von Naze vor uns lag. Inzwischen war es uns auch gelungen, eine Notantenne für unser Ham-Radio zu installieren. Als wir jetzt zum erstenmal wieder Kontakt mit dem South-East-Asia-Net herstellten, konnten wir, mit dem rettenden Ziel vor Augen, über unser Mißgeschick schon fast wieder lachen. Als die mehr routinemäßige Frage des Net-Controllers kam, ob es irgendwas Besonderes von unserer Seite zu berichten gäbe, grinsten wir uns nur verschmitzt an und gaben die lapidare Antwort: »Everything o.k. on board. – Oh, by the way, 3 days ago we lost our mast!« Auf der anderen Seite folgte erstmal ein betroffenes Schweigen.

Kapitel 16
Japan – das künstliche Lächeln

Drei Tage nach unserem Mastbruch erreichten wir also mit unserer »Motoryacht« Naze, den Hafen von Amami-O-Shima. Dort erhielten wir Anweisung, uns neben zwei Schiffe der japanischen Küstenwache, einer paramilitärischen Einrichtung, zu legen.

Die Überlegung, uns, wie zuvor schon das Ruder, jetzt auch einen Mast aus Europa schicken zu lassen, war schnell vom Tisch, als wir den Transportpreis hörten. Aber eigentlich mußte so ein Mast auch hier in dieser führenden Industrienation zu beschaffen sein. Bei einem Vertreter von Yamaha, die inzwischen auch GFK-Boote herstellten, zogen wir erste Erkundigungen ein. Alles gestaltete sich ausgesprochen schwierig, da selbst die Geschäftsleute sogut wie kein Englisch sprachen.

Als Retter in der Not erschien ein blonder, schlanker, etwa 30jähriger Europäer mit breitem Strohhut auf dem Kopf – Nick. Er stellte sich als amerikanischer Staatsbürger vor und war – wie wir später erfuhren – europäischer Abstammung. Seit acht Jahren lebte er in Japan, war mit einer Japanerin verheiratet und hatte eine acht Monate alte Tochter. Er arbeitete freiberuflich als Übersetzer und beschäftigte sich auch mit Werbung für eine große japanische Motorradfirma. So verfügte er zu Hause auch über ein eigenes Telefaxgerät. Was zu diesen günstigen Umständen noch hinzukam – Nick hatte früher zwei Jahre in einer Bootswerft gearbeitet und war begeisterter Segler. Außer fließend Japanisch sprach er auch hervorragend Deutsch, die Muttersprache eines Elternteils.

Gemeinsam kalkulierten wir während der nächsten Tage die notwendigen Abmessungen für das neue Rigg. Wenn man als einzigen Anhaltspunkt die bekannte frühere Masthöhe hat, ist das kein einfaches Unterfangen. Nick kontaktierte einen Mastbauer, dessen Adresse er einer japanischen Yachtzeitschrift entnahm. Für japanische Verhältnisse ausgesprochen unüblich, sich direkt an die Fabrik zu wenden, aber dadurch blieb auch der Preis in einem akzeptablen Rahmen. Nur, als es an die Berechnung des stehenden Gutes ging, paßte der Mastbauer. Zwar hatten wir seine Tabellen und Formeln mit den verschiedensten Deckpunkten, ihrem Abstand zueinander und ihre Höhen sorgfältig angegeben und komplett ausgefüllt zurückgefaxt, das Risiko, ein ganzes Rigg nur nach »Augenmaß« zu liefern, war ihm jedoch auf seine eigene Verantwortung zu groß. Er ließ uns mitteilen, er habe da zwar seine Formeln, ob die aber wirklich auch ganz exakt seien... Wir sollten ihm doch bitte die genauen Maße für die einzelnen Wanten und Stage mitteilen. So hatte er uns den »Schwarzen Peter« zugeschoben, zumal es auf Amami niemanden gab, der ein Terminal hätte vor Ort aufwalzen können.

Wir schrieben jetzt Mitte Mai. Als Lieferfrist für den neuen Mast wurden uns vier Wochen angegeben. Das bedeutete also das Ende unserer Nord-Pazifik-Pläne. Denn Mitte Juni hätten wir Hokkaido, die große Nord-Insel Japans, bereits Richtung Aleuten verlassen müssen, um den Hochsommer als einzig mögliche Jahreszeit für diese Route voll auszunutzen. Aber selbst hier vor Ort gerieten wir unter Zeitdruck, denn die Taifun-Saison würde bereits in vollem Gange sein. Wie sollten wir uns mit einem Segelschiff ohne Mast bei einem herannahenden Wirbelsturm in den nächsten, als taifunsicheren Hafen retten? Amami galt nicht als solcher.

Neben dem freundschaftlichen Kontakt zu

Nick gab es auf der Insel noch einen anderen »Gaijin«. Es war Pater Nicholas, der in Konia, einige Kilometer südlich von Naze, seine Franziskaner-Mission hatte und uns regelmäßig an Bord besuchte. Er hatte uns auch ein paar Tage zuvor mit einem japanischen Hotelbesitzer bekanntgemacht, bei dem wir duschen und Wäsche waschen durften. Zu unserem Leidwesen schleppte der Japaner jedoch in der Folgezeit eine ganze Menge Journalisten an Bord, die über uns berichten sollten. Dachte er uns damit einen Gefallen zu tun?

Die Insel Amami besteht größtenteils aus dichter, undurchdringlicher Vegetation. Es gibt nur wenige Dörfer. Landschaftlich, kein Vergleich zu der Schönheit der südlicheren Inseln. Auf Ausflüge fernab von den Straßen und Wegen verzichteten wir tunlichst, weil Amami, wie auch die Nachbarinseln, von Giftschlangen regelrecht verseucht ist. Das stand selbst in unserem Seehandbuch eindringlich erwähnt. Insbesondere verbreitete die tödliche Habu Schrecken. Als nächtlicher Jäger reagiert sie auf Körperwärme wie mit Infrarotsensoren und ist so auf den Fang von Säugetieren spezialisiert. Immer wieder fielen der hochgiftigen, über 1 Meter langen Schlange Menschen zum Opfer. Es gab auch Schlangenjäger, die sich in den fast undurchdringlichen Dschungel aufmachten, die Habu zu jagen, denn der Staat versprach für jede gefangenen Habu eine gute Prämie. Habujäger war ein Beruf, in dem man häufig nicht alt wurde. Eine Sehenswürdigkeit besonderer Art in Naze war denn auch eine Schlangenfarm, wo lebende Habus zur Serumgewinnung gehalten wurden. Die an den Wänden ausgestellten Farbfotos über Verletzungen und Gewebsnekrosen – alle durch den Biß einer Habu hervorgerufen – riefen selbst bei einem Mediziner ein flaues Gefühl im Magen hervor.

Amami ist eine Hochburg des japanischen Christentums, dem in Japan jedoch nur 5 Prozent der Bevölkerung angehören. So lernten wir auch ein von Ordensschwestern geführtes Heim für behinderte Kinder kennen, wo wir in einem informativen Gespräch von der Mutter Oberin erfuhren, daß sich der japanische Staat für solche unproduktiven Gruppen am Rande der Gesellschaft nicht zuständig fühle und so gut wie keine finanziellen Mittel bereitstelle. Selbst die Eltern schienen sich in vielen Fällen für ihre behinderten Kinder nicht verantwortlich zu fühlen. Die Scham gegenüber der Gemeinschaft war hier wohl zu mächtig.

Einen ausgesprochenen Außenseiter lernten wir auch kennen. Es war der muskulöse, durchtrainierte, etwa 25jährige Kenichi mit seiner gleichaltrigen Freundin. Beide waren mit einem knapp 8 Meter langen Segelboot in zum Teil halsbrecherischer Fahrt von Fukuoka im Norden Kyushus hierher gesegelt, nachdem sie dort ihre Arbeitsstellen aufgegeben hatten. In Okinawa wollten sie sich irgend einen neuen Job suchen. Kenichi hatte als Karatelehrer gearbeitet, bis er sich bei der Ausübung dieses Kampfsports das Sprunggelenk brach. Nun meinte er, seine Zeit als Sensei eines Dojo, also als Meister in einer Kampfsportschule, sei damit vorbei. Für japanische Verhältnisse war solch ein Vagabundenleben, wie er es zur Zeit auf seinem Schiff führte, fast ein asoziales Verhalten. Undenkbar, seine Arbeitsstelle freiwillig aufzugeben. Der größte Teil aller japanischen Arbeitnehmer wechselt nie seinen Arbeitgeber. So ist auch zu verstehen, daß die Identifizierung mit der Firma in Japan stärker ist als irgendwo sonst auf der Welt. Die soziale Stellung wird am beruflichen Erfolg gemessen, das Familienleben zählt dagegen fast nicht. Die Firma ist alles. Für europäische Verhältnisse schwer verständlich, daß viele japanische Arbeitnehmer nicht einmal die wenigen Tage Urlaub nehmen, die ihnen vertraglich zustehen. Vor ein paar Jahren war es noch üblich, falls eine Belegschaft tatsächlich einmal streikte, als Zeichen hierfür ein entsprechendes Band am Oberarm zu tragen. Eine Arbeitsniederlegung war hingegen undenkbar, da sie ja die Produktionsleistung gemindert und sich somit gegen das Allgemeinwohl gerichtet hätte.

Zusammen mit Kenichi wurden wir bei der Familie Beppu, einem Stadtratsvorsitzenden, eingeladen. Seltsam berührte es uns, als wir vier jungen, am Boden sitzenden Leute beim Essen von der fast 60jährigen Ehefrau bedient wurden. Nachdem sie den Fusuma öffnete, kniete sie nach altjapanischer Sitte nieder und kam, so auf den Knien rutschend, in den Raum, wo sie das Mahl servierte. Dann verließ sie rückwärts – immer noch auf den Knien – den Raum. Daß die Dame des Hauses nicht mitaß, verstand sich von selbst.

Wir hatten auf Amami, als wir auf den Mast warteten, vier Wochen Zeit zu überlegen, wie es weitergehen sollte. Der Gedanke, KOSAMUI in Japan zu verkaufen, formte sich bei uns immer deutlicher. Wir hatten schon durchgerechnet, daß wir mit dem Erlös in Taiwan eine 12-Meter-Yacht bauen lassen könnten. Mit dieser würden wir dann die Rückreise antreten.

Es war zwar zu spät für die Nord-Pazifik-Route mit Stopp auf den Aleuten, in Alaska und British-Columbia – die direkte Nonstop-Überquerung mit über 4000 sm in Höhe von 40° N erschien uns wenig reizvoll -, aber in den zweieinhalb Jahren, die uns insgesamt zur Verfügung standen, konnten wir gut den Weg zurücklaufen.

Doch erstmal hieß es, das Boot wieder herzurichten. Telegrafisch hatten wir uns aus Europa Geld anweisen lassen, um den Mast im Voraus, wie gefordert, zahlen zu können. Als wir die Bank in Naze betraten, sahen wir zwar nicht wie Bankräuber aus, aber genauso wurden wir angestarrt. Die jungen Angestellten, auf die wir zugingen, wurden wie von Panik erfaßt. Jeder winkte erstmal mit einem gequälten Lächeln ab. Jeder schien Angst zu haben, wir könnten ihn was fragen, und versteckte sich hinter seinem Kollegen. Endlich war ein Opfer gefunden. Es war der Angestellte, auf dessen Schalter das einzige englische Wort in der Bank zu lesen war. »Change«. Das hieß aber beileibe nicht, daß der Japaner auch ins Englische wechseln konnte. Viel Zeichensprache, viel Zeit und viele Skizzen auf dem Papier waren erforderlich, bis wir die notwendigen Angaben hatten, um unser Geld hierher überweisen zu lassen.

Fünf Tage später – denn länger sollte eine telegrafische Anweisung auch bis Japan nicht dauern – standen wir wieder in der Bank. Diesmal verbreiteten wir weniger Schrecken als Erheiterung. Breitlächelnd zeigten die Angestellten denn auch gleich auf ihren Kollegen. Es war nicht schwer, ihm klar zu machen, warum wir gekommen waren. Aber dann wurde es kompliziert. Das Geld war nämlich nicht da. Wieder waren viele Zeichnungen notwendig, jetzt uns klar zu machen, daß das Geld eigentlich doch da sei. Es lag zwar auf der Bank, aber bei der Zentrale in Tokio. Die Japaner hatten ein noch wesentlich ausgeklügelteres System, ein paar Tage Zinsen für ihre Bank mit den Kundengeldern bei Überweisungen herauszuschinden. Das Geld war tatsächlich innerhalb zwei Tagen von Europa nach Tokio gelangt. Dort lag es und arbeitete für die japanische Bank. Wir sollten uns jetzt damit einverstanden erklären, daß von Tokio aus per normalem Postweg eine Erklärung abgeschickt würde, die wir hier in Naze dann unterschreiben könnten und die dann erneut per normalem Postweg nach Tokio zurückgesendet würde. Nach Erhalt dieser Unterschrift könnte das Geld dann über die Hauptfiliale in Kagoshima nach Naze überwiesen werden. Wir waren sprachlos. Erst versuchten wir es mit Geduld bei dem Angestellten. Immer wieder nickte er freundlich, und wir hörten sein zustimmendes »Hai«. Aber nur, um uns dann wieder die ganze Prozedur von vorne per Zeichnung zu erklären. Schließlich hatten wir genug. Wir verlangten, den Bankdirektor zu sprechen. Ein solches Ansinnen löste schieres Entsetzen aus. Der Bankangestellte gab uns zu verstehen, das sei nicht möglich. Wir waren aber entschlossen, vorher nicht abzuziehen. Ewig drückte er sich im Schalterraum herum und wagte jetzt auch nicht mehr, an seinen Schalterplatz zurückzukehren. Er saß wohl in der Zwickmühle. Aber wir hatten Zeit und inzwischen eine geradezu asiatische Geduld. Sobald der Angestellte sich wieder in unsere Nähe wagte, bekräftigten wir erneut unsere Forderung. Nach 2 Stunden hin und her war es dann plötzlich soweit. Ein älterer untersetzter Japaner in gut geschnittenem Anzug und Krawatte stand uns gegenüber und fragte, ohne sich vorzustellen, was wir wünschten – in ausgezeichnetem Englisch. Seida kochte inzwischen vor Wut. In dennoch ruhigem Ton meinte sie bissig: »Bei einer Schweizer Bank wäre das Ganze eine Angelegenheit von wenigen Minuten und durch einen einzigen Telefonanruf zu regeln. Und da brauchen sie als eine der führenden Weltwirtschaftsnationen für solch einen simplen Geldverkehr zehn Tage?« Mit unbeweg-tem Gesicht hörte der Direktor zu. Dann verschwand er wieder. Fünf Minuten später teilte uns der Angestellte mit – jetzt wagte er sich wieder in unsere Nähe – wir könnten am nächsten Tag das Geld abholen. Wir waren dringend auf die Summe angewiesen, weil sich sonst der Liefertermin für unseren Mast um Wochen verschoben hätte.

Pünktlich nach vier Wochen kam mit dem riesigen Fährschiff aus Tokio auch unser Mast an. Mit Herzklopfen schauten wir zu, wie er von einem mobilen Kran von Bord gehievt wurde, und fingen an, die Wanten anzuschlagen. Tatkräftige Unterstützung erhielten wir auch diesmal wieder von Nick. Mit dem Spielraum der verstellbaren Wantenspanner paßte tatsächlich alles bis auf das Vorstag. Doch mit den schon so bewährten Lochplatten war auch das kein Problem.

KOSAMUI hatte sich wieder von einem falsch proportionierten Motorschiff in eine Segelyacht verwandelt.

Es war auch höchste Zeit. Weiter im Süden war über Taiwan bereits der erste Taifun hinweggerast.

Abends saßen wir nochmals mit Nick zusammen, der nach acht Jahren seine Zelte in Japan wieder abbrechen wollte. »Du hast hier den Eindruck, je länger du in dem Land bleibst, um so mehr wird dir deine Kraft entzogen«, äußerte er halb zu sich selbst gewandt.

Mit in der Runde beim Sundowner saß auch Pater Nicholas, der uns noch seinen priesterlichen Segen erteilte. Wir hofften, daß der uns mehr helfen würde, als die vorausgegangenen chinesischen »Good-Luck-Wünsche«. Unserer Meinung nach war der Obulus an die Götter des Chinesischen Meeres mehr als reichhaltig ausgefallen.

Am nächsten Morgen lösten wir die Leinen von dem Coastguard-Schiff neben uns, auf dem wie üblich die Mannschaft ihre Morgengymnastik vollführte. Mit dem Sprecher der Kassette, die dazu spielte, erinnerte das Ganze irgendwie an einen amerikanisichen Square Dance – auf japanisch.

Am Kai winkte uns noch der Volksschullehrer Atsuo nach, der einzige unserer japanischen Bekannten in Naze, der fließend Englisch sprach. Er hatte uns zuvor gefragt, ob wir nun den neuen Mast ausprobieren wollten, und dabei wohl die Bucht von Naze gemeint. Scheinbar glaubte er nicht so ganz an unsere angekündigte Abreise. Jetzt schaute er uns verdutzt an, als wir lachend erwiderten: »Ausprobieren ja, aber auf dem Weg hoch nach Kagoshima.« Das lag über 200 Meilen weiter nördlich.

Die Inselkette von Ryukyu brachten wir in gemütlichen Tagestörns hinter uns. Der erste Stopp war Takarashima, dessen winziges Hafenbecken wir in ruhigem Wetter ansteuerten. Diese Ortskenntnis sollte uns später noch von Nutzen sein. Erstaunt waren wir, daß selbst jede noch so kleine Insel über einen hervorragend ausgebauten Hafen verfügte. Diese Art der Verbesserung der Infrastruktur hatte sich der japanische Staat einiges kosten lassen.Die sicheren Häfen, die es überall gab, und die Sicherheit gegenüber kriminellen Übergriffen (nirgends war es ein Problem, das Boot in unserer Abwesenheit offen zu lassen) – das waren Vorteile Japans, die sofort ins Auge sprangen.

Auf Takarashima ebenso wie auf Nakanoshima, unserem nächsten Zwischenstopp, waren die wenigen Einwohner ausgesprochen zurückhaltend, schüchtern. Alles, was es an Nahrungsmitteln zu kaufen gab, war Weißkohl und, wenn wir Glück hatten, ein paar Eier. Dafür standen uns in Nakanoshima die heißen Schwefelbäder im japanischen Bad, dem »Ofuru«, kostenlos zur Verfügung.

Die gesamte Ryukyu-Kette besteht aus hochaufragenden, dicht bewachsenen Inseln vulkanischen Ursprungs. Auch Seebeben, eine Variante der in Japan so häufigen Erdbeben, sind hier keine Seltenheit.

In unserer bisher immer noch von europäischem Streß und Zeitdenken geprägten Grundeinstellung hatte es während unseres vierwöchigen erneuten Zwangsaufenthalts auf Amami eine wesentliche Veränderung gegeben. Endlich nahmen wir Abstand von unserem »Rennen gegen die Uhr«. Wir waren jetzt in knapp über einem Jahr vom Mittelmeer bis ins »Land der aufgehenden Sonne« gesegelt, und wir hatten nochmals die gleiche Zeit zur Verfügung bis wir in Deutschland zurück sein mußten. Jetzt störte es uns plötzlich nicht mehr, wenn draußen der Sturm heulte. Wir blieben halt ein paar Tage länger an dem jeweiligen geschützten Ankerplatz und warteten ab, bis alles vorüber war.

So erreichten wir Kagoshima elf Tage nach unserer Abfahrt aus Naze, ohne daß uns der Wind oder die unterwegs angetroffenen starken Strömungen etwas angehabt hätten. Bereits von Ferne sahen wir den gewaltigen Kegel des Sakurajima mit seiner Rauch- und Aschewolke über dem Gipfel. In Kagoshima hatten wir einen ausgesprochen unruhigen Hafenplatz erwischt. Wir lagen in unmittelbarer Nachbarschaft der Polizeiboote, und jedes ein- oder auslaufende Fischerboot erzeugte einen unangenehmen, sich an den senkrechten Betonmauern reflektierenden Schwell. Obwohl wir ja bereits in Ishigaki knapp zwei Monate zuvor einklariert hatten, wurde Roman erneut auf das Zollboot gebeten. Dort stellte ein junger Offizier ihm fortwährend, wenn auch lächelnd, die gleiche Frage: Was wir denn an Sachen dabei hätten, und ob sich nicht vielleicht doch etwas Haschisch oder Marihuana in unserem Gepäck befände. Erst als Roman ärgerlich und energisch antwortete, er sei schließlich kein Drogendealer, sondern Arzt von Beruf, reagierten die Beamten wie verwandelt. Plötzlich waren sie ausgesprochen höflich, verneigten sich mehrmals, während sie sich mit »sumimasen« für die vorher provokativ gestellten Fragen entschuldigten.

Der Leiter des örtlichen Touristenbüros führte gleichzeitig auch eine Sprachschule für Englisch. Wir waren mit ihm ins Gespräch gekommen, als wir einen Stadtplan suchten. Er vermittelte uns gleich drei seiner knapp 20jährigen japanischen Studenten, die uns im Austausch dafür, daß sie ihr Englisch praktizieren konnten, die Sehenswürdigkeiten um Kagoshima herum zeigten. So besuchten wir eine interessante Kimono-Weberei. Erstaunt sahen wir das aufwendige, komplizierte und arbeitsintensive Verfahren zur Herstellung der teuren Kimonostoffe. Jetzt konnten wir uns auch erklären, wie die astronomischen Preise für Kimonos zustande kamen. Anschließend fuhren wir zu einer alten Samurai-Siedlung. Eines der wenigen Male, wo wir ein ganzes Dorf aus ursprünglichen japanischen Häusern sahen. Es folgte ein Museum mit Militärmaschinen der im Zweiten Weltkrieg so gefürchteten Flieger des »Göttlichen Windes«. Diese Kamikaze-Piloten hatten sich in ihren mit Sprengstoff vollgeladenen, kleinen, einmotorigen Flugzeugen selbstmörderisch auf die amerikanischen Schiffsverbände gestürzt und ihnen häufig schwere Verluste zugefügt.

In Kagoshima selbst konnte man als Sehenswürdigkeit gegen saftige Eintrittsgebühren den Iso-Garten bewundern, einen der typischen japanischen Gärten – so wie man sich in Europa Japan häufig vorstellt.

Als Abschluß unserer Besichtigungsfahrt führten uns die drei jungen Studenten in ein gutes Sushi-Lokal (rohe Fischhappen auf Reis). Als wir – für uns selbstverständlich – unsere Begleiter einluden, schauten sie uns höchst überrascht an.

Zwei Tage lang lag neben uns im Hafen eine 55-Fuß-Yacht aus den USA. Das Besitzer-Ehepaar war begeistert von Japan: Zeitungsinterviews, sogar ein Fernsehteam, ständige Einladungen und die vielen Geschenke... Wie wir in zahlreichen Gesprächen mit lange in Japan lebenden Ausländern (von Japanern als »Gajin« bezeichnet, was durchaus einen abwertenden, etwas verächtlichen Beigeschmack hat) erfuhren, sind Geschenke und Einladungen jedoch eher ein Ausdruck der höflichen Umgangsform als ein echter Gunstbeweis oder ein Ausdruck der Herzlichkeit. So manche japanische Familie hat einen ganzen Schrank voll solcher Präsente, die dann sehr sorgfältig abgestimmt weitergeschenkt werden. Dabei ist der Inhalt weniger wichtig als die Verpackung und das Geschäft, wo es gekauft wurde.

Ebenso die häufigen Einladungen in zum Teil sündhaft teure Restaurants. Auch hier kommt es sehr auf das Etikett an. Man hüte sich jedoch vor zu großer Kritiklosigkeit. Ein unkritisches, nur zu bereitwilliges Akzeptieren dieser japanischen gesellschaftlichen Gepflogenheiten entgeht den Japanern in keinster Weise. Ein Ausnutzen wird sehr schnell insgeheim verurteilt und spöttisch kommentiert, auch wenn es dem Betroffenen gegenüber nicht klar ausgedrückt wird.

In dieser Mentalität fühlte sich auch die aus Bayern stammende 30jährige Ordensschwester Hildegard, die seit Jahren in Kagoshima lebte und hier Schülerinnen und Stundentinnen betreute, nicht so recht wohl. Ihr Orden hatte aber viel Aufwand in sie investiert, auch sprach sie inzwischen perfekt japanisch, was sie hier unentbehrlich machte.

Dick Loyer, 7J6 AAA, unser Funkamateurkontakt seit wir uns im Chinesischen Meer befanden, lebte ebenfalls hier. Er arbeitete an der Uni als Englischlehrer und war mit einer Japanerin verheiratet. Sein Äußeres erinnerte tatsächlich entfernt an das Reklamebild von Kentucky-fried-chicken, mit dem ihn die hiesigen Japaner – nicht ganz ohne Bosheit – verglichen. Immer wieder war es erheiternd, wenn man nach längerem Funkkontakt der entsprechenden Person plötzlich leibhaftig gegenüber stand. Wir hatten uns Dick als wesentlich jüngeren, drahtigen Mann mit noch viel mehr Haaren auf den Kopf vorgestellt. Er hingegen hatte von Roman ein Bild, das in seiner Phantasie eher Bismarck entsprach, einschließlich Schnurrbart. In einem Gespräch meinte er, Ausländer brauchten im allgemeinen wesentlich länger, um hinter die Fassade und das künstliche Lächeln der Japaner zu schauen. Auch er trug sich mit dem Gedanken, in Japan nicht seinen Lebensabend zu verbringen.

Am 26. Juni flohen wir vor dem Vulkanstaub des Sakurajima. Sechs Monate im Jahr treibt ihn der Wind nach Osten auf die Stadt Tarumizu, die restlichen sechs Monate deckt er damit Kagoshima zu. Das weiße Deck unserer KOSAMUI verbarg sich nun unter einer Schicht schwarzer Asche. Noch Monate später sollten wir sie in sämtlichen Ecken wiederfinden.

Wir verließen die Bucht von Kagoshima. Der konisch zulaufende Vulkankegel des Satsuma Fuji in seiner nahezu perfekt geometrischen Form und das umgebende Grün der hügeligen, wenig bebauten Landschaft ließen den Südteil der Bucht ausgesprochen reizvoll erscheinen. Diese Gegend ist ebenso wie die anschließende Region an der Ostküste Kyushus ein Nationalpark.

Wiederholt sahen wir nun an der Küste kleine Fischerdörfer, die, im Gegensatz zu den Betonstädten, mit ihren langgezogenen Dächern noch sehr ursprünglich wirkten. Hier hat Gott sei Dank die hemmungslose Industrialisierung und Bebauung die einstmals so schöne Natur Japans noch nicht völlig verdrängt und zerstört.

Die Gegend um Miyasaki ist denn auch sehr beliebt und gilt als eines der begehrtesten Ziele für Hochzeitsreisende. In der Stadt versuchten wir noch ein paar Detailpläne für die nächsten Häfen zu bekommen. Im Amt für Schiffahrt war man zwar sehr hilfsbereit, verfügte aber nicht über die nötigen Unterlagen. Man gab uns die Adresse eines Yachtbesitzers, der sich mit all diesen Sachen auskenne und der mit seinem Boot auch schon bis nach Osaka gesegelt sei. Dies war angesichts der knappen Woche Urlaub, die die meisten Japaner zu nehmen pflegen, gar nicht so selbstverständlich.

Wir trafen Mr. Matzuura nicht in seinem Büro an. Eine Stunde später waren wir nicht wenig überrascht, als sich jemand mitten im Regen stehend vom Kai aus bemerkbar machte. Als wir den Kopf aus der Kajüte streckten, stellte sich ein Mann als eben jener Mr. Matzuura vor, den wir zuvor gesucht hatten. Wir wollten ihn an Bord bitten, was er aber ablehnte. Er sprach kein Englisch, wir kein Japanisch. Zehn Minuten später stand er wieder da, diesmal aber in Begleitung einer Japanerin. Beide kamen jetzt an Bord. Wie sich herausstellte, handelte es sich bei der Frau um eine Dolmetscherin, die er eilig noch organisiert hatte. Jetzt war eine vernünftige Unterhaltung möglich. Als unser Besuch sich verabschiedete, lud er uns für abends in sein Haus ein. Mit einem schweren Mercedes holte er uns später am Hafenkai ab und zeigte uns, nicht ganz ohne Stolz, sein für japanische Verhältnisse »verrücktes« Haus. Wir bemerkten, wie die Dolmetscherin, die er eigens für den Abend engagiert hatte, sich sprachlos umschaute. Das Innere des Hauses war im Chaletstil erbaut. Über dem Wohnzimmer war die obere Etage ausgespart und vermittelte so einen ausgesprochen großzügigen Eindruck, da der Raum bis unmittelbar unter das Dach reichte. Welch ein Luxus, welch eine »Verschwendung« für japanische Verhältnisse. Vor der großen Fensterfront erstreckte sich der ganze Stolz des Besitzers: ein liebevoll von ihm selber gepflegter japanischer Garten. Die Bäume und Sträucher waren kunstvoll beschnitten, die Wachstumsrichtung wurde ständig durch Stützen und Festbinden bewußt beeinflußt und in die gewollte Form geändert. So bot dieser japanische Garten einen überaus ästhetischen Anblick, eine Freude nicht nur für die Augen seines Besitzers und Schöpfers.

Bis spät in die Nacht erzählten und diskutierten wir bei Shochu (japanischer Schnaps, stärker als Sake) und hatten den Eindruck, voneinander sehr viel über unsere doch so unterschiedlichen Kulturen zu erfahren. Zum Abschied überreichte unser Gastgeber uns noch einen Stapel Fotokopien – auf ihnen entdeckten wir die Hafenpläne und vor allem Gezeitenangaben, die wir in der Inland-See so dringend brauchten.

Tags darauf liefen wir zwischen den großen Inseln Kyushu im Westen und Shikoku im Osten nach Norden, als es im Wetterbericht »Typhoon Warning« hieß. Der einzige Hafen der als taifunsicher in unserem Seehandbuch aufgeführt wurde, war Uwajima auf Shikoku.

Die japanische Hauptinsel Shikoku stand stets unter rein buddhistischem Einfluß. Der

oben: Abendstimmung auf Palawan

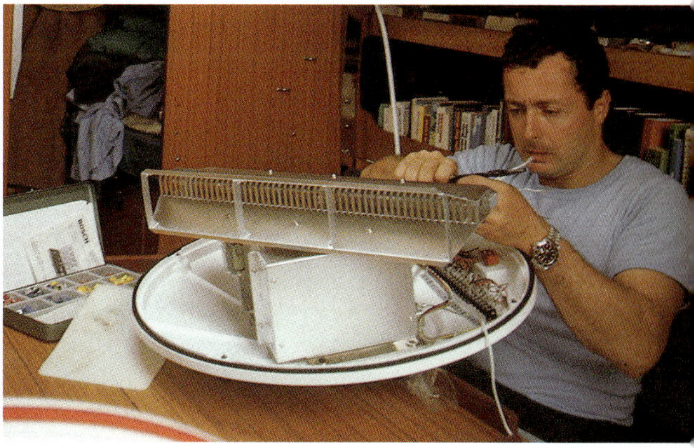

links: Auch das ist Seglerleben
rechts: Radarinstalation

oben: Rush-hour im Hafen von Aberdeen
unten: Yachthafen in Causeway Bay

Ruine der Kathedrale Sao Paulo (Macao) – einstmals imposantestes Bauwerk der Christenheit in Asien

Typisches Straßenbild in Macao

oben: Ein Bild, das bald der Vergangenheit angehört: die letzten chinesischen Segeldschunken
unten: Ankunft in Taiwan – ein Alptraum liegt hinter uns

katholische Glaube, der sich auf Kyushu, nicht zuletzt vom Ausgangspunkt Nagasaki mit der einzigen über Jahrhunderte für Ausländer zugänglichen Enklave, ausgebreitet hatte, konnte auf Shikoku nie Fuß fassen.

Wir machten zwischen sich dicht nebeneinander drängenden, hier ebenfalls Schutz suchenden Fischerbooten im unruhigen Hafenbecken fest. Am nächsten Tag hatte der Taifun jedoch seinen Kurs geändert. Er zog an der Westküste Kyushus vorbei, um dann über Südkorea arge Verwüstungen anzurichten. Für uns brachte er nur zwei Tage unentwegten Regen.

Owajima wies neben den üblichen modernen Einkaufsarkaden auch noch ein Viertel mit ursprünglichen Holzhäusern an einem malerisch von Bäumen umgrenzten Kanal auf. Leider wartete ein grasser Gegensatz hierzu nur wenige hundert Meter weiter auf uns. Sämtlicher Abfall, insbesondere auch Berge weggeworfener Plastikgegenstände, häuften sich hier in einem toten Meeresarm an. Es drängte sich uns die apokalyptische Vision einer in ihrem eigenen Abfall erstikkenden Industrienation auf.

Nach der Hoyo-Straße, in der bis zu 6 Kn Gezeitenstrom eine Passage zum falschen Zeitpunkt unmöglich machen, lag vor uns der »Seto Naikai«, der Mittelpunkt zwischen den großen Hauptinseln Kyushu, Shikoku und Honshu. Dieses knapp 250 Meilen lange Innere Meer galt als Wiege der japanischen Kultur und eine der schönsten und romantischsten Gegenden Japans. Auf den vielen kleinen Inseln inmitten der Inland-See, konnte man durchaus noch in ihrer Ursprünglichkeit erhaltene Dörfer im traditionellen japanischen Stil finden. Hier schien die Zeit tatsächlich stehengeblieben zu sein, und man konnte etwas von der so oft beschriebenen Beschaulichkeit und der gepriesenen inneren Ruhe nachempfinden. In diese Umgebung paßten sich auch die allgegenwärtigen Shinto-Schreine in perfekter Harmonie ein.

Wehe jedoch, man ließ seinen Blick über den weiter entfernten Horizont schweifen. Hier lagen unter einer gelben, giftigen Dunstschicht die Auswüchse einer hemmunglos vorangetriebenen Industrialisierung. Überall erhoben sich qualmende Schornsteine, ganze Betonlandschaften, in denen sich eine Fabrik an die nächste reihte. Dies betraf nicht nur das Gebiet um die zusammenschmelzenden Millionen-Städte Osaka und Kobe, sondern verwandelte auch Orte wie Hakatashima mit der stinkenden Brühe des Hafens zu einem der häßlichsten Plätze, die wir je gesehen hatten.

Im Küstengebiet, nicht zuletzt auch durch die ständig zunehmende Anzahl neu entstehender Brücken, die die Hauptinseln mit den kleineren Inseln verbinden, fiel die dortige, bisher noch intakte Natur dem Beton und der Industrie ebenfalls zunehmend zum Opfer.

Auch vor der ehemals so inspirierenden Inneren See selbst hatte dieser unaufhaltsam scheinende Wandel nicht Halt gemacht. Inzwischen sammelten sich solche Unmengen von nicht mehr abbaubarem Müll und Zivilisationsschrott auf dem Gewässer an, daß wir häufig den Eindruck hatten, uns mit KOSAMUI auf einer schwimmenden Müllhalde zu bewegen. Pausenlos waren große Arbeitsboote um uns herum tätig, um wenigstens das Gröbste des an der Oberfläche schwimmenden Mülls mit überdimensionalen Schaufeln einzusammeln.

An den Stellen, wo man nicht ständig Angst haben mußte, daß sich die Abfälle im Propeller verfangen und ihn lahmlegen könnten, begegnete man riesigen Flotten von stark motorisierten Fischerbooten. Über eine halbe Hundertschaft dieser Fischereifahrzeuge konnten wir so am gleichen Ort beobachten. Meist zu zweit, mit einem großen Schleppnetz in der Mitte, bewegten sich diese Boote. Für mehrere dieser Gespanne war ein anderes, frei zwischen ihnen kreuzendes, schnelles Motorboot zuständig. Dieses koordinierte und dirigierte dann die Bewegungen der Schleppfahrzeuge über Funk, wodurch innerhalb einer »optimalen Zeit« die Region systematisch leergefischt wurde. Die unersättlich wirkende Industrienation Japan schien nicht nur fremde Gewässer, sondern in gleichem Maße auch die eigene Natur zugrunde zu richten.

Am 9. September erreichten wir Nishinomia, das zwischen den beiden Giganten Osaka im Osten und Kobe im Westen eingezwängt liegt. Die Taifun-Saison war bereits in vollem Gange, wie wir fast täglich den Wettermeldungen von Radio Tokio und Radio Guam entnehmen konnten. Der Hafen von Nishinomia würde uns für den Fall eines tropischen Wirbelsturms eines der besten Schlupflöcher hier in Japan bieten können. Von der geographischen Lage her waren wir zudem nicht weit von den kulturellen Zentren des alten Japan entfernt, nämlich von Kyoto und Nara. Auch wollte uns Seidas Mutter, die seit vielen Jahren schon eine besondere Schwäche für die japanische Kultur hatte und die der Sprache mächtig war, hier besuchen. Nicht zuletzt aber hatten wir die Idee eines Bootsverkaufs noch nicht ganz aufgegeben, auch wenn wir inzwischen wieder nur noch halbherzig dahinter standen.

Ob wir nun das Boot verkauften oder nicht, wir wären bis in den Herbst hinein hier festgebunden. Das hieß, ob wir von Japan mit unserer KOSAMUI zurücksegeln wollten oder mit einem neuen taiwanesischen Schiff von Nationalchina aus starten würden – wir müßten den Höhepunkt der Taifun-Saison im September erst verstreichen lassen. Dann, noch bevor die schweren »Monsoon Depressions« der Wintermonate erneut mit ihren Stürmen einsetzten, würde es aber höchste Zeit für uns.

Wir hatten uns bereits schriftlich und telefonisch im Kansai-Yacht-Club angemeldet. Als wir nun einliefen und provisorisch irgendwo festmachten, war der Empfang anders, als wir es uns vorgestellt hatten. Nach einigem Suchen wurde ein englischsprechendes Clubmitglied gefunden. Dieses teilte uns erstmal mit, man habe keinen Platz. Wir erinnerten an unser Telefongespräch, das wir mit ihm einen Monat zuvor geführt hatten. Daraufhin zeigte man auf die gegenüberliegende Mole, wo wir uns einen Liegeplatz suchen sollten. Roman lief um das Hafenbecken herum und schaute sich den Platz erstmal zu Fuß an. Wir hätten dort jedesmal zig Meter durch knöchelhohen Abfall waten müssen. Verärgert kam er zurück und meinte, es sei schon ein Armutszeugnis, einer Yacht, die um die halbe Welt bis nach Japan gekommen sei, so ein Dreckloch als Liegeplatz anzubieten. Der Clubangestellte verschwand daraufhin, kam aber nach ein paar Minuten zurück und lächelte uns an. Er hatte mit dem Clubmanager gesprochen, und man würde uns doch einen Clubplatz zur Verfügung stellen.

Aber vor der hiesigen urjapanischen Kansai-Region hatten uns unterwegs selbst Japaner gewarnt. Die Leute hier seien ausgesprochen eigen, abweisend, und zwar nicht nur Ausländern gegenüber.

Abweisend empfing uns auch der Osaka-Yacht-Club, der sein Ziel, international bekannt zu werden, nach dem ersten Zweihandrennen Melbourne-Osaka wohl erreicht glaubte. Mit viel Pomp und Publicity waren die ausländischen Yachten einen Monat zuvor hier nach dem Rennen empfangen worden. Die Publicity-Show war gelaufen, und ausländische Yachten jetzt wieder weniger erwünscht. Wir hatten uns in einem Tagesausflug über Land dorthin begeben, um anzufragen, ob man uns einen Liegeplatz für einige Tage zur Verfügung stellen würde. Vor dem Hintergrund des noch dreiviertel leeren, neuerbauten Hafens meinte man hochnäsig: im Prinzip ja, aber da gäbe es zuvor zwei

Probleme. Als wir nachfragten, hieß das erste Problem Liegeplatzgebühren. Auf diese Weise wollte man unser finanzielles Polster erstmal ausloten. Angestachelt, wischten wir dieses Argument vom Tisch. Als wir uns dann nach dem zweiten Problem erkundigten, hieß es, es gäbe keinen Platz. Um den Yachtclubleuten die Absurdität ihres Einwandes vor Augen zu führen, deuteten wir nur ironisch lächelnd auf die fast leeren Stege. Man zuckte die Achseln, und damit war für beide Parteien die Sache erledigt. Ein solcher Empfang war uns in keinem der bisher auf unserer Reise angelaufenen zwanzig Länder zuteil geworden.

KOSAMUI lag weiterhin in Nishinomia, während für uns Sight-Seeing angesagt war.

Die Burg von Osaka wirkte inmitten der fast drei Kilometer langen, mächtigen Steinwälle auch heute noch ausgesprochen imposant. Sie war 1586 erbaut, bereits 1615 zerstört, im letzten Jahrhundert dann wieder neu aufgebaut und in den 30er Jahren renoviert worden. Wie so vieles in Japan, hatte die Burg eine schöne Fassade. Im Inneren hatte man sich jedoch nicht die Mühe gemacht etwas von der ursprünglichen Atmosphäre wiederherzustellen. Hier herrschten kahle Betonwände und eiserne Treppenaufgänge vor.

Nara hingegen, das schon im 8. Jahrhundert als erste ständige Residenz des herrschenden Hofes diente, hatte eine ganz andere Austrahlungskraft. Nicht nur die großen Tempel beeindruckten. Hier konnte man sogar noch ganze Stadtviertel mit Häusern im alten japanischen Stil bewundern. Alles war von viel Grün umgeben, und selbst der moderne Teil der 250 000-Einwohner-Stadt schien eine Spur weniger häßlich als die üblichen Wohnzentren.

Ein touristischer Höhepunkt stellte auch Kyoto dar. Hier gab es nicht nur den königlichen Palast und das Nijo-Castle zu bewundern. Kyoto verfügt auch über mehr als 200 Shinto Schreine und 1600 Tempel. Diese Sehenswürdigkeiten lagen überwiegend in Parklandschaften, die ebenso wie die Zen-Gärten zu Beschaulichkeit einluden. Und das trotz einer 1,5-Millionen-Stadt. Abends konnte man das traditionelle Kabuki-Theater oder die Vorführung der Chanoyu (Tee-Zeremonie) auf sich wirken lassen.

KOSAMUI schwamm derweilen weiterhin in dem kaffeebraunen Wasser des vornehmen Yacht-Clubs in Nishinomia. Gegenüber lag einer der beiden Badeplätze, die der Millionen-Bevölkerung der Umgebung zur Verfügung standen, etwa 800 Meter Sandstrand. Aber nicht nur die Farbe des Wassers, in dem sich die japanischen Surfer stundenlang tummelten, löste bei uns eher Widerwillen aus. Ein geradezu erschreckendes Bild bot nach jeder Flut der Strand selber. Dann glich er weniger einem »Erholungsparadies« als einer Mülldeponie. Auch die allmorgendlichen Versuche ganzer Schulklassen, den Sandstrand von dem aus der Inland See kommenden Abfall zu säubern, mußte wie eine Sisyphusarbeit wirken. Nach der nächsten Flut sah es wieder genauso aus.

Unsere Bordvorräte gingen merklich zur Neige, obwohl wir in Hongkong ja schon für die Nord-Pazifik-Passage gebunkert hatten. Aber wir befanden uns auch schon insgesamt drei Monate in Japan. Obwohl das Warenangebot im Gegensatz zum Süden hier in der Millionen-Metropole kaum Wünsche offenließ, hinderten uns die astronomischen Preise daran, unseren Küchenzettel variationsreicher zu gestalten. Angesichts von umgerechnet 3 DM für eine Tomate, 5 DM für einen großen, dafür aber schön verpackten Apfel und für das bekannte Kobe Beef – die Rinder werden angeblich mit Bier aufgezogen – bis über 200 DM pro Kilo beschränkten wir uns häufig auf Hühnerleber (die Japaner hielten Ausländer ja seit jeher ohnedies für Barbaren), Reis, Kohl, Eier, Sushi (angemachte Reisröllchen, auf denen eine Scheibe roher

Fisch, Seetang oder Gemüse liegt). Welch ein kulinarischer Genuß war es da, Seidas Mutter in Japan zu begrüßen. Direkt aus dem Tessin kommend, hatte sie den japanischen Zoll gelinkt. In ihrem Koffer befanden sich nicht nur die notwendigen Reiseutensilien, sondern auch eine halbe Metzgerei. Neben Bündnerfleisch, Coppa und Salami hatte sie auch frischen Parmesankäse, Schokolade, Weißwein und Grappa mitgebracht. Sie kannte uns, sie kannte Japan.

Immer noch nicht entschieden war der Verkauf unserer KOSAMUI. Wir hatten den Gedanken oft genug durchgespielt und beschlossen, in diesem japanischen Ballungsraum einen Versuch zu starten, die Yacht zu verkaufen. In der großen japanischen Segelzeitschrift »Kaze« erschien dann unsere Anzeige, auf die sich aber niemand direkt bei uns meldete. Nachdem man uns bisher wie Luft behandelt hatte, kam jetzt aber plötzlich das erste Clubmitglied an Bord, wo es sich interessiert umschaute und Fragen zur Ausrüstung stellte. Dann ging der Japaner wieder, ohne einen Grund für seinen Besuch erkennen zu lassen. Ein paar Tage später kamen zwei andere japanische Segler, die sich jetzt sehr intensiv für unsere Decksausrüstung, die Besegelung und das Rigg interessierten. Auch dies wieder ohne Angabe von Gründen.

Wir schrieben jetzt Ende August. Die Tatsache, daß sich kein potentieller Käufer gezeigt hatte, war uns eigentlich ganz recht. Die Vorstellung, daß unsere brave KOSAMUI ihre Tage in dieser unfreundlichen, umweltgeschädigten Gegend fristen sollte, paßte uns irgendwie gar nicht. Bei uns selbst begann sich langsam eine Art Klaustrophobie breit zu machen. Wir hatten das Gefühl, hier raus zu müssen, aber nicht wegzukommen.

Man stelle sich unsere Überraschung vor, als wir der Clubleitung mitteilten, wir würden am übernächsten Tag auslaufen, mit Ziel Europa, und als diese dann ganz aufgeregt meinte »Aber das geht doch nicht. Da ist doch der Mann aus Nagoya, der Ihre Yacht kaufen möchte.« Wir schauten uns nur sprachlos an. Das war also der Grund gewesen, warum sich zwischenzeitlich die einheimischen Segler urplötzlich so für unser Boot interessiert hatten. Das Ganze war jedoch nicht untypisch für die hiesige Mentalität und die japanische Art, verdeckt Geschäfte einzuleiten. So hatten wir auch früher schon wiederholt erfahren, daß man in Japan nie ein klares Nein oder Ja von einem Geschäftpartner bekam. Immer wieder wurde man vertröstet. Der Einzelne zog sich stets zur Beratung in eine größere Gruppe zurück. Er alleine entschied nie und nutzte auch nicht den Spielraum seiner Kompetenzen und Verantwortung aus, wie dies in der westlichen Welt üblich ist.

Unsere inzwischen gefaßten Rückreisepläne standen zu diesem Zeitpunkt aber fest, und wir wollten sie jetzt aufgrund eines freundlichen Lächelns nicht mehr umstoßen.

Kapitel 17
Mit Taifunen durch die China-See

Es ging Richtung Westen und wir beschränkten uns in diesem Teil der Inland-See auf die wenigen hübschen Ankerplätze, die wir von der Hinfahrt kannten. Wiederholt machten uns die schweren Gezeitenströme zwischen den Inseln zu schaffen.

Bereits seit unserer Abfahrt beobachteten wir die Route von »Dinah«, einem schweren Taifun, der zur Zeit mit 920 mb und Windstärken von über 100 Kn weiter südlich seine unregelmäßige Bahn zog. Zweimal täglich verfolgten wir den Wetterbericht mit der augenblicklichen Position, der momentanen Windgeschwindigkeit sowie der voraussichtlichen Zuggeschwindigkeit. Noch hatten wir Zeit, noch war er weit weg.

»Dinah« näherte sich jetzt zusehends und wurde auch schneller – nichts Ungewöhnliches, denn bei ihrer Entstehung nahe am Äquator im Bereich der Marianen laufen die Wirbelstürme anfangs selten mit mehr als 5–10 Kn, um dann weiter im Norden auf 20, 25 oder gar 30 Kn zu beschleunigen. Der steten Taifungefahr bewußt, setzten wir dementsprechend unseren Kurs ständig in Reichweite eines taifunsicheren Schutzhafens.

Als wir Nishinomia verließen, lag der Monat der größten Taifunhäufigkeit, nämlich September, noch vor uns. Aber beim Auslaufen wollten wir nur weg, weg aus dieser umweltverschmutzten und wenig freundlichen Gegend. Bevor wir starteten, mußte Roman noch in die Kaffeebrühe, in der KOSAMUI schwamm, hinab, um mit Schnorchel und Maske das Unterwasserschiff von der zentimeterdicken Schicht der Seepocken zu befreien, die sich während der Liegezeit angesammelt hatte.

Am 29. August war »Dinah« so nah, daß es Zeit wurde, eines der Schlupflöcher aufzusuchen. In unserem Seehandbuch war der Hafen von Takujama, südwestlich von Hiroshima, als taifunsicher ausgewiesen, ebenso die 5 sm davon entfernte verwinkelte Bucht von Oshima Hanto.

Hier außerhalb des Kansai waren die Leute wieder freundlich und hilfsbereit. Gleich boten uns die Fischer in Takujama einen Platz in ihrem kleinen Hafen an. Der letzte, der noch frei war. Nachdem KOSAMUI vertäut war, ließ sich Roman in das schmutzige Hafenwasser der Industriestadt gleiten, um die Bodenbeschaffenheit unter unserem Boot in Augenschein zu nehmen. Was er sah, gab keinen Anlaß zur Beruhigung. Obwohl laut Echolot fast 1 Meter Wasser unter dem Kiel hätte sein müssen, lauerte dort ein Felsbrocken. Zwischen ihm und dem Kiel lagen jetzt bei Ebbe nur 20 cm Freiraum. Bei Schwell, der bei einem herannahenden Taifun auch in dem geschützten Becken zu erwarten war, verdammt wenig. KOSAMUI würde möglicherweise mit ihrem Kiel gegen den Felsen hämmern und Schaden nehmen. Eine Rücksprache bei den Behörden, bei denen wir uns wie in jedem neuen japanischen Hafen anmelden mußten, bestätigte, daß der nächste natürliche Schutzhafen nur wenige Meilen entfernt war. Sie boten sogar an, Roman hinzufahren, damit er sich ein Bild von den Örtlichkeiten machen könne.

Der Taifun war für den übernächsten Tag vorausgesagt. Als wir uns am nächsten Morgen in die Schutzbucht verholten, blies es bereits ordentlich, und auch der Seegang nahm ständig zu. Aber wir hatten es nicht weit bis zur Green Yamato Marina in Oshima Hanto, wo in dem hintersten Winkel der

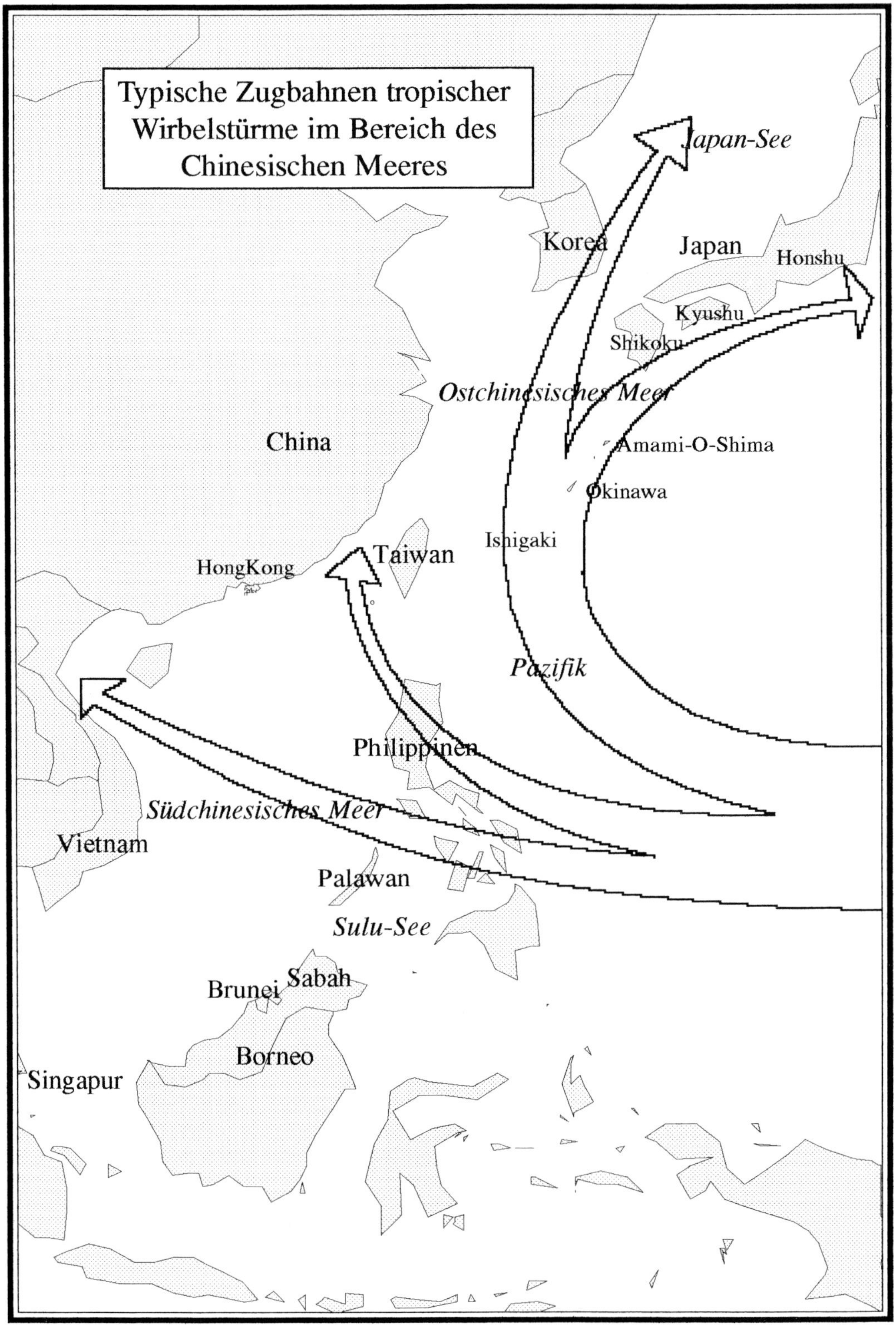

Typische Zugbahnen tropischer Wirbelstürme im Bereich des Chinesischen Meeres
Japan-See
Korea
Japan
Honshu
Kyushu
Shikoku
Ostchinesisches Meer
China
Amami-O-Shima
Okinawa
Ishigaki
Taiwan
HongKong
Pazifik
Philippinen
Südchinesisches Meer
Vietnam
Palawan
Sulu-See
Brunei
Sabah
Borneo
Singapur

Bucht ein paar Schwimmstege existierten. Hier herrschte bereits hektische Betriebsamkeit, als wir gegen Mittag ankamen. Der Platz machte einen vertraueneinflößenden Eindruck. Die tiefe, schmale Bucht war von drei Seiten durch steilabfallende, bewaldete Höhenzüge geschützt.

Der Hafenmeister wollte uns zuerst eine Boje in der ersten Reihe zuteilen. Fremdem Ankergeschirr standen wir aber seit jeher mißtrauischer gegenüber als unserem eigenen, dessen Zustand wir kannten. Auch wären wir dort dem Schwell wesentlich mehr ausgesetzt gewesen. Nach einer kurzen Diskussion erlaubte man uns, an dem Kopf eines Pontons festzumachen. Den Rest des Tages verbrachten auch wir mit umfangreichen Vorbereitungen. Zwei Anker wurden neben den zahlreichen Leinen zum Ponton, noch zusätzlich zu dem Hauptanker ausgebracht. Alles Abmontierbare wurde von Deck genommen und im Boot verstaut: Segel, Sprayhood, Dinghi, Spinnakerbäume, Schoten etc.

Die Clubmitglieder waren ausgesprochen nett, geradezu besorgt. So boten sie uns an, im Clubhaus zu übernachten. Es sei zu gefährlich, während des herannahenden Taifuns auf dem Boot zu bleiben. Wir aber zogen vor, das Unwetter an Bord der KOSAMUI zu erwarten. Dort waren wir wenigstens nicht dazu verdammt, nur untätig zuzusehen, falls etwas schieflaufen würde.

Die Bucht draußen hatte sich inzwischen mit großen Frachtern gefüllt, die hier ebenfalls Schutz suchten.

Das Barometer fiel jetzt rapide, bald würde der Tanz losgehen. Es war bereits dunkel, und der Wind nahm ständig zu. Seida lag in der Koje und es gelang ihr tatsächlich irgendwie einzuschlafen. Als Roman das bemerkte, schüttelte er nur lächelnd, vielleicht mit etwas Unverständnis, vielleicht aber auch etwas neidisch, den Kopf. Er begab sich wieder ins Cockpit, von wo aus er sorgenvoll die an den vorderen Bojen wild hin und her gerissenen kleineren japanischen Motor- und Segelyachten beobachtete.

Inzwischen fauchte der Sturm wie ein wildes Tier über den Bergkamm hinweg. Hier unten in der Bucht bekamen wir aber nur einen Bruchteil seiner Stärke zu spüren. Selbst so war es überwältigend, welche Urkraft da frei wurde. Die Luft füllte sich mit Gischt, aufgewirbelt von an den steilen Felswänden reflektierten Böen. Wieder und wieder peitschten die Windstöße ganze Wassermassen vor sich her.

Plötzlich machte uns einer der Anker Sorgen. Er lag an Steuerbord achterlich und gab jetzt nicht mehr den Halt, von dem wir nachmittags bei der Überprüfung ausgegangen waren. Trotz der wilden Bewegungen und dem massiven Zerren KOSAMUIs hielten aber die beiden anderen Anker, ebenso die Leinen zum Ponton.

Am nächsten Morgen war der Spuk vorüber. Das Auge von »Dinah« war 150 km westlich von uns vorbeigezogen und drehte jetzt zwischen Korea und der Nordküste Honshus in die Japan-See.

Für uns ging es weiter vorbei an Schimanoseki und durch die Meerenge zwischen Honshu und Kyushu, mit ihren bis zu 9 Knoten Strömung, heraus aus der Inland-See, hinein in das deutlich kühlere Japanische Meer.

In Tagesetappen wendeten wir uns Richtung Süden. Hier fanden sich noch Spuren des vorausgegangenen Taifuns. Auch einen großen Tanker hatte »Dinah« an Land geworfen. Jetzt lag er schräg auf dem Trockenen, und man gewann den Eindruck, als habe er versucht, mit letzter Kraft die daneben vorbeiführende Hauptstraße zu erreichen.

Wir machten gute Fahrt, da der Wind jetzt endlich von achtern kam. Durch starke Strömungen in Küstennähe baute sich jedoch ein konfuser Wellengang auf, und wir bekamen wiederholt Brecher ins Cockpit.

Als wir abends in dem kleinen Fischerdorf

Kita Matura festmachten, schaute man uns an, als seien wir von einem anderen Stern – als hätten die Leute noch nie Europäer gesehen. Unbekümmert spazierten wir durch das Dorf. Da hielt ein Polizeiwagen mit drei Beamten abrupt neben uns. Man kontrollierte unsere Pässe, unsere japanische Aufenthaltsgenehmigung und fingen an zu telefonieren. Sollte hier ein Zusammenhang mit dem nichteinmal 100 Meilen entfernten Südkorea bestehen?

Ende des 13. Jahrunderts hatten die Mongolen versucht, über diese Meeresenge eine Invasion Japans zu starten, die dann aber durch einen Taifun und weniger durch die japanischen Samurais vernichtend zerschlagen wurde. Dieser »Himmlische Wind«, Kami Kaze, der den Einwohnern des »Landes der Götter« damals zu Hilfe kam, sollte später der Namensgebung der japanischen Suizidpiloten des Zweiten Weltkrieges dienen. Auch heute noch bot sich diese verlassene Gegend als Landeplatz für Schmuggler aus Korea an.

Zehn Minuten später ließen uns die japanischen Polizisten wieder unseres Weges ziehen. Als wir den Kai erreichten hatte sich eine große Anzahl Dorfbewohner versammelt. Neugierig begafften sie KOSAMUI. Da niemand ein Wort Englisch sprach, konnten wir ihnen nicht viel mehr sagen, als daß wir aus Deutschland hier her gesegelt waren und weiter nach Nagasaki wollten. Das Wort Deutsch erweckte Erstaunen, aber auch Freundlichkeit.

Am 4. September, spät in der Nacht, orientierten wir uns an den Leuchtfeuern, um die Kanaleinfahrt in den Hafen von Nagasaki zu nehmen. Nach Mitternacht machten wir dort im Stadtzentrum am Kai fest.

Nagasaki hatte für uns ein ganz neues Flair. Es war architektonisch wesentlich gelungener als die übrigen, eintönigen japanischen Betonsilos, die wir zu Gesicht bekommen hatten. Auf Hügeln erbaut, die mit viel Grün die gesamte Bucht einrahmten, schien hier eine eigene Atmosphäre zu herrschen. Statt der sonst gewohnten japanischen Hektik, war alles voll freundlichen entspannten Lebens, es gab ausgesprochen geschmackvolle Geschäfte und auch eine Menge Sehenswürdigkeiten. Die jedoch gingen mehr auf die »europäische« Vergangenheit Nagasakis zurück. So die katholische, von französischen Missionaren erbaute Oura-Kirche, der älteste gotische Bau in Japan, oder das ganz im Grünen versteckte, hoch von einem Hügel die Stadt überblickende »Glover House« eines englischen Händlers. Nur ein Haus war aus der Zeit der Holländer übriggeblieben, dort wo Dejima, eine kleine künstliche Insel, geschaffen worden war. Nur in diesem Handelsstützpunkt durften die Holländer wohnen und sich bewegen, nachdem Japan die Türe zur Außenwelt 1612 geschlossen hatte.

Beeindruckend war auch der Sonntag. Überall extreme Ruhe, nichtmal Fischerboote knatterten vorbei. Man merkte deutlich, daß diese Gegend seit der Einflußnahme der portugiesischen Jesuiten Mitte des 16. Jahrhunderts die katholische Hochburg darstellte, selbst nachdem sich das Christentum 250 Jahre lang bis Ende des 19. Jahrhunderts in den Untergrund hatte begeben müssen. Die Leute waren Ausländern gegenüber viel aufgeschlossener. Nagasaki war schließlich der einzige Platz, wo auch in früheren Jahrhunderten gewisse Kontaktmöglichkeiten bestanden.

Ein älterer Polizist, bei dem Roman die Formalitäten erledigte, reichte ihm gleich die Hand (eine in Japan eher ungewohnte Geste), als er hörte, daß dieser Deutscher sei. Dabei zwinkerte er ihm zu – für ihn schien die Erinnerung an die frühere gemeinsame Allianz beider Staaten nicht den gleichen Beigeschmack zu haben wie für uns. Als wir ein paar Tage später ausliefen, kam er uns auf seinem Patrouillen-Boot entgegen und hörte nicht mehr auf zu winken.

Abends erreichten wir Sakitu Wan auf den Amakusa-Inseln an der Westküste Kyushus. Sie gelten als Nationalpark. Wir trafen hier auf eine ausgesprochen reizvolle ländliche Landschaft mit noch typischen kleinen Dörfern.

Auch ein paar gut geschützte Buchten gab es. Für uns beruhigend, denn als wir den letzten Wetterbericht hörten – wir waren kaum angekommen, – vernahmen wir, daß sich weiter im Süden drei Taifune gleichzeitig aufbauten: »Holly«, »Frieda« und »Gerald«.

»Holly« drehte schnell nach Nordosten ab, und wir atmeten erstmal auf. Er war als Super-Taifun klassifiziert, d. h. mit Windgeschwindigkeiten von mehr als 120 Knoten, also über 200 Stundenkilometern. »Gerald« ging südlich an Taiwan vorbei und brauchte seine zerstörerische Kraft über dem chinesischen Festland auf. »Frieda« hingegen blieb lange stationär, und wir warteten daraufhin drei Tage auf den Amakusa-Inseln ab. Die Erholung tat uns gut. Seit Nishimonia, das wir am 25. August verlassen hatten, waren wir, wenn auch in Tagesetappen, so aber doch fast ständig unterwegs gewesen. Gerne hätten wir auch die etwas weiter entfernten umliegenden Buchten mit unserem Beiboot erkundet. Aber »Speedy«, unser Suzuki-Außenborder, streikte. Wir paddelten also zu den unter eigener Muskelkraft noch erreichbaren Buchten. Sie waren alle mit Fischzuchtkulturen und Vorrichtungen für den Anbau von Seetang genutzt. Dennoch schauten wir uns alles genau für den Fall an, daß »Frieda« näherkommen sollte. Am 12. September hörten wir, daß der Taifun, der ein gutes Stück südöstlich stand, sich jetzt nicht mehr nach Nordwest, sondern nach Nordnordost bewege.

Um 13 Uhr liefen wir aus, Richtung Süden, dadurch hätten wir eine größere Chance das Zentrum von »Frieda« in respektvollem Abstand und im weniger gefährlichen Sektor, dem linken Halbkreis, zu passieren. Nachts hatten wir ordentlich Wind, aber von achtern. Ununterbrochen starrten wir angestrengt in die schwarze Nacht vor unserem Bug. Wir hatten bereits vor Einbruch der Dunkelheit mehrere völlig unbeleuchtete, etwa sieben Meter lange Fanggestelle aus zusammengebundenen Bambuspfählen gesehen. Sie hatten lediglich eine schwarze Fahne als Markierung. Wie sollte man die aber nachts ausmachen? Eine Kollision hätte bei einem GFK-Rumpf böse Folgen haben können.

Gegen Mittag des nächsten Tages begann der Wind, deutlich zuzulegen. Wir verkleinerten die Segel mehr und mehr und fingen an, uns ernsthafte Sorgen zu machen. Schon stellten wir uns die Frage, ob sich der Wetterbericht geirrt und »Frieda« doch den Kurs geändert habe.

Als Seida endlich die nächste Funkwettermeldung hereinbekam, hörten wir, daß eine Front mit Winden von Sturmstärke nicht weit von uns lag. Gott sei Dank, also keine Gefahr von seiten »Friedas«. Die Wellen waren inzwischen ausgesprochen hoch. Nur unter der Sturmfock von drei Quadratmetern liefen wir mit 7 Kn ständig über Rumpfgeschwindigkeit. Besorgt schauten wir regelmäßig nach oben und hatten nur eine Angst: »Hoffentlich hält unser neuer Mast!« Mit den Lifebelts eingehakt, saßen wir im Cockpit und liefen vor dem Wind ab, Richtung chinesisches Festland . Wir konnten nirgends halten oder einen Schutz suchen, da der Sturm geradewegs aus der Richtung der schützenden Inseln der Ryukyu-Kette kam. Aber KOSAMUI hielt durch, und das schwere Wetter nahm abends etwas ab.

Allmählich hatten wir genug schlechtes Wetter für ein ganzes Seglerleben gehabt. Aber dieses Gebiet des Chinesischen Meeres stand nunmal nicht zu Unrecht in dem zweifelhaften Ruf, zu den schwierigsten Segelgebieten überhaupt zu gehören.

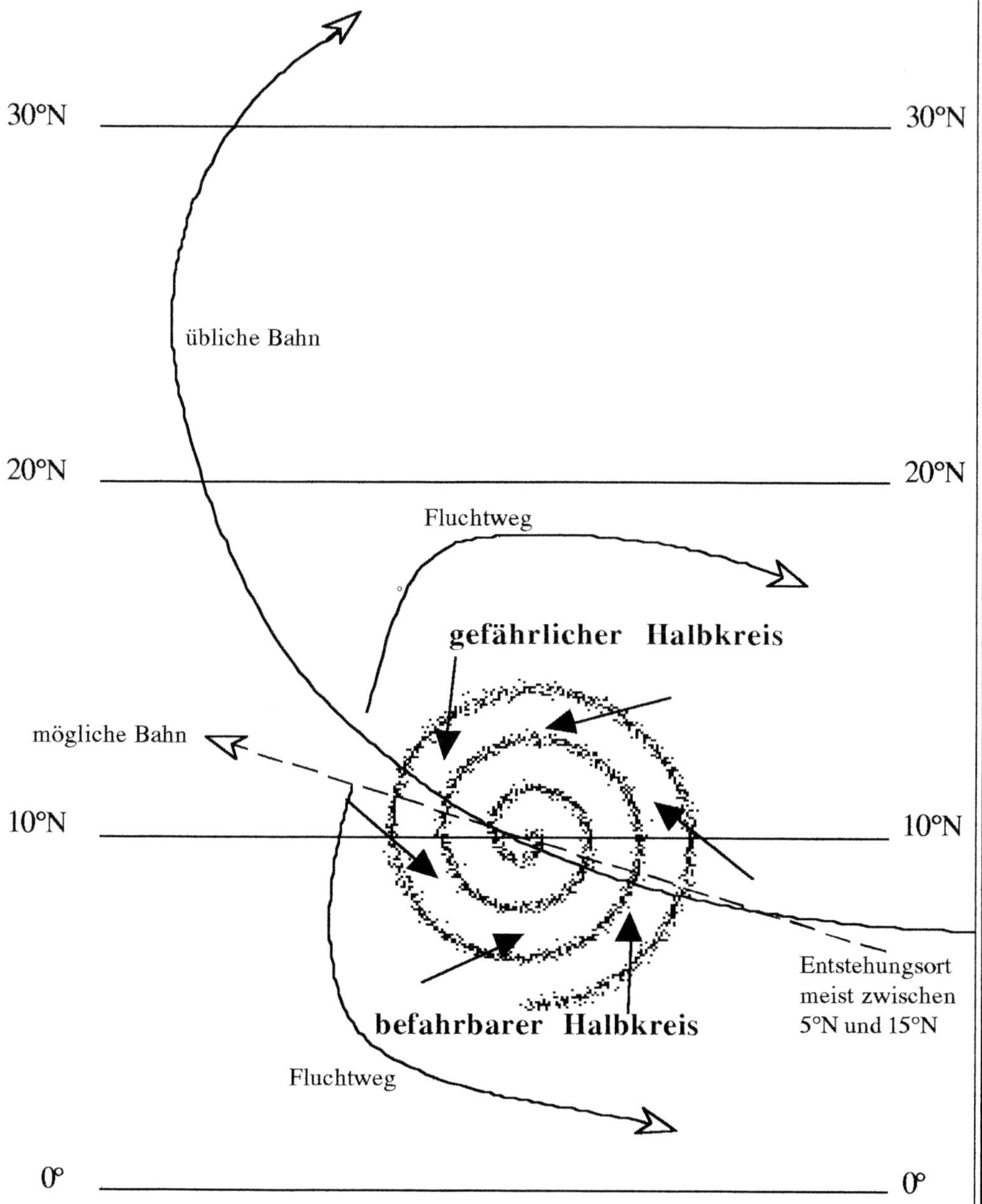

Schema der Zugbahn eines tropischen Wirbelsturms

Vielleicht hatte es doch sein Gutes, bereits Ende August zu unserer Rückfahrt gestartet zu sein. Ab Oktober würde es hier oben einen Sturm nach dem anderen geben. Aber auch so mußten wir versuchen, unseren Weg nach Süden zwischen Taifunen und den ersten Monsun-Tiefs zu finden.

Als der Morgen graute, hatte sich das Wetter soweit beruhigt, daß Takarashima, wo wir schon auf unserem Weg nach Norden festgemacht hatten, erreichbar schien. Nicht weit von der Hafeneinfahrt lag ein vietnamesischer Tanker, der, wie wir anschließend hörten, ebenfalls von dem Taifun »Dinah« auf das vorgelagerte Riff geworfen worden war.

Die kleine Hafeneinfahrt war durch die Gischt der großen Wellen nur schwer auszumachen. Vor uns lief ein stark motorisiertes Fischerboot nicht ohne Mühe in das enge Hafenbassin ein. Wir folgten nur, weil wir die Örtlichkeiten gut von unserem ersten Aufenthalt in Erinnerung hatten. Zeitweilig im Surf, erreichten wir das erste Hafenbecken, in das der Seegang voll hineinstand. Im einzig möglichen Moment riß Roman die Pinne extrem nach Steuerbord, und KOSAMUI schoß unter Motorvollast nach Backbord in die schmale, von Klippen gesäumte Einfahrt des zweiten Hafenbeckens – in ruhiges Wasser. Wir konnten aufatmen.

Die Besatzung des Fischerbootes neben uns, die den gleichen Weg genommen hatte, war offensichtlich genauso froh den Hafen unbeschadet erreicht zu haben. Gemeinsam saßen wir bei Sashimi, rohem Fisch mit Soja-Soße, zusammen.

Am folgenden Morgen erhielten wir Besuch von einem Bewohner der Insel, der uns Bananen von seiner Plantage mitbrachte. Er stammte aus Tokio und sprach Englisch. Die Großstadt hatte er aber hinter sich gelassen, um sich hier auf dieser kleinen abgelegenen Insel niederzulassen, wo er von Landwirtschaft und Fischfang lebte – für japanische Verhältnisse ungewöhnlich.

Als Seida die neuesten Wetternachrichten aufnahm, bekam sie plötzlich Angst. Taifun »Frieda« hatte seine vorausberechnete Zugbahn geändert und bewegte sich nun unerwartet nach Nordwesten. Für den nächsten Tag war er auf unserem Breitengrad angekündigt. Obwohl er zwei Tage unter der jetzigen Geschwindigkeit gebraucht hätte, um uns bei einem anhaltenden Richtungswechsel mit seinem Zentrum zu erreichen, waren wir zutiefst beunruhigt. In diesem Hafen hätte KOSAMUI bei einem Taifun nicht die Spur einer Chance. Für die Fischerboote gab es extra Slipeinrichtungen, um sie in einem solchen Fall an Land zu ziehen. Nicht aber für eine Kielyacht.

Es war 14 Uhr, als wir uns entschlossen, Richtung Konia Ko dem nächsterreichbaren Taifun-Schutzhafen auszulaufen, nachdem auch das große Fischerboot neben uns Takarashima verlassen hatte.

Die Hafenausfahrt war halsbrecherisch. Hohe Grundseen standen in die Einfahrt, um dann auf den Felsen rechts und links zu brechen. Unter Vollgas nahmen wir bereits in unserem Hafenbecken möglichst viel Fahrt auf und preschten so durch die schmale Ausfahrt. Hinein in das erste Hafenbecken, wo die Grundseen warteten. Die ankommenden Seen hoben uns hoch in die Luft. Dann tauchte die Bugspitze in das nächste Wellental hinein. Die Maschine heulte unter Vollast. So erklommen wir eine heranrollende Welle nach der anderen. Wir konnten nur beten, daß nicht eine von ihnen sich im Einfahrtskanal brechen würde. Ein gefährliches Spiel. Mit sehr viel Glück und einem Aufschrei der Erleichterung hatten wir es dann geschafft. Wir waren draußen. Wer weiß, ob wir ein paar Stunden später unserer Falle noch heil entkommen wären.

Kapitel 18

Marco Polos Route

Bereits in Zentraljapan hatten wir uns intensiv Gedanken gemacht, welche Rückroute wir nehmen würden. Unsere Pläne für die Nord-Pazifik-Route waren ja mit dem Mast über Bord gegangen, so daß uns jetzt nur die »normale« Ost-West-Route blieb. Dafür gab es ein großes Vorbild: Marco Polo war bereits im 13. Jahrhundert auf seiner Rückreise von China diesen Weg gesegelt. Vom chinesichen Festland in Höhe Formosas nach Süden, durch das Südchinesische Meer, weiter durch die Malakka-Straße und mit dem Nordost-Monsun dann durch die Andaman-See, um über Ceylon nach Arabien zu gelangen.

In umgekehrter Richtung war uns dieser Weg nicht unbekannt. Aber es hatte auch seinen eigenen Reiz, an Orte zurückzusegeln, die man schon kannte und wo man wußte was einen erwartete.

Als letzte Insel im »Land der aufgehenden Sonne« steuerten wir Ishigaki an. Nach fünfeinhalb Monaten wußten wir, daß die Japaner bezüglich ihrer südlichen Inseln recht hatten: dies war eigentlich nicht mehr Japan. Knapp 1000 Meilen von Tokio, aber nur 150 sm von Nationalchina entfernt, war hier von den hektischen Einflüssen der japanischen Industriementalität nichts mehr zu spüren. Die Landschaft fiel noch nicht der Umweltzerstörung in dem Maße, wie andere Teile Japans, zum Opfer. Die Bevölkerung zeigte sich Fremden gegenüber unvoreingenommener, herzlicher – nicht zu vergleichen mit der oberflächlichen Höflichkeit, wie wir sie im japanischen Kernland Kansai zu häufig angetroffen hatten. Wir waren aber noch nicht ganz raus aus Japan.

Die Wettervorhersagen schienen zwar günstig – die Mitarbeiter der Hafenbehörden hatten sich beim Ausklarieren extra noch um die aktuelle Faxkarte bemüht, und meinten mit kundigem Blick »no problem«. Erfreut und erleichtert gingen wir Richtung KOSAMUI. Völlig außer Atem kam uns dann jedoch einer der Hafenmitarbeiter hinterhergelaufen, um uns mit den Worten »Wait, wait! Taiphoon!« zur Umkehr in das Hafenbüro zu bewegen. Dort machten die freundlichen Beamten jetzt betretene Gesichter. Verlegen erklärten sie uns, sie hätten einen in der Südost-Ecke der Karte aufkommenden Taifun leider übersehen.

»Ian« Taifun Nr. 9 für dieses Jahr, war aber noch weit weg. Weit genug jedenfalls, wie wir meinten, um Suao an der Nordostküste Taiwans zu erreichen. Diesen Hafen hatten wir als Tip von Captain Liu vom ersten Taiwan-Aufenthalt noch in Erinnerung.

Der Nordost-Monsun trieb uns vor sich her, Richtung Suao. Wir mußten jetzt den teilweise mit drei Knoten nach Norden setzenden Kuro Shio, den Japanstrom, in unsere Navigation mit einplanen. Je näher wir Taiwan kamen, desto mehr liefen die Seen durcheinander.

Aber welch ein Empfang erwartete uns dort: 20 sm vor den nationalchinesischen Hoheitsgewässern kochte das Wasser förmlich um uns herum. Schlagartig waren wir von einer Schule mit über 50 Delphinen umringt. Jetzt wußten wir, daß wir die japanischen Gewässer verlassen hatten. Während der gesamten Zeit dort hatten wir keinen einzigen Delphin zu Gesicht bekommen – das Ergebnis einer erbarmungslosen Jagd seitens der japanischen Fischindustrie. Getreu modernen japanischen Managements wurden Konkurrenten ausgeschaltet.

»Ian« schien uns weiterhin in Ruhe lassen zu wollen. Um einen besseren Ausgangspunkt für unseren geplanten Sprung nach Hongkong zu haben, entschlossen wir uns, den großen Hafen Keelung an der Nordspitze Taiwans anzulaufen. Mit unserem in Osaka besorgten Visum in der Tasche meldeten wir uns über UKW, zwei Stunden bevor wir uns dem Hafen näherten. Man erteilte uns Erlaubnis einzulaufen. Bereits in der Hafeneinfahrt kamen mehrere Kanonenboote auf uns zu und nahmen uns in ihre Mitte. An Bord standen eher wie halbe Kinder wirkende, junge Marinesoldaten mit Schnellfeuerwaffen in den Händen. Ein Anblick, der uns bereits von unserem ersten Besuch Taiwans in Hualin bestens bekannt war und uns daher wenig beeindruckte. Verblüfft und etwas gekränkt vermerkten die jungen Burschen, daß wir ihrem militärischen Auftritt nicht den nötigen Ernst entgegen zu bringen schienen, sondern ihnen stattdessen freundlich zuwinkten und untereinander feixten.

Unser Geleitschutz forderte uns jedoch unmißverständlich auf, ihm in das vordere, unruhige Hafenbecken zu folgen, wo wir unseren Anker fallen lassen mußten. Unmittelbar danach kam ein junger Offizier an Bord.

Ausländische Yachten waren in Taiwan eine ausgesprochene Seltenheit. Die Taiwanesen selbst durften keine seegehenden Segelboote besitzen, und selbst in Taiwan gebaute Yachten konnten die Insel nur in einem Notfall wieder anlaufen, da das Verlassen eines Hafens bereits als Ausklarieren galt. Erstaunt fragte der Anfang 20jährige Chinese denn auch, was wir hier wollten. Taiwan als touristisches Ziel für durchreisende Yachten konnte er sich nur schwer vorstellen. Seine zweite Frage war, wann wir wieder auslaufen würden. Trotz unseres Visums, das den Aufenthalt legitimierte, ging er immer noch davon aus, daß es sich für uns um einen einoder zweitägigen Notstop handelte. Große Augen bekam er, als wir ihm klarmachten, unser Visum sei vier Wochen gültig und nochmals um vier Wochen verlängerbar. Er schüttelte nur verständnislos den Kopf und stieg zurück auf sein Kanonenboot. Die nächsten zwei Stunden geschah nichts.

Dann kam der nächste Besucher. Er erkundigte sich nach unserer Erlaubnis für die Hafenbenutzung. Wir seien nicht im Computer registriert, obwohl wir angegeben hätten uns aus Osaka angemeldet zu haben. An dieses Detail hatten wir offengestanden nicht gedacht, und so ließen wir das jetzige Mißverständnis im Raume stehen. Unsere Erklärung, ursprünglich sei unsere Ankunft in Taiwan erst drei Wochen später vorgesehen gewesen, aber mit einem Segelboot seien Zeitpläne halt immer eine schwierige Sache, schien dem Beamten einzuleuchten und zu genügen. Daraufhin erneut den Computer zu durchforschen, war ihm wohl doch zu mühselig.

»Welchen Agenten haben sie denn?« wollte er wissen.

»Keinen. Bisher sind wir um die halbe Welt gesegelt und haben in über 20 Ländern einklariert, ohne je einen Agenten zu benötigen.«

Auch dies schien neu zu sein für die Gepflogenheiten in Keelung.

Man rechnete uns vor, daß die Gebühren für die Hafenformalitäten einschließlich eines Agenten normalerweise zwischen 1000 und 2000 $ US betragen würden. Lachend entgegneten wir, weder seien wir ein Cargo, noch hätten wir soviel Geld.

Dieses Statement unsererseits blieb in der Luft stehen. Wenig später erfolgte die Aufforderung, KOSAMUI in das Innere des Hafens – fast 2 Kilometer entfernt – zu verlegen. Dort wurden wir angewiesen, längsseits am Kai neben großen Passagierdampfern festzumachen.

Als wir den Schwell sahen und uns die Folgen für die Bordwand unsere KOSAMUI ausmalten, lehnten wir strikt ab. Ratlosigkeit auf Seiten der Behörden. Schließlich schlugen wir vor, den Heckanker auszubringen und mit dem Bug an langen Leinen am Kai festzumachen. Der gefährlichen Mauer näherten wir die Bugspitze nur, um einen ganzen Trupp Beamte zu übernehmen. Dann begaben wir uns wieder auf respektvolle Entfernung.

Gesundheitsbehörden, Einwanderungsbehörden, Zoll, Polizei – wie gehabt. Nach Erledigung der wichtigsten Formalitäten stellte Seida die Frage, ob wir jetzt an Land gehen dürften, um etwas zu essen. Unsere Vorräte hatten wir angesichts der horrenden Preise in Japan und des hier zu erwartenden üppigen Angebotes bis auf einige Dosen Thunfisch zusammenschmelzen lassen. Bei den stets Freude an gutem Essen findenden Chinesen stieß Seida durchaus auf Wohlwollen und Verständnis. Nur bei einem nicht: der Einwanderungsbeamte, ein deutlich jüngerer, verkniffen dreinblickender Gesetzeshüter, wollte sich offensichtlich aufspielen. Während die anderen besänftigend auf ihn einredeten, untersagte er uns in barschem Ton, KOSAMUI zu verlassen. Mit fast väterlichem Mitgefühl schauten uns seine älteren Kollegen an und zuckten resignierend die Schultern.

Am nächsten Morgen wurde Roman von einem anderen Einwanderungsoffizier mit dessen Motorrad abgeholt und ins Hafenbüro gebracht. Dort waren alle überaus hilfsbereit. Ein Glück, denn hier kam man sich als Nichtchinese wie ein Analphabet vor. Sämtliche Formulare waren in chinesisch – nur in chinesisch, ohne ein einziges Wort in lateinischen Buchstaben.

Ihren endgültigen Liegeplatz fand KOSAMUI in der allerhintersten Hafenecke, mit zwei Ankern und einem halben Dutzend Leinen festgemacht. Zwar lag sie hier absolut vor Schwell geschützt, uns beunruhigten aber die um sie herumliegenden rostigen alten Landungsboote, die von den jungen Rekruten der Marinegarnison nebenan tagtäglich – wohl als Übungsobjekte – hin und her bewegt wurden. Bevor wir uns zu unserer zehntägigen Tour über Land aufmachten, baten wir die jungen Chinesen über Zeichensprache nochmals inständig, bei ihren Manövern auf KOSAMUI Rücksicht zu nehmen.

Nachdem wir alle Hürden der Bürokratie genommen hatten, stand uns Taiwan offen. Hier gab es alles, was wir in den letzten Monaten vermißt hatten, im Überfluß und im Vergleich zu Japan spottbillig. Wir probierten gleich einen der unzähligen Foodstalls aus. Dabei handelte es sich zwar nur um Bretterbuden, und jedem hygienebewußten Europäer hätten die Haare zu Berge gestanden, aber in den Woks über hochaufschießenden Gasflammen bruzzelten die köstlichsten Gerichte.

Die Vielseitigkeit der chinesischen Küche ist phantastisch. Sie spiegelte sich auch im riesigen Angebot auf dem Markt wieder. Stundenlang schlenderten wir durch die endlosen Reihen der Verkaufsstände und schauten fasziniert auf das immense Angebot. Seafood in allen Variationen, die unterschiedlichsten Gemüsesorten, tropische Früchte, Fleisch, Geflügel. Alles war tagesfrisch, denn hier hätte kein Chinese etwas anderes gekauft.

Während der gesamten Rundreise waren wir überrascht und beeindruckt, wie reich diese Insel war. Selbst der kleinste Fleck wurde landwirtschaftlich genutzt. Überall wurde etwas angepflanzt oder ein Teich zur Fischzucht angelegt, und wo ein paar Quadratmeter übrigblieben, wurden Enten oder sonstiges Geflügel gehalten.

Das tropische Klima, der fruchtbare Boden, die vielgestaltige Topographie, vereint mit dem emsigen Arbeitswillen der Chinesen, beflügelt durch ihre Flexibilität und Eigeninitiative, sorgten gemeinsam für dieses so üppige Agrarangebot. Gestört wurde dieses harmonische Bild allerdings durch einige häßliche Industrieflecken. Einer davon war auch die Region um Keelung, wo das Wort

Umweltschutz für die Industrie noch ein Fremdwort darstellte.

Tourismus gab es zwar jede Menge, aber dabei handelte es sich fast ausschließlich um Taiwanesen selbst. Ausländer, vor allem Europäer, waren selten.

Mit unserem kleinen japanischen Leihwagen, der für eine Woche 400 DM kostete, durchstreiften wir kreuz und quer die Insel von der Größe Hollands. Die chinesischen Straßenschilder machten uns dagegen viel weniger Schwierigkeiten. Was uns jedoch störte, war, daß viele der auf der Straßenkarte eingezeichneten Verbindungsstrecken vielleicht irgendwo in Planung standen, in der Praxis aber mit ihrem Bau nicht mal begonnen worden war. So passierte es mehrfach, daß die Straße mitten im Landesinneren aufhörte und wir über Stunden den gleichen Weg zurückfahren mußten, um eine neue Route über die Insel zu finden.

Übernachtungsmöglichkeiten gab es überall, aber zu Preisen die deutlich über dem europäischen Niveau lagen. Für unsere Bordkasse kamen also nur Studentenheime und Klosterherbergen in Frage. Letztere lagen, wie etwa der Chuan Hua Tang-Tempel, häufig in abgeschiedener Umgebung inmitten unberührter Natur.

Eine ausgiebige Besichtigung taiwanesischer Bootswerften durfte auf unserem Programm selbstverständlich nicht fehlen. Die Lernphase des taiwanesischen Bootsbaues war inzwischen gottlob überwunden. Aus den Anfängen von damals werden aber immer noch einige haarsträubende Geschichten zum besten gegeben: Winschen wurden auf Deck genagelt, bei Riggbolzen die Sicherungssplinte vergessen, so daß die Überführungs-Crew auf der etwas rauhen Fahrt nach Hongkong hilflos das Unglück auf sich zukommen sah, ohne viel dagegen unternehmen zu können. Inzwischen entstanden hier jedoch durchaus konkurrenzfähige Yachten mit ausgesprochen gutem Weltmarktniveau. Das galt auch für den Riß. Schon lange beschränkte man sich nicht mehr auf den in Europa häufig noch mit Taiwan assoziierten traditionellen Clipper-Typ. Jetzt zeichneten die weltbesten Yacht-Architekten für taiwanesische Werften. Begeistert waren wir vom Innenausbau – hier waren zum Teil wirkliche Künstler am Werk. Der Preisvorteil hatte mittlerweile allerdings an Attraktivität verloren.

Wir schrieben Mitte Oktober, und es war nach drei Wochen Sight-Seeing Zeit, von Taiwan Abschied zu nehmen. Das Wetter würde von jetzt an ständig schlechter werden. Zwar war die Zeit der größten Taifunhäufigkeit vorüber, aber nun würden die über das chinesische Festland heranziehenden Kaltfronten zunehmend für schwere Bedingungen in der Taiwan-Straße sorgen.

Drei Tage hatten wir für die 350 sm eingeplant. Die kurze, schoppige See ließ KOSAMUI bei ausgebaumtem Vorsegel während ihrer Rollbewegungen ächzen, und der achterliche Wind schob uns mit bis zu 8 Bft zügig nach Südwest. In Höhe von Shantu – hier etwa mußte vor 700 Jahren auch Marco Polo gestartet sein – hatten wir den Eindruck in die Vergangenheit zurückversetzt zu werden. Nachts kreuzten Segeldschunken unseren Kurs. Immer wieder tauchten schwarze Schatten wie aus dem Nichts vor uns auf, um mit nie vermuteter Geschwindigkeit fast unter Vollzeug an uns vorbeizurauschen.

Nach weniger als drei Tagen Überfahrt liefen wir nachts wieder beim Royal Hongkong Yacht-Club ein. Herzlich wurden wir von allen Bekannten und Freunden begrüßt.

In Hongkong freute man sich, daß die Kolonie dieses Jahr von Taifunen verschont geblieben war. Jetzt sei die Saison ja bald vorbei. Wir schauten uns nur etwas skeptisch an, und Roman unkte: »Warten wir es ab.«

Zwei Tage später fiel uns ein Schild an der U-Bahn-Station auf: Warnung Nummer 3. Das bedeutete, daß sich ein Taifun auf Hongkong zubewegte. Die folgende Stufe 8 (Zwischenstufen werden nicht mehr verwendet) hieß, daß alle Büros geschlossen wurden und jeder nach Hause ging. Bei Stufe 11 würde Orkanstärke über Hongkong selbst erwartet. Nicht nur an den Yachten wurden fieberhaft Sicherungsmaßnahmen getroffen. Auch jede Menge Dschunken flüchteten sich jetzt in den schützenden »Typhoon-Shelter« von Causeway Bay. Hier wußte man nur zugut um die verheerenden Auswirkungen, die die tropischen Wirbelstürme in der Vergangenheit regelmäßig in Hongkong angerichtet hatten.

Außer Regen und Starkwind blieben wir aber auch diesmal verschont. Der Taifun drehte durch die Taiwan-Straße nach Norden und richtete arge Verwüstungen unter anderem in Taipeh und in Keelung an, also dort, wo wir uns eine knappe Woche zuvor noch befunden hatten.

Wir nutzten den Aufenthalt in Hongkong, KOSAMUI für die bevorstehende Rückfahrt nach Europa bestmöglich vorzubereiten. Hier war der ideale Platz, um die in Japan erworbene Serienverstagung gegen ein deutlich überdimensioniertes, maßgeschneidertes Rigg auszuwechseln. Schließlich rangen wir uns auch zu einer neuen Radarantenne durch, in der Hoffnung, daß sie diesmal länger als 900 Meilen an Bord bleiben würde.

Nachdem wir unsere Arbeiten am Boot abgeschlossen hatten, planten wir, die Hektik von Causeway Bay, hier im Herzen von Wanchai, gegen einen geruhsameren Liegeplatz in der 15 sm entfernten Shelter Cove in den New Territories einzutauschen. Hongkong besteht nämlich nicht nur aus den 75 qkm Hongkong-Island und 10 qkm Kowloon. Ebenso gehören die von England auf 99 Jahre, also bis ins Jahr 1997 von China gepachteten New Territories mit knapp 1000 qkm Fläche und etwa 2 Millionen Einwohnern dazu, ohne die die Kronkolonie allein nicht mehr lebensfähig wäre. So konnte man fernab vom Trubel der pulsierenden Weltstadt durchaus völlig einsame, menschenleere und noch sehr ursprüngliche ländliche Flecken finden.

Für das Wochenende, an dem die hiesigen Segler ihr traditionelles »Hongkong round the Island Race« veranstalteten, waren wir wieder in den Club gekommen. Wir standen an der Mole vor dem Royal und bewunderten das dichte, bunte Feld der Regattayachten vor der Skyline Hong Kongs, als eine elegante Segelyacht mit französischer Trikolore am Heck in das Yachtbecken glitt. Es war die 42 Fuß lange »Thélème«, eine Aluminium-Slup aus französischem Werftbau. Der 35jährige Eigner Richard zeigte uns schon nach dem ersten Kennenlernen voller Stolz sein High-Tech-Boot, mit dem er auch am ersten Melbourne-Osaka-Race erfolgreich teilgenommen hatte. Seine Zielstrebigkeit hatte Richard nicht erst jetzt als Einhandsegler auf dem Weg nach Hongkong bewiesen. So hatte er ein Jahrzehnt lang in unwirtlichen Gegenden wie Libyen und Jemen bei der Errichtung eines Fernsehkommunikationssystems mitgearbeitet und jeden Franc eisern gespart, um die Verwirklichung seines Jugendtraumes zu finanzieren. Er hatte sich schon in frühen Jahren in den Kopf gesetzt, mit 30, mit einer eigenen Segelyacht auf Fahrt zu gehen. Genau zu seinem 30. Geburtstag warf er in Frankreich die Leinen los.

Für uns sollte das Kennenlernen der »Thélème« zu einem Schlüsselerlebnis werden. Sie hatte genau die Konstruktionsmerkmale, die wir uns für ein späteres Schiff wünschten: ein doppelter Integralschwerter aus Aluminium.

Langsam wurde es Zeit unsere Rückreise in Angriff zu nehmen. Wir lagen in Shelter Cove mitten im Grünen, die abgeschiedene Ruhe wurde allenfalls von ein paar kleinen chinesischen Fischerbooten unterbrochen. Morgens und abends legten sie ihre Netze aus, um dann, mit Stöcken auf das Wasser schlagend und auf ihren Kochtöpfen herum-

Hualin – ein nicht alltäglicher Liegeplatz

»zai jian« – Abschied von Taiwan

beide Abb.: Nara – ein Stück faszinierendes Altes Japan

oben: Osaka-Castle
unten: Sabani-Boot während des Hari-Festivals

trommelnd, die Fische dem Netz zuzutreiben.

Es war wieder mal der Tag vor Weihnachten, als das langersehnte »Window«, das Schlupfloch, kam.

Seit fast zwei Monaten hatten sich ununterbrochen Taifune über dem Südchinesischen Meer abgewechelt mit Monsun-Tiefs von Sturmstärke, die aus Nordwest heranzogen. Eine Fahrt Richtung Singapur oder Philippinen wäre unter diesen Bedingungen nicht nur überaus ungemütlich, sondern auch nicht kalkulierbar riskant gewesen. Immerhin lagen bis Palawan auf den Philippinen über 700 sm vor uns. Erst dort würden wir den Taifungürtel verlassen.

Nach zwei Monaten an Land und in ruhigem Hafenwasser waren wir nicht mehr richtig seefest. Sobald wir aus dem Schutz der Hongkong vorgelagerten Inseln heraus waren, begann eine wilde Schaukelei. Wir hatten KOSAMUI mit Proviant randvoll geladen. Durch das hohe Gewicht lag das Heck wieder sehr tief. Als wir jetzt Fahrt machten, kam Wasser durch den Ruderkoker ins Bootsinnere. Kopfüber mußte Roman mehrfach in die Backskiste hinabtauchen, um mit einem Zwei-Komponenten-Epoxy-Gemisch die undichte Leckstelle an der in der Vergangenheit so bewährten Polyesterröhre abzudichten. Unterbrochen wurde seine Arbeit nur von eiligen Sprüngen heraus aus der Backskiste Richtung Reeling, wo Roman mit grünem Gesicht auf seine Art das Gewicht an Bord reduzierte ...

Zu diesem Zeitpunkt ging es Seida noch gut. Aber auch nur so lange, bis die nächste Morsewettermeldung aufgenommen werden mußte. »Soll ich da wirklich runter?« zögerte Seida, bevor sie sich ins Bootsinnere verzog, um sich mit Bleistift und Papier bewaffnet in einer Ecke auf dem Kajütboden festzukeilen.

Je näher wir den Philippinen kamen, umso ruhiger wurde die See. Stück für Stück legten wir unsere Schwerwetterkleidung ab, bis wir schließlich das überfällige Bad im Meer genießen konnten.

Wir hatten uns vorgenommen, Silvester bei Jock Gordon auf Pangalusian zu feiern. Als wir uns jetzt dem Inselgewirr Nordpalawans näherten, war es bereits Nacht. Mit Hilfe des Radargeräts jedoch machte es sogar Spaß, KOSAMUI von Peilpunkt zu Peilpunkt durch das Labyrinth zu lotsen. Selbst den Ankerplatz nahe am Riff Pangalusians konnten wir so mitten in der Dunkelheit ansteuern.

Als es am nächsten Tag hell wurde, war der 30. Dezember. KOSAMUI lag in spiegelglattem, türkisfarbenem Wasser. In der paradiesischen Landschaft der hoch aufragenden, von grünem Dschungel bewachsenen Felseninseln, mit ihren palmenbewachsenen Sandstränden, herrschte absolute Stille.

Später am Tag staunten wir nicht schlecht, als wir über Amateurfunk mitbekamen, daß Rob und Florence mit »Firenze«, nachdem sie sich zweieinhalb Jahre von Hongkong nicht hatten losreißen können, nun doch auf die geplante Weihnachtsgans im Yacht-Club verzichtet hatten und kurzentschlossen an Heiligabend hinter uns hergesegelt waren. Rechtzeitig zu einem Neujahrsessen mit Langusten trafen auch sie auf Pangalusian ein.

Hier auf den Philippinen wäre es uns nicht schwergefallen noch Monate zu verbringen. Aber jetzt saß uns wieder ein Zeitplan im Nacken, denn von Anfang an war unsere Gesamtreisedauer ja auf zweieinhalb Jahre begrenzt gewesen.

Am 6. Januar verließen wir die traumhaft schöne Gegend Nordpalawans und nahmen Kurs Richtung Kota Kinabalu auf Borneo, wo wir Rob und Florence Lebewohl sagten. Ihnen war unser Reisetempo doch zu hektisch.

Nonstop bei idealen Windbedingungen ging es Richtung Singapur. Es war wieder Segeln in seiner schönsten Form. Nachts zog

KOSAMUI einen durch Kleinstpartikel hervorgerufenen fluoreszierenden Schweif hinter sich her, einem goldfarbenen Funkenregen gleich. Nicht nur die Umrisse der um uns herum spielenden Delphine brachten in der Dunkelheit die Wasseroberfläche zum Glühen. Sogar die aufblitzenden Konturen der Fische in der Tiefe konnten wir erkennen. Die Luft war unglaublich klar, und in der Nacht war eine solche Anzahl von Sternen auszumachen, daß wir einzelne Sternenbilder kaum noch identifizieren konnten. Stattdessen schien das ganze Firmament von einem einzigen leuchtenden Netz überspannt zu sein.

In der Singapur-Straße wurden wir gleich zweimal von Patrouillenbooten gestoppt, die ihre gleißenden Suchscheinwerfer aus nächster Nähe auf uns richteten. Ein halbes dutzend Mal mußten wir den Polizisten zurufen, wir würden nach Lumut in Malaysia weiterlaufen – entweder war die Besatzung schwerhörig, oder sie konnte sich einfach nicht vorstellen, daß eine aus dem Chinesischen Meer kommende Yacht in Singapur keinen Zwischenstopp einplante.

In Lumut an der malayischen Westküste, etwa auf halbem Weg zwischen Singapur und Thailand, hatten wir bereits auf der Hinfahrt in dem kleinen freundlichen Perak-Yacht-Club Halt gemacht. Damals nutzten wir die über 2 Meter Tidenhub, um KOSAMUI, die wir trotz ihres Kurzkiels einfach an zwei Pfählen festgebunden hatten, von den Muscheln und Seepocken der letzten Monate zu befreien. Hier lernten wir auch Hadji Ziebarth kennen, einen schon Jahrzehnte zuvor zum Islam übergetretenen Deutschen. Er hatte viele Jahre in Saudi-Arabien gelebt, wo er einen 7-Meter-Kajütkreuzer besessen hatte. Diesen hatte er Anfang der 70er Jahre auf einem Hänger mit seinem Auto quer durch die Wüste der arabischen Halbinsel bis an den Golf von Oman getrailert. Jetzt im Alter lebte er häufig an Bord seiner »Silmarillion«. Zusammen mit seinen beiden Adoptivsöhnen plante er gerade einen letzten gemeinsamen Törn nach Indien. Danach wollte sich Hadji vom Segeln zurückziehen und die Yacht Raji, seinem ältesten Sohn, überlassen.

Mit viel Flaute ging es weiter durch die Malakka-Straße Richtung Südthailand. Phuket hatte sich in den knapp eineinhalb Jahren schon wieder verändert. Die ständige Zunahme der Touristenzentren, Bars und Restaurants war uns ja schon auf der Hinreise aufgefallen. Zum ersten Mal mußten wir festellen, daß in den Auslagen der Foodstalls Fische und Meeresfrüchte angeboten wurden, die nicht mehr frisch waren – früher undenkbar. Und Yachten gab es! Jetzt lag nicht hier und da ein Boot in einer Bucht, sondern häufig waren es dutzende. Mehr und mehr Charterboote, ob mit Skipper oder bareboat. Ein neues touristisches Zeitalter war auch hier angebrochen, vermerkten wir wehmütig.

Wer sich aber scheinbar nicht verändert hatte, war unser Bekannter Helmut von der »South Wind«. Als hätten wir uns erst gestern verabschiedet, begrüßte er uns mit den Worten: »Da seid ihr ja wieder. Das ist aber schön!« Das Pech hatte ihn auch weiterhin nicht verlassen. Eine andere Yacht war in seiner Nähe ins Treiben geraten und auf sein Schiff zugedriftet. Bei dem Versuch, das fremde Schiff abzuhalten, war er unglücklicherweise als Fender mißbraucht worden. Fazit: eine böse Schulterfraktur, das Brillenglas wurde auf seinem Gesicht zermalmt, und nur haarscharf war er dabei dem Verlust eines Auges entgangen. Aber Helmut ließ sich nicht unterkriegen. Er fühlte sich wieder soweit fit, daß er Tauchcharter fuhr.

Mitte Februar nahmen wir etwas traurig Abschied von Asien. Gerade Thailand hatte uns früher besonders fasziniert. Mehrfach hatten wir es einschließlich seiner Insel Ko Samui im Golf von Siam Jahre zuvor bereist und seine ursprüngliche Schönheit erlebt. Auch unser Schiffsname war ein Symbol für eine Welt gewesen, die seinerzeit noch intakt schien.

Der Indische Ozean wartete auf uns. Dort lag der Nordost-Monsun, auf den wir angewiesen waren, in seinen letzten Zügen. Bis zum nächsten Hafen, Galle auf Sri Lanca, waren es über 1000 sm. Das erste Stück zwischen Thailand und den Nicobaren führte durch die Andaman-See.

Wir quälten uns fast ohne Wind unter ausgebaumtem Spinnaker in brütender Hitze mit 1 bis 2 Kn Richtung Westen. Während die weißglühende Sonnenscheibe wanderte und auch das letzte Stück Schatten verschwand, wußten wir nicht mehr, in welche Ecke wir uns verkriechen sollten. Das tiefblaue Wasser unter uns lockte. Aber in dieser Gegend wimmelte es nur so von den buntgeringelten, gelbschwarzen oder auch blauschwarzen bis zu 2 Meter langen, ausnahmslos giftigen Wasserschlangen, die sich zum Teil auch am Ruderblatt verhedderten. Zwar hieß es, daß bei den meisten Arten dieser Gattung die Giftzähne sehr weit hinten im Maul säßen, und so das Gift, das stärker als das einer Kobra wirkt, gegen Menschen nicht eingesetzt werden könne. Aber dies trifft nicht für alle Arten zu. Jedenfalls verspürten wir keine Lust in dieser Begleitung zu baden.

Vier Tage nach unserer Abfahrt aus Südthailand atmeten wir auf. Ein leichter Nordost mit 3 Bft stellte sich ein, die Etmale erreichten endlich wieder dreistellige Werte.

Wie schon vor Borneo fürchteten wir angesichts der zahlreichen im Wasser treibenden Baumstämme auch hier tagelang um unsere KOSAMUI. Einige der Stämme waren bis zu 20 Meter lang. Je nach Strömungsverhältnissen konnten sie sowohl von den Küsten Sumatras als auch Burmas hierher getrieben werden.

Nach elf Tagen erschien Ceylon am frühen Morgen am Horizont.

Im Hafen von Galle lagen diesmal nur drei andere Boote:

Ein indisches umgebautes Fischerboot aus Holz, das ein seit über zehn Jahren in Indien lebender Schweizer billig erstanden und dessen Segelgarnitur er aus Baumwollstoff selbst zusammengeschneidert hatte. Ferner die 10 1/2-Meter-Stahlyacht eines Briten, der als militärischer Berater im Dienst des Sultans von Oman gestanden hatte und der uns von seinem Nirotank unter dem Salontisch vorschwärmte. Die klare durchsichtige Flüssigkeit, die aus dem Hahn herausfloß, war aber kein Wasser, sondern ein schier nicht versiegender Ginvorrat. Das dritte Schiff erregte nicht nur durch seinen großen Holzaufbau unsere Aufmerksamkeit. Die Reste einer ehemals in Flammen aufgegangenen englischen Segelyacht waren hier in Ceylon über mehrere Jahre hinweg wieder aufgebaut worden und dienten jetzt ihrem neuen Eigner als Charterschiff für eine reine See-«Mann«-Schaft in schwülem Klima... Es kamen nicht nur Zweifel an den seglerischen Fähigkeiten der Crew, sondern auch an der Eignung des von den Ceylonesen restaurierten Schiffes auf, das schon hier im Hafen wassermachte.

Nicht nur wir selbst hatten Sorgen, ob wir nicht schon zu spät in der Saison seien. Auch die Einheimischen drängten uns, es sei höchste Zeit, wenn wir noch die letzten Reste des Wintermonsuns nutzen wollten.

Am 2. März hieß es »Anker auf«. Nicht bevor wir außer unserem 130-Liter-Tank zusätzlich noch die Kanister randvoll mit Diesel aufgefüllt hatten. Bis Aden waren es etwa 2100 sm. Bei einem Verbrauch von etwa 1 Liter pro Stunde bei einer Marschfahrt von 5 Kn würde unser Vorrat nur für einen Bruchteil der Non-stop-Überquerung ausreichen, falls es uns nicht gelänge, die letzten Reste des Wintermonsuns zu erwischen.

Bereits wenige Meilen westlich des Hafens von Galle verließ uns die Thermik, über die wir uns gerade noch so gefreut hatten. Also doch kein Wind. Nachmittags kamen dann 15 Kn, allerdings genau aus Westen, die nachts in Regen und starke Gewitter übergingen. Am nächsten Tag wieder kein Wind. Dafür hatten wir jetzt, südlich des Golf von Mannar, der sich zwischen der Südküste Indiens und der Westküste Ceylon erstreckt, Gegenstrom. Wir motorten rund um die Uhr und schafften trotzdem nichtmal 60 sm als Etmal. Am Tag darauf war es weiterhin zum Verzweifeln. Beständiger Gegenstrom, der uns nach Südosten zurückdrängen wollte. Kein Wind. Trotz ständigen Motorens kamen wir kaum voran. Eine grundsätzliche Entscheidung mußte getroffen werden: Sollten wir unser restliches Diesel aufsparen? Schließlich hatten wir immer noch annähernd 2000 sm vor uns und konnten nicht wissen, welche Bedingungen wir unterwegs weiter westlich im Indischen Ozean oder im Golf von Aden antreffen würden. Das bedeutete aber auch, mit schlagenden Segeln allenfalls minimale Fahrt zu machen, während der Monsun Zeit hätte, sich noch weiter nach Westen zurückzuziehen. Oder sollten wir auf Teufel komm raus motoren, in der Hoffnung, den Nordost vielleicht doch noch einzuholen. Hierbei bestand die Gefahr, mitten im Arabischen Meer ohne Treibstoff in die Windstillen des Monsunwechsels, die Wochen andauern konnten, zu geraten. Unser Wasservorrat betrug 220 Liter, was bei einem knapp kalkulierten Verbrauch von zwei Litern pro Kopf und Tag für fast zwei Monate gereicht hätte.

Wir motorten weiter. Kein Windhauch. Spiegelglatte See. Bei jedem Sonnenuntergang umgab uns das psychedelische Farbenspiel des Indischen Ozeans wie ein lautloser Rausch.

Der fünfte Tag auf See brachte den Wechsel: Wind!

Nachdem wir erst ein leichtes, von Norden kommendes Kräuseln der Wasseroberfläche bemerkten, stellte sich endlich der langersehnte Nordost ein. 3 Bft, in den nächsten Tagen konstant 4–5 Bft.

An Backbord entdeckten wir plötzlich einen fast 15 Meter langen Baumstamm. Roman griff zur Videokamera. Er konnte sich nicht erklären, wo der in dieser Gegend noch herkommen sollte. Während er versuchte, das Treibgut auf dem Film festzuhalten, konnte er durch das Teleobjektiv die Umrisse deutlicher erkennen – das war ja ein Wal! Der dunkle Körper trieb keine 10 Meter an uns vorbei, ohne daß sich der Koloß auch nur im geringsten von uns stören ließ. Erst als wir 50 Meter weiter waren, tauchte er gemächlich hinab in die Tiefe. – Wie leicht hätten wir das Tier rammen können, und welche Folgen hätte das für unseren GFK-Rumpf gehabt?

Wale umgaben uns während der nächsten zwei Tage ständig. Ringsum sahen wir sie ihren Wasserstrahl ausblasen. Hier, um die Nordspitze der Malediven, schien um diese Jahreszeit ein wahrer Tummelplatz zu sein. Etwas mulmig wurde uns, als wir ein hoch aus dem Wasser aufragendes schwarzes Schwert um uns kreisen sahen. Es mußte einem ausgewachsenen männlichen Orka gehören. Der gefürchtete »Killerwal« verhielt sich uns gegenüber aber ausgesprochen friedlich.

Ungemütlich und seltsam waren die folgenden zwei Nächte. Zunächst empfanden wir es noch als eine willkommene Abwechslung, als sich mitten in der Nacht auf der Cockpitreeling ein rabengroßer schwarzer Vogel niederließ. Wir wunderten uns darüber, wie wenig scheu dieses Tier war. Weniger begeistert waren wir, als ein zweiter Geselle sich daneben setzte und beide untereinander lautzeternd zu streiten anfingen. Dann hackten sie gegeneinander. Jeder wollte den anderen anscheinend verscheuchen. Inzwischen kreisten zwei weitere Vögel um unsere Köpfe. Unseren anfänglich zaghaften Versuch, die Störenfriede aus dem Cockpit zu vertreiben, erwiderten sie mit noch lauterem Gezeter, ohne sich aber im übrigen beeindrucken zu lassen. Roman griff zu einem Tampen, den er in ihre Richtung schlug. Sie rückten nur etwas beiseite und kamen gleich darauf wieder. Das Spiel wiederholte sich über Stunden. Tagsüber hatten wir dann Ruhe. Nachts aber gaben die Vögel erneut ihr Gastspiel. Seida war schon so weit, daß sie zur Flinte greifen wollte. Schließlich warf Roman mit einer schweren aufgeschossenen Leine nach den Störenfrieden. Einer nach dem anderen purzelte voll getroffen vom Heckkorb ins Wasser. Nach solch mehrmaligem Zwangsbaden wurde es den Biestern dann aber doch zu ungemütlich.

Schlecht lebten wir während der Überfahrt nicht. Eine 5 Kilo schwere Regenbogen-Dorade brachte eine köstliche Abwechselung in unseren Speiseplan.

Am 16. Tag liefen wir südöstlich von Socotra. Hier kam der Monsun mit 6 Bft aus Norden. Gleichzeitig wurden durch die vor der Insel liegenden Untiefen und dem starken Strom die Seen wieder steil. Es war Nacht, die Sicht mäßig, und wir liefen nur unter ausgebaumter Fock. Plötzlich sahen wir Lichter. Das erste Cargo seit der Region vor den Malediven. Und – wir konnten es zuerst gar nicht glauben – genau auf Kollisionskurs! In dem Seegang waren wir für den Frachter mit Sicherheit nicht auszumachen. Abfallen war nicht möglich, weil das Schiff aus Nordwesten auf uns zusteuerte – es sei denn, wir wollten eine komplette Halse mit Spibaumwechsel usw. vollführen. Viel höher an den Wind konnten wir aber auch nicht aufgrund der nördlichen Windrichtung und der durcheinanderlaufenden Seen, die sich wiederholt über Deck brachen. Wie eine Ewigkeit erschienen uns die Minuten, bis wir KOSAMUI in knappem Abstand an dem großen Bruder vorbeimanövriert hatten.

Auch als Socotra hinter uns lag, wehte es unvermindert stark aus Norden. Laut Monatskarten hätte es diese Winde um diese Jahreszeit eigentlich gar nicht geben dürfen. Irgendwie mußten wir endlich Weg nach Norden machen, da wir sonst auf die sich in Legerwall befindliche somalische Küste laufen würden. Auf die bewegten wir uns zur Zeit durch den starken Strom mit 8 Kn über Grund zu. Laut Sat Nav war die Küste nur noch 10 sm entfernt. Mit Motor und Segeln ging es stampfend gegen See und Wind. Es war Mitternacht, und uns kamen langsam Zweifel, ob es uns überhaupt gelingen würde Ras Asir zu runden. Im Geiste steckten wir schon einen Kurs entlang der ostafrikanischen Küste nach Süden ab, als kurz darauf der Strom schlagartig seine Richtung änderte. Nun fingen wir an, Meile um Meile nach Norden gutzumachen.

Mit dem ersten Tageslicht ragte das Horn von Afrika mit seinen kahlen, trostlos erscheinenden Felsbergen neben uns auf. Wir befanden uns endlich im Golf von Aden. Auf den langgezogenen, von Indien ungebrochen herüberkommenden Wellen des Nordost-Monsuns liefen wir unter Spinnaker wieder nach Westen, in Richtung Aden. Der Indische Ozean lag zum zweiten Mal hinter uns.

Zwei Tage später erreichten wir Aden. Der Jemen, das sagenhafte Königreich Saba zu Zeiten König Salomons, hatte bereits vor 3000 Jahren als Handelszentrum an der berühmten »Weihrauchstraße« in dem damals überaus reichen Südarabien große Bedeutung erlangt. In der Folgezeit entstanden hier hochentwickelte Staudamm- und Bewässerungsanlagen. Mit Beginn der »islamischen Geschichte« im 7. Jahrhundert endete die Epoche der südarabischen Königreiche, der Bewässerungssysteme und des blühenden Handels. Ab dem 19. Jahrhundert setzten sich die Engländer in Aden und Umgebung fest, und hier entstand das britische Protektorat und damit der wichtigste Hafen zwischen Mittelmeer und Asien. 1967 gab Großbritannien nach langjährigen Auseinandersetzungen mit den südjemenitischen Freiheitskämpfern Aden als Kronkolonie auf, und es folgte die Teilung in die unter sowjetischem Einfluß stehende »Demokratische Volksrepublik

(Süd-) Jemen« und die von Saudi-Arabien unterstützte konservative »Arabische Republik (Nord-) Jemen«.

Im Hafen von Aden blieben wir nicht die einzige Segelyacht. Noch am gleichen Tag gesellte sich die französische »Absinthe« mit Joel, Catherine und ihrer Tochter Emilie zu uns, fast genau zwei Jahre nach unserem ersten Zusammentreffen in Larnaca.

Den sozialistischen Einfluß in Aden erkannte man spätestens an der deutlichen Präsenz russischer Cargos und Kriegsschiffe, die uns umgaben, während an die Kolonialepoche nur noch verfallende Prachtbauten sowie das Wrack eines englischen Sportwagens erinnerten. Der Markt machte einen desolaten Eindruck. Unsere Hoffnung, die Bordvorräte auffüllen zu können, mußten wir schnell begraben. Frühmorgens und mit viel Glück konnte man allenfalls ein paar Kartoffeln, Bananen und vielleicht auch ein Ei ergattern. Ein Großteil dieser landwirtschaftlichen Produkte kam aus den Tälern des Wadi Hadramaut. Diese abgelegenen Trockentäler konnten von den raren Regenfällen in Minutenschnelle in reißende Wasserläufe verwandelt werden. Gähnende Leere in den Läden, außer wenn die Kunde einer neuen Warenlieferung die Runde machte, dann bildeten sich in kürzester Zeit lange Warteschlangen.

Rege Geschäftigkeit hingegen herrschte tagtäglich auf dem Qat-Markt. Diese für den Jemen typische Droge aus grünen Blättern, für die die Jemeniten bereit waren, einen großen Teil ihres Einkommens auszugeben, gab es in Hülle und Fülle. Ab Mittags lief im Jemen nichts mehr. Alle männlichen Einwohner schienen dann nur den einen übermächtigen Gedanken zu haben: Qat kauen. Dieser »Jemenitische Whisky«, wie das Qat auch scherzhaft von den Moslems, für die nach dem Islam ja Alkohol verboten ist, genannt wurde, erfüllte jedoch auch eine kommunikative Aufgabe in einem Land, in dem es im übrigen kein nennenswertes Freizeitangebot gab.

Für die wenigen Privilegierten, die sich im Besitz ausländischer Devisen befanden, stand eine weitere Tür offen. Die eines Supermarktes, der regelmäßig durch russische Cargoschiffe beliefert wurde. Dort gab es Wein, Spirituosen, tiefgefrorenes Fleisch, Konserven und sogar Luftmatratzen made in Nordkorea.

Frischwasser konnten wir gegen eine Gebühr von umgerechnet 5 DM bunkern, soviel wir wollten. Nach einem Tag Bürokratie hatten wir schließlich sogar unseren Dieseltank wieder gefüllt.

Am dritten Tag erschien ein weiteres Segelschiff im Hafenbecken auf der Bildfläche. Der schon zwei Tage vor uns in Sri Lanka gestartete, 20 Meter lange hölzerne Seelenverkäufer, das uns schon in Galle aufgefallene Männer-Kreuzfahrt-Schiff des absonderlichen Engländers, hatte allen Bedenken zum Trotz den Weg bis nach Aden geschafft. Ebenso absonderlich wie die Männergesellschaft war auch die einzige Frau an Bord, eine Anfang 20jährige Deutsche. Sie ließ verlauten, für den Fall, daß es zu Problemen kommen sollte, habe sie vorgesorgt. In ihrem Gepäck habe sie einen Strick, mit dem sie sich dann aufhängen würde.

Das Rote Meer lag jetzt vor uns, diesmal allerdings mit Gegenwind. Auf der Hinfahrt hatten wir dort schon annähernd zwei Monate Erfahrungen gesammelt, so daß wir jetzt diese von vielen gefürchtete Passage von 1200 sm Länge weniger sorgenvoll angingen.

Am 29. März segelten wir mit frischem Wind die ockerfarbene Mondlandschaft des Südjemen entlang Richtung Bab-el-Mandeb.

Unter Radar auch nachts problemlos, nahmen wir die »Small Strait« als Eingang ins Rote Meer. Hierdurch vermieden wir den dichten Cargostrom westlich der Insel Perim. Bis morgens verzeichneten wir eine kontinuierliche Zunahme des Windes. Dann blies es mit über 8 Windstärken aus Süden. Die Windrichtung war zwar ideal, aber wir lernten dabei auch die legendäre steile und dabei sehr kurze See des Bab-el-Mandeb kennen. Immer wieder kam es zu einzelnen extremen, sich bis zu 5 Meter hoch aufbauenden Wellenserien. Die Aries-Selbststeueranlage war dann in den sich brechenden Kämmen nicht in der Lage, KOSAMUI auf Kurs zu halten. Die Sekundenbruchteile, die sie brauchte, um zu reagieren und auf die Pinne zu wirken, waren genau die Zeit, die fehlte. Hier zeigte sich doch der Unterschied zu einem selbststeuernden Rudergänger, der das notwendig werdende Manöver schon im voraus kommen sieht. Wir mußten die Aries abschalten und selber das Ruder übernehmen, um nicht querzuschlagen.

Nachts wäre es schwierig geworden, die Wellen auszusteuern. So entschlossen wir uns, hinter einer der Vulkan-Inseln Schutz zu suchen. KOSAMUI schoß durch die enge Passage zwischen der Nordspitze von Groß-Hanish und den vorgelagerten Klippen. Wegen der dicht beieinander stehenden Unterwasserfelsen war uns nicht ganz wohl. Belohnt wurden wir auf der anderen Seite aber durch eine ruhige See, auch wenn die Windböen durch den Trichtereffekt der umliegenden Berge noch stärker über das Wasser jagten. Eineinhalb Stunden brauchten wir, um uns in die Bucht vorzuarbeiten, dann fiel der Bruce-Anker in 3 Metern Tiefe. 60 Meter Kette ließen wir ausrauschen. An ihr zerrte KOSAMUI wie wild und neigte sich mal nach Backbord, mal nach Steuerbord weit über. Aber wir lagen hier sicher. Um uns herum fiel der Blick auf eine wildschöne Vulkanlandschaft. Alles dominierend erhob sich ein schwarzer Vulkankegel vor uns. Seitlich war die Bucht von teils goldfarbenen, teils dunkelbraunen Felsen begrenzt, die an riesige zerklüftete Waben erinnerten.

Vor dieser Kulisse gaben uns die Sturmvögel stundenlang Vorführungen ihrer akrobatischen Flugmanöver. Als würden sie mit den Starkwindböen spielen, schossen sie parallel zur mit weißer Gischt bedeckten Wasseroberfläche dahin. Dann stiegen sie abrupt wieder hoch in die Luft, schienen plötzlich schwerelos geworden dort verharren zu wollen, um dann, wie im freien Fall, über die Seite wegzudrehen und erneut Richtung Meer zu stürzen.

Ein paar Tage später sollte hier in der Region der Hanish Inseln bei einem ähnlichen Südsturm eine Yacht stranden. Die Crew hatte, nachdem die Segel zerfetzt wurden, vergeblich versucht, die Maschine zu starten. Als dies mißlang und sie weiter auf eines der Riffe zutrieben, versuchten sie noch, einen Anker in ihrer Not zu werfen, aber auch dieses Manöver ging schief. Die Mannschaft wurde schließlich von der in Djibouti stationierten französischen Marine gerettet. Im Roten Meer gab es ein weiteres Wrack mehr.

Nach zwei Tagen beruhigte sich das Wetter, und wir segelten nun die nächsten 72 Stunden rund um die Uhr. Unser Ziel war ein Zwischenstopp auf den Hamil-Inseln, die schon zu Äthiopien gehören. Unser Funkfreund Glafkos wurde ganz aufgeregt, als er von unserer Position hörte, und riet uns dringend von dieser Gegend ab. Was wir nicht gewußt hatten, war, daß der Bürgerkrieg in Eritrea gerade erneut aufgeflammt war. Gelegentlich kontrollierten Armeeboote diese Region, ohne lange zu fackeln und nach Erklärungen zu fragen. Die Entscheidung fiel, als wir uns weniger als 1 sm vor Hamil befanden. Der Wind begann aus Südost zu blasen, so daß der Ankerplatz auch in dieser Hinsicht nicht mehr sicher gewesen wäre. Daraufhin verzichteten wir auf unser Vorhaben.

Jetzt begann aber ein Alptraum. Im Paß, durch den wir gekommen waren, standen Wind, Wellen und Strom gegen uns. Die einzige Möglichkeit war uns durch das vorgelagerte Riff in Richtung tiefes Wasser einen

Weg zu suchen. In ruppigem Seegang ging es nun über Korallenboden, der nicht mehr als 3 bis 4 Meter Tiefe aufwies und durchsetzt war von Boomies, die bis dicht unter die Wasseroberfläche reichten. Roman stand hoch oben in der Saling und lotste KOSAMUI nach Sicht durch den gefährlichen Irrgarten. Endlich erreichten wir tieferes Wasser. Aber auch jetzt löste sich die Anspannung nicht. Die Region hier in den äthiopischen Gewässern war nur sehr unvollkommen vermessen. Wieder und wieder sprang der Tiefenmesser plötzlich, mal auf 10 mal auf 5 Meter, obwohl laut Seekarte überall Tiefen von über 40 Meter ausgewiesen waren.

Die nachlassende Sicht, als die Sonne tiefer sank, tat ihr übriges, bis wir nur noch, wie im Blindflug, gebannt auf das Echolot starrten und hofften...

48 Stunden später liefen wir auf den Süden der sudanesischen Küste zu. Der Kanal zwischen Khor Navarat und Trinkitat wies 5 sm zwischen den Riffen auf. Mit Sat-Nav und Radar ausgerüstet, wähnten wir, dies sei auch nachts kein Problem. Das würde uns am nächsten Tag erlauben, bei guter Sicht einen Ankerplatz im Sha'ab el Shubuk zu suchen. Was wir nicht einkalkuliert hatten: Die flache Küste war auf dem Radar nicht auszumachen, und ein verwertbares »Fix« durch den Satelliten-Navigator kam nachts erst mit 5 Stunden Verspätung. Zu allem Übel drehte der Wind auch noch auf Nord, und das bei einem Strom, von dem man nie wußte in welche Richtung und mit welcher Geschwindigkeit er einen versetzte.

Plötzlich krachte es unter dem Rumpf. Zuerst vorne. Dann nochmals in der Mitte des Bootes und schließlich am Ruder. Gleichzeitig wurde der Motor abgewürgt. Uns stockte der Atem. »Jetzt sitzen wir auf einem Riff«, durchfuhr es uns. Und das in dieser verlassenen Gegend zwischen Äthiopien und dem Sudan! Panische Sekunden. Dann nochmals ein leichteres Krachen am Ruder. Um uns herum schwarze Nacht. Roman raste in die Kajüte, suchte verzweifelt die Taschenlampe und kletterte auf die Heckbadeleiter. Als der Lichtstrahl unter Wasser aufflammte, konnte er unerwartet aufatmen. KOSAMUI saß nicht, wie befürchtet, auf einem Riff fest, sondern wir hatten das einzige Stück Kantholz, das es hier in dieser holzlosen menschenleeren Gegend gab, ausgerechnet mit unserem Schiff erwischt. Der 2 Meter lange Balken hatte sich zwischen Ruder und Propeller eingeklemmt und so den Motor gestoppt. Soweit wir in der Dunkelheit festellen konnten, war kein ernsthafter Schaden entstanden.

Diese heiße Nacht bekam auch »James« nicht gut. Der Geruch eines verschmorten Kabels kündigte an, daß er mal wieder freinehmen wollte.

Als Ausgleich für die Unannehmlichkeiten der letzten Tage bot uns der Shubuk-Kanal von nun an herrliches Segeln. Mit 4 Bft ging es über glattes Wasser zwischen den Inseln und Riffen hindurch von einem Ankerplatz zum nächsten. Die Tagesetappen konnten wir beliebig kurz wählen, Ankermöglichkeiten standen überall zur Verfügung. Im Vergleich zur Hinreise mitten im Sommer hatten wir jetzt im Frühjahr eine deutlich bessere Sicht. In dieser Jahreszeit konnte man auch die küstenfernere Landschaft mit ihren hoch aufragenden Bergketten erkennen.

Suakin hatten wir auf dem Hinweg nicht angesteuert. Diesmal aber wollten wir es uns nicht entgehen lassen. Der Name dieses früher wichtigsten sudanesischen Hafens war stets mit dem Pilgerstrom ins geheiligte Mekka, aber auch mit dem ausgedehnten Sklavenhandel vergangener Jahrhunderte verknüpft gewesen. Das Ende der Stadt, von deren einst prächtigen Bauten heute nur noch Ruinen aus Korallengestein übrig sind, war abzusehen, als Port Sudan entstand. Zumal Suakin von der heutigen Großschiffahrt aufgrund der vorgelagerten Riffe und Gefahren nicht angelaufen werden kann.

Wir wählten einen ausgesprochen romantischen Liegeplatz. Als einzige Yacht lagen wir nur wenige Meter vor der großartigen Kulisse der Ruinenstadt.

Beim Landgang trafen wir auf ausgesprochen freundliche, hilfsbereite, wenn auch anfangs deutlich zurückhaltende Sudanesen. Wesentlich kontaktfreudiger waren hingegen die hier im Exil lebenden Flüchtlinge aus dem äthiopischen Eritrea.

Einen Tagestörn weiter nördlich lag Port Sudan. Diesmal war das Hafenbecken deutlich voller. Eine Yacht fiel uns besonders auf: »Peace«, die Schweizer Flagge trug. Am Rumpf konnten wir den Schriftzug TG (Thurgau, Bodensee) lesen. Für unsere in Friedrichshafen am Bodensee registrierte KOSAMUI eine eigenartige Begegnung. Skipper auf der »Peace« war Robert in Begleitung von Denise, seiner Frau. Beide waren Jahre zuvor auf den Seychellen gewesen und hatten diese als ihr Traumziel per Segelyacht ausgesucht. Bei wenig Wind und unter fast ständigem Motoren waren sie dort gut angekommen und befanden sich nun auf dem Rückweg. Beim Bab-el-Mandeb erwischte auch sie ein Südsturm, und sie mußten in den Hafen von Mokha flüchten. Danach trugen sie sich mit dem Gedanken ihre 35-Fuß-Freedom in Port Sudan auf einen Frachter verladen und ins Mittelmeer transportieren zu lassen – bis sie den Preis hörten.

Die wenigen Stunden in Port Sudan nutzten wir, um unsere Vorräte mit Obst und Gemüse aufzufüllen. Zwölf Stunden später liefen wir beim ersten Licht wieder aus. In unserem Kielwasser befanden sich »Peace« und die amerikanische »Point Option«, eine 47-Fuß-Taiwan Yacht, mit Bill und seiner Frau an Bord.

Wir planten, in weiteren Tagestörns den Riffgürtel der Küste entlang nach Norden weiterzusegeln. Von Nachtfahrten hatten wir im Moment genug, und so versuchten wir, jeweils rechtzeitig nachmittags irgendwo in einer Marsa zu ankern. Gemeinsam mit den Vorinformationen, die wir bereits für die Hinfahrt bekommen hatten, und den Erfahrungen aus den zwei Monaten in Nord-Süd-Richtung gelang es uns tatsächlich, zwischen dem südlichsten Zipfel des Sudan bis hinauf nach Suez täglich einen Ankerplatz für die Nacht zu finden. Trotz der ständigen Aufmerksamkeit, wie sie in Riffgebieten lebensnotwendig ist, war dies unserer Meinung nach doch die weitaus bessere Taktik. Früher meinte man, in der Mitte des Roten Meeres gegenanbolzen zu müssen, was bei den häufigen nördlichen Starkwinden bei Leibe kein Vergnügen darstellt. Um uns das zu ersparen, nahmen wir lieber das höhere Risiko in Kauf.

Entsetzt waren wir allerdings, als wir sahen, was eines unserer Begleitschiffe an Ankerausrüstung für dieses Gebiet mitbrachte. Mit insgesamt 30 Meter Kette bei Ankertiefen zwischen 15 und 20 Meter mußte man in Korallengewässern, wo eine Leine sich innerhalb von Minuten durchscheuern konnte, schon sehr auf sein Glück vertrauen.

Glück hatten alle drei Boote in Marsa Mar'ab. Am 16. April waren wir wie üblich frühmorgens, sobald es die Lichtbedingungen erlaubten, ausgelaufen. Bis gegen Mittag hatten wir eine sehr erholsame, angenehme Fahrt über glattes Wasser bei relativ wenig Wind. Kurz vor der Marsa frischte der Wind dann innerhalb von Minuten auf 6 Bft auf. Er blies aus Süden. Jetzt war weiter unten am Bab-el-Mandeb bestimmt wieder was los. Da wir über Maststufen verfügten, ließ man uns, wie üblich, den Vortritt. Wir fuhren dicht am Riffsaum vorbei, um eine etwas flachere Stelle zu finden, wo wir ankern konnten. Die 50 Meter Tiefe in der Mitte der Marsa standen nicht zur Diskussion. Schließlich fanden wir einen Platz am Südufer des Riffeinschnitts. Behutsam näherten wir uns der Korallenwand bis auf wenige Meter und ließen den

Bruce-Hauptanker in 5 Meter Tiefe zwischen die Korallenköpfe fallen. Im selben Augenblick trieb uns eine der Böen Richtung Mitte der Marsa zurück. Die Kette spannte sich. Frei schwojend hingen wir in Lee des Riffs. Der Bruce hielt. Es war inzwischen fast 15 Uhr und die Zeit zu kurz, um noch bei vernüftigem Licht durch die vorgelagerten Riffe ins offene Wasser zu gelangen.

Obwohl es weiterhin kräftig aus Süden wehte, hatten wir einen zusätzlichen Heckanker frei in etwa 12 Metern Tiefe hängend ausgebracht. Schließlich war Südwind in dieser Region eher ungewöhnlich als die Regel, und wir wußten von früher, wie schnell der Wind hier umschlagen konnte. Wir wären nicht das erste Boot gewesen, das von einer solchen Winddrehung aufs Riff gedrückt wurde. Unsere Begleiter freuten sich, als abends der Wind einschlief. Eindringlich rieten wir ihnen, ebenfalls Heckanker auszubringen.

Um 1 Uhr nachts ging es los. Wir wurden von dem Geräusch wach, als unsere Kette über die Korallen zerrte. Als wir den Kopf aus der Luke streckten, sahen wir, daß der Wind tatsächlich aus Norden kam. In weniger als einer Stunde frischte er auf 6–7 Bft auf. Obwohl wir unseren Baas-Anker am Heck ausgebracht hatten und dieser sich jetzt irgendwo weit unten in den Korallen festkrallte, war uns nicht wohl in unserer Haut. Schließlich befanden wir uns mit KOSAMUI nur wenige Meter vor den messerscharfen Korallen des Riffsaums. Glücklicherweise schien sich auch die Kette des Hauptankers um einen Korallenblock gewickelt zu haben, und von ihr erhofften wir uns zusätzlichen Halt. An Bord der »Peace« herrschte über die gefährliche Situation in der sich die drei Yachten befanden, schiere Aufregung. Robert hatte zwar unseren Rat befolgt und abends noch einen Heckanker ausgebracht. Der Gedanke, daß nur dieser zusammen mit den 20 Meter Kette, die wir ihm geborgt hatten, ihn jetzt vom Riff fernhielten, ließen ihn die ganze Nacht kein Auge zumachen. Auch sein bisher so unerschütterliches Vertrauen in seine Maschine erlitt einen argen Knacks. Den Zug auf den Anker hatte er versucht, dadurch zu mindern, daß er den Motor im Rückwärtsgang laufen ließ. Aber nach wenigen Minuten schlug die Temperaturkontrolle Alarm. Er hatte ein Leck im Kühlwassersystem. Ausgerechnet jetzt! Denise packte die Panik – und das Notgepäck. »Point Option« schien zu halten – jetzt mit drei Ankern. Nachdem auch wir einen dritten, nämlich den Stockanker ausgebracht, und wir »Peace« noch unseren letzten Reserveanker geliehen hatten, gingen wir schlafen. Was konnten wir sinnvolleres tun?

Im Laufe des folgenden Nachmittages drehte der immer noch starke Wind auf Nordost. In Böen erreichte er 40 Kn und es stand mehr Schwell in die Marsa. Auf einen Schlag kam Lose in die Kette unseres Hauptankers – wahrscheinlich war sie durch die Rollbewegungen über einen Korallenkopf gerutscht, oder dieser war abgebrochen. Das Echolot sauste von 12 Meter auf 3 Meter Wassertiefe. Unmittelbar hinter uns lauerten jetzt zum Greifen nahe die zerstörerischen Korallenköpfe. Unsere Lage wurde brenzlich. Wir waren aber nicht mehr durch die Dunkelheit gelähmt und konnten handeln.

Mit der Tauchflasche ging Roman runter und entwirrte zwei der im Zickzack zwischen den Korallenblöcken hindurchlaufenden Ankerketten. Robert half von Deck aus. Bei diesem Manöver ließ sich aber nicht vermeiden, daß das Bootsheck noch näher ans Riff trieb. Während der gesamten Zeit stand Seida angespannt bei laufendem Motor an der Pinne, denn jetzt schwang das verletzliche Ruder unserer KOSAMUI nur noch Zentimeter vom ersten Korallenblock entfernt.

Unter Motorvollast, während Roman und Robert den letzten Anker hektisch hochhievten, befreiten wir uns aus unserer prekären Lage. Im gegenüberliegenden Riff atmeten wir auf, als der Anker wenige Minuten später fiel – wir schwojten wieder in Lee. Nur noch mit Reserve in der Tauchflasche – über einen Kompressor verfügten wir nicht an Bord – ging Roman noch mehrmals unter Zeitdruck bis auf 30 Meter runter, um die Lage des Ankergeschirrs von »Peace« und »Point Option« zu kontrollieren.

Robert reparierte in der Zwischenzeit sein defektes Kühlsystem.

Nach den Ereignissen von Mersa Mar'ab, ankerte Bill mit seiner 14-Tonnen-Yacht zu unserer »Freude« nur noch vor unserem Bug in Luv. Ein paar Tage später wurden wir morgens durch einen Hilferuf über UKW geweckt. Wir trauten unseren Augen nicht. Trotz oben genannter Vorsichtmaßnahme, saß Bill mit seinem Schiff 100 Meter hinter uns auf einem Riff. Nach kurzer hektischer Beratung über Funk gelang es ihm tatsächlich, mit Hilfe der Maschine, sowie seiner starken Ankerwinsch, dank des ruhigen Wassers ohne größeren Schaden freizukommen. Danach hatte er wohl genug von unserer Route durch die Küstenriffe. Er verschwand, ohne sich zu verabschieden, Richtung offene See.

Mit der Absicht, uns zu verproviantieren stoppten wir in Hurghada, wo jedoch ständiger Ärger mit den ägyptischen Behörden uns veranlaßte, diesen zumindest für Yachten ungastlichen Ort so schnell wie möglich wieder zu verlassen. Da kräftiger Nordwind herrschte und wir inzwischen gelernt hatten abzuwarten, verzogen wir uns nur in das gegenüberliegende, gut geschützte Riff.

Weniger Geduld hatte leider ein neuseeländischer Einhandsegler, der gleichzeitig mit uns von Hurghada auslief. Von unserem Ankerplatz aus konnten wir beobachten, wie er unter Motor gegen Wind und Wellen anstampfte, ohne nennenswert voranzukommen. Mit bösen Ahnungen sorgten wir uns: »Hoffentlich kommt er vor Einbruch der Dunkelheit noch aus den Riffen der Gubal-Straße heraus.« Wenige Tage später mußten wir erfahren, daß der »Kiwi« noch in der gleichen Nacht auf einem Riff sein Boot verloren hatte. Er selber wurde von den Ägyptern gerettet.

Am 16. Mai erreichten wir die Bucht von Suez. Dort wollten wir KOSAMUI im Yacht-Club liegen lassen, um uns Ägypten auf dem Landwege anzuschauen. Ein sandbeladener Khamsin trieb uns mit 7 Windstärken und miserabler Sicht nach Norden, als ob sich das Rote Meer mit einem Tritt in den Hintern von uns verabschieden wollte.

Kapitel 19
Geteilte Eindrücke, Kulinarisches und 120 Schleusen

Mit Port Said erreichten wir Ende Mai wieder das Tor zum Mittelmeer, das wir fast genau zwei Jahre zuvor an der gleichen Stelle verlassen hatten.

Wir wußten, daß sich eine andere deutsche Yacht im Roten Meer befinden mußte. Jetzt lief sie am späten Abend in den Yacht-Club von Port Said ein. Es war die »Asma« mit Clark Stede und seiner Freundin Michèle. Sie befanden sich auf der Rückreise von Mikronesien über Ostafrika nach Europa.

Da wir in aller Frühe auslaufen wollten, beschränkte sich unser erster Kontakt auf das übliche »Woher und Wohin«. Erst später in Deutschland sollte ein erneutes Zusammentreffen für uns bedeutsam werden.

Unser Ziel war Larnaca. Dort wartete nicht nur Glafkos, am Kai winkten auch Phil und Doris von »Jolly II Roger«, die wir zwei Jahre zuvor im Roten Meer kennengelernt hatten.

Larnaca war für Fahrtensegler mit der beliebteste Durchgangspunkt im östlichen Mittelmeer. Viele Yachten, die den Sommer in griechischen oder türkischen Gewässern verbrachten, kamen zum Überwintern hierher in das angenehme Klima – sowohl geographisch wie auch bezüglich der Mentalität der Zyprioten – zurück.

Empfindlich reagierte man hier im griechischen Teil der geteilten Insel, sobald die Sprache auf einen Besuch im Norden kam. Die südzypriotischen Behörden sahen den nördlichen, türkisch besetzen Teil als unrechtmäßiges Staatsgebilde an und waren der Auffassung, ein Besuch des Nordens käme einem gesetzeswidrigen Anlaufen der Insel gleich. So durfte eine Yacht, die sich vorher im nördlichen Teil Zyperns aufgehalten hatte, nicht mehr in den Süden. Umgekehrt freuten sich die Türken über ausländische Yachten, wohl nicht zuletzt, weil sie damit ein Zeichen der Anerkennung Nordzyperns demonstrieren wollten.

Wir segelten die paar Meilen von Larnaca nach Famagusta, wo wir im krassen Gegensatz zu der Marina im Süden die einzige Yacht waren. Hier, wie auch später in dem malerischen Hafen von Kyrenia – jetzt von den Türken Girne benannt – kamen uns die profunden Landeskenntnisse von Georg zugute. Seit Jahren tat dieser in Zypern bei dem österreichischen Kontingent der UNO-Truppen Dienst und konnte so mit seiner Frau Rosi zwischen seinem Segelboot in Larnaca und dem Haus in der Nähe von Kyrenia ungestört hin und her pendeln.

Landschaftlich war der Nordteil mit seinen bewaldeten, grünen Hängen wesentlich reizvoller und lieblicher als der karge trockene Süden. Kyrenia war nicht nur der Heimatort von Glafkos, der nun von Larnaca aus seine Geburtsstadt aber nicht mehr besuchen durfte. Hier waren auch die Reste eines fast 2500 Jahre alten phönizischen Segelschiffes im Museum zu besichtigen, das Jahre zuvor von Glafkos' Vater, einem Schwammtaucher, vor der Küste entdeckt worden war.

Die Ladung des Schiffes bestand aus etwa 400 unbeschädigten Amphoren. Glafkos selbst hatte zwei Jahre zuvor einen originalgetreuen Nachbau mit nach Japan transportiert und ihn dort in der Bucht von Tokio dem japanischen Publikum vorgesegelt.

Wir genossen die Zeit in dem von Tourismus und Yachten noch nicht überlaufenen Nordzypern, mit den zahlreichen Zeugen seiner bewegten Vergangenheit. Nach römischer und dann byzantinischer Herrschaft fiel die Insel Ende des 12. Jahrhunderts an Richard Löwenherz, der sie dem Templerorden verkaufte. Diese mußten sie aber fast unmittelbar danach an die Lusignaner, die zuvor den Regenten von Jerusalem gestellt hatten, abgeben. Der abendländische Einfluß fand nach einem fast hundertjährigen Zwischenspiel der Venezianer 1570 sein Ende, als sich die Insel dem türkischen Sultan ergeben mußte. So blieb sie Teil des Osmanischen Reiches, bis sie Anfang unseres Jahrhunderts Kolonie des Britischen Empires wurde. 1960 erlangte Zypern die Unabhängigkeit. Türkische Truppen besetzten 1970 den Norden nach einem Staatsstreich, was zur heutigen Teilung führte.

Mit gut kalkulierbaren Winden folgte ruhiges, erholsames Segeln entlang der türkischen Südküste immer Richtung Westen, dabei lag ein ständiger Duft von Pinienwäldern über den Buchten.

Unseren ersten mehrtägigen Aufenthalt im Anschluß an Zypern verbrachten wir auf der kleinen griechischen Insel Kastelhorizon. Dort fanden wir noch die Freundlichkeit, die wir bereits Jahre zuvor auf den Urlauberinseln in Griechenland so häufig vermißt hatten.

Je später es im Juni wurde, und je weiter wir nach Westen kamen, desto mehr wurde auch das Mittelmeer und seine Küsten vom Tourismus belebt.

In der Ägäis legten wir auf Astipalia eine Zwangspause ein. Wir wurden daran erinnert, daß es auch im Mittelmeer ungemütlich werden konnte. Der Meltemi hielt uns hier drei Tage mit Sturmstärke fest. Nachdem wir die Südspitze des Peloponnes gerundet hatten, erreichten wir Mitte Juli gleichzeitig mit »Jolly II Roger« die Straße von Messina. Erst beim dritten Anlauf gelang es uns, gegen den Trichtereffekt und die Strömung anzukommen. Zwischen den Liparischen Inseln hindurch richteten wir den Bug Richtung Sardinien.

Immer stärker wurden wir ab jetzt mit der »zivilisierten Welt« konfrontiert.

Im Hafen von Porto Vecchio auf Korsika klemmten wir uns in die letzte Lücke am Steg der Marina. Wir brauchten dringend Trinkwasser. Uns, die wir aus dem Roten Meer kamen, bereitete es ein geradezu physisches Unbehagen mitansehen zu müssen, wie die Kinder des Nachbarbootes stundenlang mit dem für uns immer noch als kostbar empfundenen Süßwasser spielten und es verschwendeten.

In Tagestouren, mit Zwischenstop in dem alten, von hohen Mauern bewehrten Hafen von Bastia, ging es die Ostküste entlang Richtung Norden, von wo aus wir bei fehlendem Wind nach Cap Ferrat motorten. Das Lichtermeer der französischen Cote d'Azur bei Nacht wirkte beeindruckend. Bei Tag sah das Ganze von See jedoch fürchterlich verbaut und zubetoniert aus. In dem ersten großen Supermarkt, den wir bei unserem Landgang besuchten, standen wir wie hilflose Kinder mit großen Augen vor den randvollen Regalen. Die ungeheure, unübersehbare Auswahl machte es uns schier unmöglich, uns für etwas zu entscheiden. Der Überfluß war einfach zu groß für unsere jetzigen Ansprüche.

In Port Man auf den Iles d'Hyères waren wir nicht mehr die einzige Yacht, wie fast stets außerhalb des Mittelmeeres. Wir waren auch nicht mehr eine von dem Dutzend ankernder Boote, wie dies in der westlichen Türkei oder in Griechenland in den Buchten der Fall gewesen war. Hier waren wir eine von über hundert Segel- und Motoryachten. In der Früh und hier ohne das sonst gewohnte morgendliche Meeresbad, brachen wir Richtung Calanques auf, wo die senkrecht aufragenden, hellen Kalkfelsen mit den engen Meereinschnitten eine beeindruckende Szenerie boten.

Dann lag der Golf de Fos mit seinen dunklen Industrierauchfahnen und seinem braunen Wasser vor uns. Durch ihn mußten wir, um Port Saint Louis zu erreichen, die Einfahrt zu den französischen Binnenkanälen.

Hier legten wir am nächsten Tag den Mast. Von nun an sollte es unter reiner Maschinenkraft die Rhône flußaufwärts gehen.

Ein ganz neues Bootsleben wartete auf uns. Gemütlich, auf eine andere Art auch hier naturnahe, genossen wir die Landschaft an beiden Ufern. In der Camargue, wo das ursprüngliche Bild der Rhône vor ihrer Kanalisierung erhalten geblieben war, konnten wir noch freilaufende weiße Wildpferde im Schatten der Uferbäume weiden sehen. Zahlreiche Vogelkolonien und Flamingos fühlten sich durch unsere Vorbeifahrt in keinster Weise gestört. Das besondere Licht, das man hier vorfand, hatte bereits im letzten Jahrhundert die bekanntesten Maler inspiriert. Vorbei ging es an Arles mit seiner reichen griechischen und später römischen Geschichte, sowie an Avignon, der Stadt der Päpste des 14. Jahrhunderts.

Etwas besorgt gingen wir die erste der 120 vor uns liegenden Schleusen in Baucaire an. Die riesigen, bis zu 23 Meter hohen Rhôneschleusen wurden von einem Beobachtungsturm hoch über uns vollelektronisch geregelt. Vorsichtig manövrierten wir KOSAMUI in die leere, fast 200 Meter lange und 12 Meter breite Schleusenkammer, um an den kräftigen Pollern festzumachen.

Wir waren froh, nicht nur unsere Fender, sondern zusätzlich noch ein stabiles Fenderbrett ausgebracht zu haben, als ein kräftiger wirbelnder Wasserschwall vor unserem Bug in die Kammer schoß. So waren die Stöße, die KOSAMUI an der dunkelbraunen, schmutzig-öligen Schleusenwand abbekam, gut abgefedert, und uns blieb das Mißgeschick einer uns entgegenkommenden Stahlyacht erspart. Sie setzte mit einer halbmeter großen Beule am Heck, als Erinnerung an eine der Schleusen, ihre Fahrt rhôneabwärts fort. Nachts vermieden wir es, in Städten an den Kaimauern längs zu gehen. Der Schwell der vorbeifahrenden Lastkähne war uns nicht geheuer, und so zogen wir es vor, in einem der toten Flußarme, die als Umgehung der Schleusen dienten, zu ankern oder mit Heckanker und Leinen in respektvollem Abstand vom Land festzumachen.

Rhôneaufwärts waren wir umgeben von Hügeln voller Weinberge. Überall waren neben malerischen Dörfern noch Burgruinen, aber auch völlig erhaltene Schlösser, sowie herrschaftliche Landsitze zu bewundern.

Der Engpaß von Donzère führte uns aus der Provence hinaus. Hoch aufsteigende Felsen begrenzten zu beiden Seiten den Fluß, der hier immer noch trotz der Kanalisierung bei Schmelzwasser eine Strömung von 15 km/h erreichen konnte. Früher war die Schlucht eine der gefürchtetsten Stellen für die Rhôneschiffer.

Je näher wir Lyon kamen, um so mehr machten sich Atomkraftwerke, häßliche Industrieanlagen und Raffinerien breit. Spätestens hier trauerten wir dem Pinienduft nach, der uns noch bis in die Provence begleitet hatte. Als Kontrast folgte eine Fahrt mitten durch den Stadtkern von Lyon mit seinen ocker, rosa und gelb restaurierten Fassaden der italienischen Renaissance. Lyon brachte uns nicht nur in die Saône, sondern auch in die Hauptstadt der Gastronomie. Selbst vom Fluß aus wurde man sich dessen spätestens bewußt, wenn man an Gourmet-Tempeln wie der »Auberge de l'Ile« auf der Ile Barbe oder »Bocuse« in Collonges in Steinwurfnähe vorbeifuhr.

Von jetzt an wurde die Strecke wieder zunehmend beschaulicher. Der Schiffsverkehr beruhigte sich merklich. Die Lastkähne wurden kleiner, die Schleusengröße ebenso – 38,50 Meter Länge. Die Breite reduzierte sich erst auf 8 Meter, dann auf 5,20 Meter. Ab St. Jean de Losne, wo der Saôneausbau zu Ende war, konnten keine größeren Schubverbände mehr fahren. An dieser Stelle zweigte auch der Rhein-Rhône-Kanal ab, den wir mit unseren 1,80 Meter Tiefgang jedoch nicht benutzen konnten. Eine skandinavische Yacht, die wir hier trafen, mußte nach drei Tagen ihr Unterfangen aufgeben und kehrtmachen. Sie war wiederholt im Flußschlamm des Doubs steckengeblieben, und mehrmals mußte ein Traktor oder das Auto eines Anwohners bemüht werden, um das Boot wieder freizubekommen.

Die automatische Bedienung der Schleusenkammern machte zunehmend körperlichem Training Platz. Im Kanal de l'Est absolvierten wir so bis zu 25 Schleusen pro Tag, die wir größtenteils selber betätigten. Denn nicht nur waren viele Schleusenwärter in dieser Region schon im hohen Rentenalter, sondern ein etwas höherer Kalorienverbrauch tat uns nach den kulinarischen Streifzügen durch Burgund und insbesondere Mâcon ganz gut.

Die Landschaft an der oberen Saône und dem folgenden Kanal de l'Est wirkte ausgesprochen malerisch. In engen Windungen schlängelte der Fluß dahin. Grüne Weiden und endlos erscheinende Pappelreihen wechselten sich ab. Weiter ging es durch den häufig wie ein grüner Tunnel aus dichtem Laubwerk wirkenden Vogesenwald. Nachts verholten wir KOSAMUI bis unmittelbar ans Ufer, so daß wir an Land springen konnten. Ein Bild, als ob sich unser Boot im Ufergebüsch verstecken wollte.

Wir fühlten uns ebenso in Urlaubsstimmung wie die Besatzungen an Bord der gemieteten Hausboote, die wir weiter stromab getroffen hatten. Der Wasserweg war so schmal geworden, daß ein Begegnungsverkehr an vielen Stellen nicht mehr möglich war. Mal hatten wir das eindrucksvolle Erlebnis, mit KOSAMUI durch einen Bergtunnel zu fahren, wobei zu beiden Seiten unserer Reling nur wenig Platz in dem Gewölbe blieb. Dann wieder befanden wir uns mit dem Boot hoch in der Luft auf einer Brücke, um ein Tal zu überqueren.

Nachdem wir die Vogesen hinter uns gelassen hatten, ging es in der Industrieregion Lothringens die Mosel abwärts. Neben häßlicher Landschaft gab es hier wieder große Lastkähne, die ihre Terminfahrten erledigten und sich entsprechend hektisch und rücksichtslos gebärdeten. Aufatmend schwenkten wir bei Konz schließlich in die Saar ein.

Der untere Abschnitt war nur bis Dillingen ausgebaut, wo es einen Sportboothafen geben sollte. Das heimatliche Saarland begrüßte uns mit strömendem Regen und schon ausgesprochen herbstlichen Temperaturen. Frierend entdeckten wir am Spätnachmittag des 3. September voller Freude die Einfahrt zum Bootshafen. Der herbeieilende Hafenmeister winkte uns freundlich und deutete auf die tiefste Stelle der Einfahrt. Sie sollte angeblich 2 Meter Wassertiefe haben. Vorsichtshalber fragten wir nochmals nach. Der Saarländer nickte zustimmend. Spätestens als wir mitten in der Einfahrt festsaßen, merkten wir, daß hier noch keine Yacht mit 1,80 Meter Tiefgang eingelaufen sein konnte. Auch volle Kraft rückwärts änderte nichts an der Situation. Wir saßen fest auf Grund. Das, was uns auf unserer Fahrt nach Japan und zurück erspart geblieben war, mußte jetzt hier auf den letzten 30 Metern passieren.

Von Dillingen aus transportierte unser altbewährter Bootsspediteur Klaus Haug aus Meersburg, der seinerzeit KOSAMUI schon über die Alpen ans Meer gebracht hatte, unser schwimmendes Heim der letzten zweieinhalb Jahre, zurück an den Bodensee.

In Meersburg war für den nächsten Tag der deutsche Bundespräsident angesagt. Nicht um unsere Rückkehr mit uns zu feiern, sondern wegen der 1000-Jahr-Feier der Stadt.

Am städtischen Hafen stand sie nun auf dem Hänger. Die Spuren des Kanalwassers und der letzten Monate auf See waren unübersehbar, und KOSAMUI sah schon etwas verwegen, aber auch etwas abgekämpft aus. Aber dieses Bild – welche Leistung auch immer dahintersteckte – fand man seitens mancher Meersburger nicht zu dem schmukken, herausgeputzten Stil des würdigen Anlasses und zu dem Bild, das man den geschätzten und so begehrten Touristen vermitteln wollte, passend.

Ob wir, die Crew, nach einer solchen Reise noch in ihre »heile« Welt hineinpaßten?

Kosamui und ihre Ausrüstung

Schiffstyp: Dufour 3800
Konstrukteur: German Frers
Bauweise: Handauflegeverfahren, doppelschalig, aus glasfaserverstärktem Polyester
Deck: Sandwichkonstruktion Balsaholz/GFK

Technische Daten:

• Länge über Alles	9,35 m
• Länge der Wasserlinie	7,80 m
• Breite	3,20 m
• Tiefgang	1,70 m
• Verdrängung	3800 kg
• Ballast	1700 kg

Segel:

• Groß (2 Reffs)	17 m
• Genua	31 qm
• Fock	17 qm
• Sturmfock	7 qm
• Kleine Sturmfock	3 qm
• Trysegel	6 qm
• Spinnaker	80 qm

Motor: Volvo-Penta MD 7 B (12,5 KW), Einbaudiesel

Ausrüstungsgegenstände

(und unsere diesbezüglichen Erfahrung)

Tankkapazität:

- Diesel: 130 Liter, Nirotank (serienmäßig 45 Liter)
- Wasser: 120 Liter, Nirotank (serienmäßig flexibler Tank)
  + 6 × 30 Liter in Plastikkanistern

Elektrische Anlage:

- 12 Volt
- 2 getrennte Batterien (120 AH + 115 AH), über Batteriewahlschalter umschaltbar
- tragbarer Generator EF 600 Yamaha (reicht für den Betrieb von mittleren Elektrowerkzeugen, wie z. B. Bohrmaschine)
- Schleppgenerator Aquair 100 (Ladevorgang beginnt bei etwas unter 3 Kn Fahrt und erreicht, abhängig von der Geschwindigkeit, bis zu 6 Ampere)

Pantry:

- 2-flammiger Spirituskocher Origo 3000
- 100-Liter-Kühlbox mit über die Hauptmaschine angetriebener Frigoboat-Anlage (holding plate)
- Getrennter Süßwasser- und Salzwasserzufluß, jeweils über eine Fußpumpe betrieben

Rigg:

- ursprünglich: 1 Vorstag, 1 Achterstag, 2 Ober- und 2 Unterwanten, 1 Babystag – letztere mit aufgewalzten T-Terminals am Mast eingehakt; zusätzlich fliegendes 2. Vorstag (für Fock oder Sturmfock); Genuarolleinrichtung
- Umrüstung nach dem Mastverlust auf: Vorstag 8 mm; 2 Achterstage à 7 mm, 2 Oberwanten à 7 mm, doppelte Unterwanten à 6 mm (nicht mehr eingehakt, sondern an quer durch den Mast führenden Nirobolzen außen befestigt), Babystag

Ankergeschirr:

- Hauptanker – Bruce 15 kg (nach unseren Erfahrungen während der Reise ohne Zweifel Anker der Wahl) + 60 Meter 8-mm-Kette

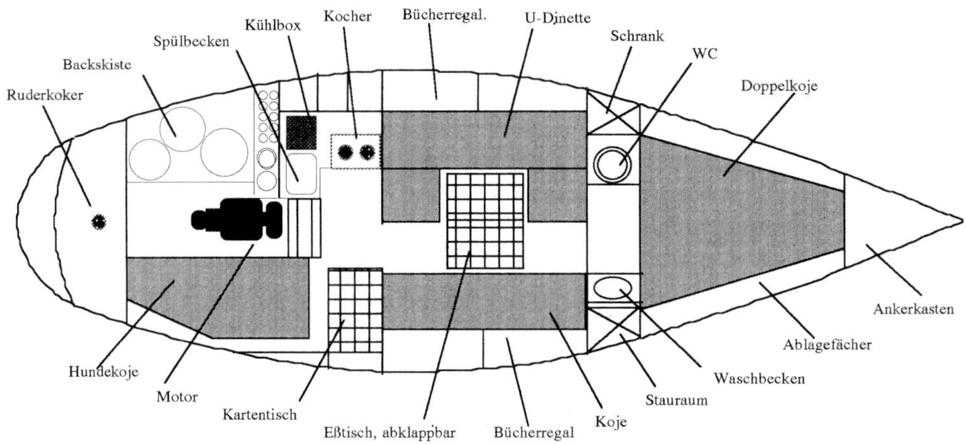

Inneneinrichtung der KOSAMUI

- Heckanker – Baas 15 kg + 10 Meter 8-mm-Kettenvorlauf
- Stockanker 25 kg
- Schirmanker 10 kg
- 20 Meter 8-mm-Reservekette
- Kettenstopper am Bugbeschlag (keine Ankerwinde)
- Kettenklaue mit Tau zum elastischen Abfedern der Zugkraft
- 50 Meter 22-mm-Tau

Navigationsausrüstung:

- Echolot Ocean Marine MK II
- VDO – Sumlog SL (fiel auf der Rückreise aus, Geber nicht reparierbar)
- Einbaukompaß Plastimo und Decksaufbau-Peilkompaß C & P Sigma (letzterer verlor etwas Dämpfungflüssigkeit)
- Sextant Cassens & Plath
- Satelliten-Navigator Navstar A–300 S (das Transitsystem wird z.Zt. von dem Global-Position-System GPS verdrängt, wodurch auch die Nachteile langer Pausen zwischen den einzelnen Satellitendurchgängen entfallen)
- Radar Raytheon 1603 (unseres Erachtens eines der wichtigsten Navigationsinstrumente; das Display fiel auf der Rückreise teilweise aus, die Garantieleistung wurde durch die deutsche Vertretung problemlos übernommen)
- Taschenrechner HP 41 mit Schenk Navi-Programm (insbesondere bei schlechtem Wetter, wenn jede Arbeit unter Deck zur Qual werden kann, sehr angenehm)
- Nautische Tafeln H.O. 249
- Funkpeiler DDF 301 (hat seit dem Zeitalter preislich erschwinglicher Satelliten-Navigationsinstrumente seine Bedeutung verloren; fiel unterwegs aus)
- Nachtfernglas Zeiss 8 × 56
- Maststufen aus Niro-Rundstahl

Kommunikationsmittel:
- UKW-Funk Debeg 6310
- Amateurfunk Transceiver Yaesu 757 GX mit isoliertem Achterstag als Antenne (unserer Ansicht nach in Bezug Sicherheit und Kommunikation ausgesprochen sinnvoll)

Sicherheitsausrüstung:
- Rettungsinsel Autoflug
- 2 Feuerlöscher
- Elektronenblitz-Markierungsboje Seculux (fiel unterwegs aus)
- Radarreflektor
- Handscheinwerfer Aqua Signal
- Signalpistole
- Lifebelts
- Wantenschneider Felco
- Locat-Notsender
- Radarwarngerät Locata (im Nachhinein von uns als wenig sinnvoll erachtet, da die Großschiffahrt in weiten Gebieten ohne eingeschaltetes Radar fährt; unser erstes Gerät fiel bereits nach wenigen Stunden aus, ein neues Ersatzgerät nach wenigen Wochen)

Selbststeueranlage:
- Aries (robuste Konstruktion, arbeitete insbesondere bei schwerem Wetter sehr gut, bei leichten Winden oder unter Spinnaker kaum zu gebrauchen)
- Autohelm 2000 bzw. 2000 M (erstes Gerät fiel bereits im Golf von Aden aus und war irreparabel; in Hongkong besorgtes Ersatzgerät (ebenfalls 2000) arbeitete nicht einwandfrei; hingegen hielt ein drittes Gerät – das Nachfolgemodell 2000 M – während der gesamten Rückreise ohne nennenswerte Probleme)

Beiboot:
- Banana-Boot (nicht gerade elegant, wenig kippsicher, aber ausgesprochen robust insbesondere in Riff- und Korallengebieten; da faltbar, auch auf kleinen Yachten unterzubringen; 2 PS-Außenborder wegen ungünstiger Gewichtsverlagerung oberste Grenze, aber dennoch sehr sinnvoll, da das Banana-Boot bei starkem Wind kaum zu rudern ist)
- 2 PS-Außenborder Suzuki (störungsanfällig)

Gesundheitsvorsorge

Impfungen:
Seitens der Gesundheitsbehörden wurde in keinem der besuchten Länder ein Impfnachweis gefordert.
Vor der Abreise unterzogen wir uns einer Impfauffrischung von TETANUS und POLIO, außerdem ließen wir uns gegen GELBFIEBER impfen (zehn Jahre Gültigkeit).
Auf CHOLERA-Impfung und TYPHUS-Prophylaxe (z. B. Typhoral®, die beide nur von auch zeitlich sehr begrenztem Wert sind), verzichteten wir.
Das größte Problem stellte – gegenwärtig sogar weiter zunehmend – die MALARIA-Prophylaxe dar. Wie hoch ist das Risiko in welcher Region welchen Landes, und welches Medikament ist bei der jeweiligen Resistenzlage am geeignetsten – auf diese Frage wird man häufig, selbst von einem Tropeninstitut zum anderen, keine einheitliche Antwort erhalten. Wir hatten auf unserer Hinfahrt ab südlichem Roten Meer bis einschließlich Sri Lanka über fünf Monate Resochin® (Chloroquin) eingenommen, wobei eine Minderung der allgemeinen Abwehrlage und eine Abnahme der Sehschärfe (reversibel nach Absetzen) zu bemerken war.
In Asien (Thailand, Malaysia, Borneo, Philippinen) wechselten wir auf Fansidar®, das wir vier Monate lang einnahmen. Obwohl im allgemeinen die Nebenwirkungen von Sulfadoxin/Pyrimethamin (Fansidar) als häufiger und gravierender angesehen werden, bemerkten wir keine. Für den Fall der Fälle

hatten wir zusätzlich das damals neu entwikkelte Lariam® (Mefloquin) dabei. Auf der Rückreise beschränkten wir uns auf vorbeugende unspezifische Maßnahmen (Moskitonetze, Insektenabwehrmittel, Vitamin-B-Komplex etc.), während wir auf eine erneute langmonatige medikamentöse Prophylaxe verzichteten. Als Notfallreserve führten wir Fansimef® (Kombination aus Lariam und Fansidar) bei uns. Inzwischen hat sich die Situation allerdings schon wieder geändert – gerade in Asien haben sich durch unsachgemäße Anwendung bereits nach kurzer Zeit auch gegen Lariam resistente Stämme gebildet, und Mefloquin als hochaktiver Wirkstoff gegen multiresistente Malariaerreger (P.falciparum) gehört leider schon wieder der Vergangenheit an.

Medikamenten-Basisliste:

- Breitband-Antibiotika (z. B. Amoxycillin oder Cephalosporine; Tetracycline)
- Analgetika (Schmerzmittel)
- Antipyretikum (fiebersenkendes Mittel)
- Antihistaminikum sowie Cortison (in ungelöster Form besser haltbar) – beides z. B. bei allergischer Reaktion
- Anti-Diarrhoikum (bei Durchfall)
- Laxantien (Abführmittel)
- Spasmolytikum (bei kolikartigen Schmerzen)
- Antiemetikum (bei langdauerndem Erbrechen)
- Lokalanästhetikum (zur örtlichen Betäubung bei kleinen Eingriffen)
- Wunddesinfektionsmittel
- Pflaster, elastische Binden, sterilverpackte Kompressen
- Oberflächendesinfektionsmittel
- sterilverpackte Spritzen und Kanülen
- sterile Einmalskalpelle
- Wundklammergerät
- Brandgel und -Kompressen
- Augentherapeutika (bei Konjunktivitis bzw. infekthemmend)
- Wasserdesinfektionstabletten
- Salztabletten
- Sonnenschutzmittel (höchster Faktor)
- Anti-Mücken- und -Insekten-Mittel

Kurz-Infos zu den angelaufenen Ländern

(Formalitäten, Reparatur- und Versorgungsmöglichkeiten):

Zypern:

Wichtigste Marina ist Larnaca (Südzypern) mit sehr guten Reparaturmöglichkeiten. Preiswerte Verproviantierung. Wer zuerst das türkische Nordzypern anläuft kann anschließend im griechischen Südzypern Schwierigkeiten bekommen, da dort der türkische Teil als unrechtmäßiges Staatsgebilde angesehen wird. Die umgekehrte Reihenfolge hingegen ist unproblematisch. In Südzypern kostspieliger Überstunden- bzw. Wochenendzuschlag seitens der Behörden bei Ankunft außerhalb der offiziellen Arbeitsstunden.

Libanon:

Ständig wechselnde, instabile politische Lage. Keinerlei Informationen über Yachten, die den Libanon angelaufen hätten, seitdem die Syrer die Kontrolle auch über die christliche Enklave um Jounieh ausüben.

Israel:

Marinas in Tel Aviv, Haifa und Akko. 50 sm vor Israel sollte man sich über UKW Kanal 16 bei der Kontrollstation auf Mount Carmel melden. Strenger Sicherheitscheck möglich. Versorgungsmöglichkeiten gut, aber teuer.

Ägypten:

Visum erforderlich – inzwischen jedoch billig und problemlos bei Ankunft im Land erhältlich. Der frühere Zwangsumtausch ist zwischenzeitlich fallen gelassen worden. Basisnahrungsmittel in Port Said, Suez und Kairo erhältlich und preiswert. Diesel spottbillig (falls man die meist kräftige Verdienstspanne eines Zwischenagenten ausschaltet). Wasser bekommt man im Yacht-Club sowohl in Port Said wie auch in Suez.

Suez-Kanal:
Passage-Preis in Süd-Nord-Richtung zuletzt 130 $ US + 10 $ US pro Person (angeblich nicht wesentlich billiger falls man den Papierkram selber erledigt). In Nord-Süd-Richtung ist der Preis abhängig von der Jahreszeit, dem Agenten und vielleicht auch vom Verhandlungsgeschick. Die eigentlichen Formalitäten durch die Kanalangestellten sind innerhalb weniger Stunden abgeschlossen. Die Passage durch den Kanal ist einfach, da die Großschiffahrt sich an die Geschwindigkeitsbegrenzung hält und somit keine Bugwellen erzeugt. Man sollte jedoch vermeiden, gerade in dem Augenblick an einer Kontrollstation im Kanal längsseits zu gehen, wenn ein Konvoi von Cargos bzw. Tankern vorbeifährt (selbst wenn einen der Pilot dazu auffordern würde).

Sudan:
Die Bestimmungen sind in den letzten Jahren verschärft worden. Es wird nicht mehr einfach toleriert, daß eine Yacht die Küste mit beliebigen Zwischenstopps entlangsegelt und die Formalitäten erst in Port Sudan erledigt (nur hier Möglichkeit des Einklarierens; letzteres ist ausgesprochen zeitraubend). Nennenswerte Verproviantierungsmöglichkeiten bestehen nur in Port Sudan. Dort erhältlich sind: Wasser, Obst und Gemüse; Dosen gibt es nur in begrenzter Auswahl und ausgesprochen teuer. In Sudanesische Pfund umgetauschte Devisen wurden in der Vergangenheit von der Bank nicht mehr rückgewechselt.

Djibouti:
Formalitäten sehr lasch. Reparaturmöglichkeiten über hier stationiertes französisches Militär möglich. Sehr gute Verproviantierung (aus Frankreich stammende Lebensmittel, die etwa 25 Prozent teurer sind als im Ursprungsland; Obst und Gemüse einmal pro Woche frisch aus Äthiopien). Restaurants sündhaft teuer.

Yemen:
Aden – Formalitäten problemlos. Gutes Wasser (im Gegensatz zu Djibouti).
Die Häfen Mokha und Hodeida können von Yachten ebenfalls ohne ein vorher besorgtes Visum angelaufen werden, dann hat man jedoch kaum Bewegungsfreiraum. Auch die kürzliche Wiedervereinigung von Nord- und Südyemen hat keine grundlegenden Änderungen gebracht.

Malediven:
Yachten sind nur noch geduldet, ihre Bewegungsfreiheit zwischen den einzelnen Inseln und Atollen ist eingeschränkt. Die Behörden können ausgesprochen schikanös sein. Ein Nichtbeachten der Vorschriften kann das Schiff kosten! (Achtung: keine Inseln und keinen Ankerplatz vor Erledigung der Einklarierungsformalitäten in Male anlaufen!) Vor Male miserable Ankermöglichkeiten (40 bis 50 Meter Wassertiefe), Schwell – am besten versucht man mit einer langen Leine an einem Cargo oder Kümo festzumachen. Versorgungsmöglichkeiten bis auf frischen Thunfisch, Bananen und Kokosnüsse mäßig.

Sri Lanka:
Seit den Tamilenunruhen kommen als Häfen nur noch Galle und Colombo in Frage, wobei es sich bei letzterem um einen schmutzigen Industriehafen handelt. Die Formalitäten müssen über einen lokalen Agenten erledigt werden; Gesamtkosten etwa 150 $ US. Begrenzte Reparaturmöglichkeiten. Gute Auswahl preiswerter Lebensmittel. Galle bietet sich als Ausgangspunkt für Überlandfahrten

an, da man hier sein Boot in dem vom Militär bewachten Hafen liegen lassen kann. Achtung: teilweise schlechter Ankergrund.

Thailand:
Formalitäten problemlos. Nach Ablauf des Visums reicht es, wenn man pro forma kurzzeitig das Land verläßt, das Boot kann dabei vor Ort bleiben. Hervorragende und billige Verproviantierungsmöglichkeiten. Mit dem sich ausdehnenden Segeltourismus (in Phuket stationierte Charterflotte) werden die umliegenden Gewässer zunehmend von der thailändischen Küstenwache kontrolliert und damit sicherer.

Malaysia:
In letzter Zeit gingen die Malayischen Behörden dazu über, ein befristetes Visum auszustellen und nicht mehr wie früher einen zeitlich unbegrenzten »shore pass« (einziges uns bekanntes Land mit dieser Regelung, durch die man bisher mit seiner Yacht so lange in Malaysia bleiben konnte, wie man wollte). Yachthafen mit Reparaturmöglichkeiten in Port Klang. Kleiner, netter Yacht-Club in Lumut am Perak-Fluß. Wie in den übrigen asiatischen Staaten warten empfindliche Strafen auf den Besitzer von Drogen, in Thailand kann dies jahrzehntelange Haft, in Malaysia durchaus auch die Todesstrafe bedeuten.

Singapur:
Es gibt hier fast alles zu kaufen oder zumindest kann man es ordern (aber nicht immer preiswerter als in Europa). Die Formalitäten müssen im Stadtzentrum in der Nähe vom Clifford Pier (ohne Boot) erledigt werden – problemlos. Mehrere Marinas, alle Reparaturmöglichkeiten.

Philippinen:
Die Formalitäten hängen etwas von der Willkür der zuständigen Beamten auf der jeweiligen Insel ab. Insgesamt kann man aber davon ausgehen, daß ausländische Yachten großzügig und entgegenkommend behandelt werden. Vorsicht: südliche Philippinen (insbesondere Sulu-See) aufgrund Pirateriegefahr ausgesprochen riskant. Verproviantierung außerhalb der großen Städte begrenzt.

Hongkong:
Marinas in Causeway Bay und Aberdeen mit allen Möglichkeiten und Annehmlichkeiten. Auch was Ausrüstungsgegenstände und Verproviantierung angeht, läßt Hongkong keine Wünsche offen. Formalitäten einfach. Das Visum war zuletzt für deutsche Staatsbürger auf zwei, für Schweizer auf drei Monate begrenzt. Erneuerung durch einen kurzen Abstecher in das eine Stunde entfernte Macao möglich.

Taiwan:
Als einziges, der 20 von uns auf dieser Reise angelaufenen Länder ist hier ein im voraus beantragtes Visum erforderlich (außer es besteht ein echter Notfall). Da man bisher nicht zwischen Handelsschiffahrt und Yachten unterschieden hat, können die Formalitäten (einschließlich Agenten) ausgesprochen kostspielig werden. In Zukunft wird man aber davon ausgehen können, daß sich Taiwan fremden Yachten gegenüber zugänglicher zeigen wird, zumal inzwischen der seit vielen Jahren über das Land verhängte Ausnahmezustand aufgehoben wurde. Man munkelt sogar von Plänen bezüglich einer Marina an der Nordost-Küste Taiwans.

Japan:
Überall hervorragend ausgebaute und geschützte Häfen. Keine Kriminalität Yachten gegenüber, Diebstahl praktisch unbekannt. Gute, aber sehr teure Versorgungsmöglichkeiten gibt es nur in den Städten. Die Aufenthaltsgenehmigung wird auf drei Monate ausgestellt, ist aber verlängerbar. Die Behörden sind überaus korrekt.